EN TIERRA ÁSPERA

RESISTENCIAS Y LÍMITES
DE LA REFORMA TRIDENTINA BAJO FELIPE II

Rey Castelao, Ofelia

En tierra áspera : resistencias y límites de la reforma tridentina
bajo Felipe II. Arias de Saavedra Alías, Inmaculada pr. Universidad de Valladolid. Cátedra "Felipe II", ed. Ediciones Universidad de Valladolid, 2025

265 p. ; 18 cm. Colección "Síntesis"; (Universidad de Valladolid.
Cátedra "Felipe II) ; 24

ISBN 978-84-1320-355-3

1. Reforma – España 2. España – Historia - 1556-1598 (Felipe
II). I. Valladoid: Universidad de Valladolid. II. Serie

27-9(460)"15"(091)

CÁTEDRA «FELIPE II»

OFELIA REY CASTELAO

EN TIERRA ÁSPERA

RESISTENCIAS Y LÍMITES
DE LA REFORMA TRIDENTINA BAJO FELIPE II

PRÓLOGO DE INMACULADA ARIAS DE SAAVEDRA ALÍAS

COLECCIÓN «SÍNTESIS» XXIV

EDICIONES
Universidad
Valladolid

En conformidad con la política editorial de Ediciones Universidad de Valladolid (http://www.publicaciones.uva.es/), este libro ha superado una evaluación por pares de doble ciego realizada por revisores externos a la Universidad de Valladolid.

© OFELIA REY CASTELAO. VALLADOLID, 2025

© EDICIONES UNIVERSIDAD DE VALLADOLID

ISBN 978-84-1320-355-3

Dep. Legal: VA 498-2025

Preimpresión: Ediciones Universidad de Valladolid

Imprime: Safekat

A la memoria de Teófanes Egido López y
Máximo García Fernández,
catedráticos de la Universidad de Valladolid,
con quienes estaré siempre en deuda intelectual
y a quienes aprecié tanto por su amistad

Índice

Prólogo

La Cátedra Felipe II de la Universidad de Valladolid, fundada en 1969 por Luis Miguel Enciso Recio, lleva más de medio siglo impulsando los estudios sobre este monarca, su reinado y su época, que constituye una etapa fundamental en la historia de España. Con un formato de titularidad anual, convoca cada año a un destacado especialista que imparte conferencias y seminarios donde expone las investigaciones que lo han consagrado como una figura señera en este ámbito histórico. Durante los casi sesenta años que lleva funcionando, liderada por los sucesivos catedráticos de Historia Moderna de la Universidad de Valladolid -L. M. Enciso, Luis Ribot, Alberto Marcos y Margarita Torremocha en la actualidad-, la nómina de colaboradores ha sido muy amplia, presentando una cierta alternancia entre historiadores españoles y extranjeros. Entre los primeros destacan, entre otros, notables figuras del modernismo español de varias generaciones, como Ernesto Belenguer, Rafael Benítez Sánchez-Blanco, Fernando Bouza, Fernando Checa, Antonio Domínguez Ortiz, Pablo Fernández Albaladejo, Manuel Fernández Álvarez, José I. Fortea, Ricardo García Cárcel, Xavier Gil Pujol, Manuel Herrero, José Martínez Millán, Carlos Martínez Shaw, Pere Molas, Joaquín Pérez Villanueva, Manuel Rivero, José J. Ruiz Ibáñez, Emilia Salvador, Carmen Sanz, Enrique Soria, Felipe Ruiz Martín, José I. Tellechea o Valentín Vázquez de Prada, que han compartido tareas con una pléyade de destacados hispanistas de distintas nacionalidades: franceses, como Bartolomé Bennassar, Henry Lapeyre, Jean Paul Le Flem, Joseph Pérez, Jean F. Schaub y Bernard Vincent; anglosajones como John Elliott, Richard Kagan, Henry Kamen, Geoffrey Parker o María José Rodríguez Salgado; italianos como Agostino Borromeo, Giuseppe Galasso, Giovanni Muto, Luigi de Rosa, Gaetano Sabatini o Rosario Villari; portugueses como Pedro

Cardim y António Manuel Hespanha; e incluso alemanes y belgas como como Hermann Kellenbenz y Eddy Stols.

Desde el año 1973, algunas de las conferencias impartidas se han plasmado en la prestigiosa colección *Síntesis*, cuyas monografías han contribuido a desentrañar aspectos muy ricos y diversos de este reinado, en una sucesión de temas que son un fiel reflejo de las tendencias historiográficas vigentes en cada momento. Hasta ahora se ha publicado poco más de una veintena de títulos que responden en ocasiones a acabadas puestas al día de investigaciones desarrolladas durante años y en otras a aportaciones de trabajos en curso que se ofrecen casi en primicia. Pero en cualquier caso, se recogen las investigaciones de reconocidos autores que a lo largo del tiempo han venido desarrollando un amplio abanico de temas. Así han sido abordados aspectos políticos, como la periodización del reinado (Domínguez Ortiz) o su herencia en etapas posteriores (J. Elliott), la configuración institucional de la Monarquía Hispánica (P. Molas) y el encaje de los distintos territorios, como Aragón (E. Belenguer), Cataluña (R. García Cárcel), Portugal (F. Bouza y P. Cardim) o Italia (R. Villari); la política exterior (H. Lapeyre) y el problema turco (M. J. Rodriguez Salgado); los asuntos militares (G. Parker y J. J. Ruiz Ibáñez), junto a aspectos económicos y fiscales (C. Sanz), y otros de índole social, como el problema morisco (E. Salvador), las revueltas populares (L. M. Enciso), la limpieza de sangre y el ascenso social (E. Soria); sin olvidar otras cuestiones propias de la historia cultural como la labor de los cronistas (R. Kagan), la imagen del reinado y la leyenda negra (H. Kamen y J. Pérez), o el llamado Renacimiento habsbúrgico (F. Checa). También se han incluido algunos títulos relativos a los problemas religiosos: la confesionalización de la Monarquía y la Inquisición (B. Bennassar), o la tercera vía de la reforma religiosa (M. Rivero). Es en estos estudios conectados con la religión donde se enmarca el texto que es objeto de esta edición, centrado en la aplicación de las reformas del Concilio de Trento durante el reinado de Felipe II, obra de la titular de la cátedra en 2024: Ofelia Rey Castelao, una de las modernistas más rigurosas y brillantes de nuestro país en la actualidad.

Aunque la figura de Ofelia Rey, catedrática de Historia Moderna de la Universidad de Santiago de Compostela desde hace más de veinte años, es bien conocida, no está de más recordar alguno de los hitos más importantes de su brillante carrera académica y referir alguna de sus investigaciones previas que la han avalado para el desempeño de la Cátedra Felipe II durante el pasado curso. Formada en la Universidad de Santiago de Compostela, de la mano de su maestro Antonio Eiras Roel, líder de una prestigiosa escuela de modernistas gallegos, inició la tarea de investigación a finales de los años setenta, militando en las filas de la demografía histórica y de una historia rural muy vigorosa en aquellos momentos, influida por la historiografía francesa, en especial de la Escuela de *Annales*, vinculación que no ha abandonado del todo a lo largo de su trayectoria y que le ha dejado la exigencia de la historia total, rigurosa y exigente, que explota y confronta numerosas y complementarias fuentes. De sus primeros años hay que destacar sus inicios en la investigación con el libro: *Aproximación a la historia rural de la Comarca de la Ulla* (1981), una temática que, en cierto modo, continuaría años más tarde con su obra *Montes y política forestal en la Galicia del antiguo régimen* (1995). Su tesis doctoral se centró en *El voto de Santiago en la España moderna* (1983), por ella obtuvo el premio extraordinario de doctorado. A esta temática ha dedicado importantes trabajos posteriores: *La historiografía del Voto de Santiago. Recopilación crítica de una polémica histórica* (1985), *El voto de Santiago, claves de un conflicto* (1993), donde realiza un modélico estudio de conflictividad campesina, o uno de sus libros de mayor proyección: *Los mitos del apóstol Santiago* (edición española 2006, traducción francesa de 2011).

Sus investigaciones han transitado, siempre con rigor y solvencia, por diferentes temáticas, como es el caso de la demografía histórica, con especial atención a los movimientos migratorios, en este campo destacan sus trabajos en colaboración con su maestro Eiras, *Los gallegos y América* (1992) y *Migraciones internas y médium-distance en la Península ibérica, 1500-1900* (1994); o en temas sociales como el de la pobreza y la marginación social, como ocurre con su libro *Pobres, peregrinos y enfermos: la red asistencial gallega en el Antiguo Régimen* (1998, en colaboración con Baudilio Barreiro); el mundo de las ciudades: *Identidades urbanas en la Monarquía Hispánica, siglos XVI-XVIII* (2015, con Tomás Mantecon), o en el mundo de la familia, con *Familias en el viejo y el nuevo mundo* (Argentina, 2017, con Pablo Cowen). Pero ha dedicado también atención a la historia cultural, estudiando aspectos como la alfabetización, el libro, la lectura y las bibliotecas. Entre los múltiples trabajos de esta temática destaca su monumental obra: *Libros y lectura en Galicia: siglos XVI-XIX* (2003), monografía que se ha convertido en un referente insoslayable. También le han atraído los temas de carácter historiográfico, entre cuyos trabajos puede señalarse la edición crítica de la *Historia de los falsos cronicones* de Godoy Alcántara (1999), o más recientemente la coordinación del libro colectivo *Los vestidos de Clío. Métodos y tendencias recientes de la historiografía modernista española (1973-2013)* (2015).

Una de las temáticas a las que ha dedicado más atención es a la historia de las mujeres, habiéndose ocupado de la participación femenina en el mundo del trabajo, especialmente en el servicio doméstico, así como de las viudas y mujeres solas o de las migraciones femeninas procedentes del mundo rural. Entre sus muchas publicaciones en este campo, hay que destacar dos libros: su *Historia de las mujeres en Galicia (siglos XVI al XIX),* en colaboración con Serrana Rial y más recientemente su excelente obra: *El vuelo corto. Mujeres y migraciones en la Edad Moderna* (2021), por la que ha obtenido el Premio Nacional de Historia al año siguiente. No me referiré de momento a sus abundantes trabajos sobre historia de las mentalidades, historia de la Iglesia y la religiosidad, que dejaré para más adelante.

Además de por su ingente labor historiográfica –de la que he señalado exclusivamente algunos de sus libros, pues hacerlo sobre el centenar de artículos en revistas científicas o sobre los más de doscientos capítulos en libros colectivos no sería adecuado-, Ofelia Rey destaca también como líder en la investigación a nivel nacional e internacional. Desde 1992 y de forma ininterrumpida ha sido y sigue siendo Investigadora Principal de una treintena de proyectos de investigación competitivos, del plan nacional y de ámbito autonómico, y en los últimos años ha participado y coordinado varios proyectos internacionales, el último, *Rebellion and Resistance in the Iberian Empires, 16th-18th centuries,* de la Unión Europea. Ha dirigido veintisiete tesis doctorales, nueve de ellas con mención internacional y entre 1990 y 2005 ha sido directora de la revista *Obradoiro de Historia Moderna* y continúa colaborando como miembro del consejo asesor con más de una decena de revistas, de ámbito nacional e internacional, de su disciplina. No voy a detenerme aquí en destacar su actividad como asistente u organizadora de congresos y reuniones científicas de carácter nacional e internacional. Sí me referiré brevemente a algunos de los reconocimientos recibidos por su labor investigadora, como el premio Wonemburger, otorgado por la Xunta de Galicia en 2011, por su trayectoria investigadora o el haber sido nombrada en 2017 miembro correspondiente de la Academia de Historia de Portugal.

También ha dedicado sus esfuerzos a la gestión de importantes organismos universitarios. Desde 1990 es responsable para la Europa Mediterránea de la *International Commision of Historical Demography;* desde 2004 a 2012 fue directora de estudios de la *École des Hautes Études en Sciences Sociales* de París; pertenece a los comités científicos de la *Casa de Velázquez,* de la *Fundación para la Historia de España* de Argentina y del CIDEHUS de la Universidad de Évora. Su labor en comités de evaluación es, así mismo, digna de encomio, entre 2006 y 2009 fue coordinadora de Historia y Arte de la Agencia Nacional de Evaluación y Prospectiva; ha sido presidenta de las comisiones de evaluación de los Programas Ramón y Caja y Juan de la Cierva de 2007 a 2010; gestora de Historia en la Agencia Estatal de Investigación de 2016 a 2018 y vocal de humanidades de las Agencias de evaluación de Cataluña, Baleares, Andalucía, Aragón y País Vasco. Es, sin lugar a dudas, una modernista excepcional que destaca en todos los rubros propios de una universitaria comprometida con su profesión.

El libro que ahora ve la luz, *Resistencias y límites de la reforma tridentina bajo Felipe II,* es un texto inédito, que aborda un ambicioso objetivo: exponer las dificultades y límites que encontró la aplicación de las reformas emanadas del Concilio de Trento durante el reinado de Felipe II en el ámbito norte y noroeste de nuestro país, es decir, en un amplia franja geográfica que va desde Portugal a Francia y abarca los territorios del País Vasco y Cantabria, pertenecientes entonces al arzobispado de Burgos, la diócesis de Oviedo, que incluía el norte de León, y toda Galicia, jurisdicción entonces de las cinco diócesis de Santiago, Mondoñedo, Lugo, Orense y Tui e incluso una pequeña parte del sur gallego perteneciente a la diócesis de Astorga. Pocas personas más idóneas para abordar esta temática que Ofelia Rey, que ya a finales de los noventa la esbozó para el ámbito gallego en su estudio "La Iglesia en Galicia en tiempos de Felipe II", publicado en el marco de la celebración del centenario de este monarca (1998), y que en las últimas décadas ha publicado numerosas investigaciones sobre el clero rural gallego, sobre algunas de sus diócesis y de sus obispos, sobre los monasterios benedictinos y cistercienses, así como interesantes trabajos acerca de algunos de los sacramentos que vehicularon la reforma tridentina, especialmente el bautismo, la confirmación o el matrimonio, desentrañando aspectos tan interesantes como el apadrinamiento y patronazgo, ligados a ellos. Todos estos trabajos propios, publicados con anterioridad, junto a una amplia y selecta bibliografía ajena, producida en los últimos años e incorporada con magistral solvencia, le permiten abordar ahora esta rica temática, desde una perspectiva comparada y con numerosos estudios de caso. Las comparaciones son muy frecuentes con la región de la Bretaña francesa, que presenta algunas características parecidas a su zona de investigación.

A través de una introducción, seis densos capítulos y un epílogo se va desgranando esta excelente monografía. En los inicios se plantean los objetivos de este estudio, que no son otros que mostrar cómo en los territorios del norte y noroeste de España los procesos de confesionalización y disciplinamiento social que suponían la aplicación de los principios del Concilio de Trento no fueron tan efectivos ni calaron tan hondo como cabría esperar del análisis de la documentación generada por las dos instancias de poder que asumieron su implantación: el monarca a través de su actuación y los obispos a través de los sínodos. Si, como hace este estudio, se amplía la perspectiva y se analiza el proceso desde abajo, se descubren numerosas resistencias, especialmente en el plano moral, en todas aquellas cuestiones que se oponían a la conveniencia del pueblo, que se resistía a cambiar aquellos aspectos que más afectaban a su vida, y se descubre además cómo esta resistencia a las directrices del poder se hacía con la connivencia de las comunidades e incluso a veces con la connivencia del clero parroquial.

En una primera parte, que comprende los dos primeros capítulos, se analizan los encargados de la aplicación de las reformas, los obispos y el alto clero, y las claves del relativo fracaso, mientras que en la segunda, que comprende los cuatro capítulos restantes, se concreta la aplicación de los mandatos tridentinos a través de los sacramentos, particularmente en los del bautismo, confirmación, matrimonio y orden sacerdotal.

"Desde la cima de la pirámide" (capítulo 1), parte de los primeros agentes de la aplicación de las reformas, los obispos nombrados para regir a los fieles durante el reinado de Felipe II en la zona de estudio. Su perfil coincide con el perfil general de los prelados de la etapa. Controlan buena parte del relato de la reforma que se ha transmitido hasta ahora, pues de ellos emanaron los textos normativos: sínodos y constituciones, visitas *ad limina*, episcopologios e incluso algunos textos hagiográficos. Pero, tras la visión demasiado optimista de los resultados de su misión, la autora pone el acento en otras realidades que dificultaban su labor: el absentismo; las dificultades geográficas y las limitaciones personales para llevar a cabo las visitas a las diócesis según lo prescrito; los sínodos no siempre realizados con la frecuencia obligada; la labor formativa del clero a veces preterida u olvidada…, sin pasar por alto los problemas de índole jurisdiccional entonces tan frecuentes. En torno a los obispos se sitúa "el escalón insumiso", los cabildos catedralicios, protagonistas en periodos de sede vacante y elemento de tensión constante frente a los prelados. Aunque después de Trento el poder de estos últimos se reforzó, los choques siguieron siendo frecuentes. De todos modos, en la zona que nos ocupa los cabildos solían ser pequeños y medianos, excepto en el caso de los arzobispados de Burgos y Santiago.

En el capítulo segundo se analizan "Las claves del fracaso" en la aplicación de las normas del concilio. En primer lugar, la configuración territorial de las diócesis, por tratarse de un territorio falto de vías de comunicación, con pocos y pequeños núcleos urbanos que acogían a una pequeña parte de la población total del territorio mayoritariamente rural, con problemas jurisdiccionales que dificultaban la acción de los obispos, especialmente en los territorios *nullius* y pertenecientes a grandes monasterios benedictinos y cistercienses no controlados por ellos, sobre todo en el nombramiento de los titulares de las numerosas parroquias. También la Inquisición, otro de los pilares de la reforma, perdía efectividad a causa del enorme ámbito geográfico que abarcaban sus tribunales. Un segundo factor de oposición a los cambios era el analfabetismo general del pueblo, que obligaba a la comunicación basada en la transmisión oral, en un ámbito con idiomas distintos al latín y al castellano. Con respecto a esto último se señala el esfuerzo del obispado de Calahorra para que los párrocos aprendieran vasco y se tradujeran los catecismos más básicos a esta lengua, frente a las débiles y poco duraderas iniciativas a favor del gallego. Por último, otra importante clave de dificultad era la creciente movilidad de la población de la zona, muy afectada por la emigración durante esta etapa –de gallegos al sur para la segunda repoblación del Reino de Granada, o de vascos a América, entre otras-.

En la segunda parte del estudio, como ya se ha señalado, se analiza la aplicación de los acuerdos conciliares en lo relativo a los sacramentos. Especial trascendencia tiene el bautismo (capítulo 3), en cuya aplicación, a pesar de disfrutar de una normativa muy consolidada, siguieron produciéndose irregularidades: tardanza en su administración y en los registros bautismales, ocultación de parentescos en los padrinazgos para evitar dispensas, escasas noticias de bautismos de socorro o de factores como la ilegitimidad. La autora presta atención a aspectos como el padrinazgo y compadrazgo, e incluso a la imposición de los nombres, que, a su juicio, más que hacer referencia a motivos devocionales, lo hace a factores familiares y de herencias, señalando el proceso de castellanización de los nombres en regiones con otras lenguas vernáculas.

La confirmación es "el sacramento olvidado" (cap. 4), tanto por su ausencia de obligatoriedad, como por la escasa atención historiográfica que se le ha prestado. Aunque los obispos estaban obligados a su aplicación y solían hacerlo aprovechando las visitas pastorales, la ausencia de libros de confirmados impide comprobar hasta qué punto esto se cumplía. Más importante es el sacramento del matrimonio (cap. 5) que dio lugar a un despliegue normativo muy notable. Para ver su grado de cumplimiento más allá de la normativa, se analiza documentación procedente de archivos inquisitoriales, de los tribunales eclesiásticos y de la justicia ordinaria. Asuntos como la progresiva erradicación de los matrimonios clandestinos, la bigamia (que podía estar facilitada por los fenómenos migratorios) o las dimensiones lúdicas de las bodas, aparecen tratados, junto a los frecuentes amancebamientos de solteros, ilegitimidad, concepciones prenupciales o abandono y exposición de niños, todo ello vivido dentro de unos amplios márgenes de tolerancia social. Otros temas menos conocidos, como la falta de libertad para contraer matrimonio en los casos de edades muy tempranas, llaman también la atención. Así mismo, la consanguinidad aparece como una práctica muy potente en este mundo, fundamentalmente rural.

El último capítulo se dedica al "sacramento indeleble", el orden sacerdotal. Aunque el modelo ideal de clérigo, especialmente de párroco, estaba bien definido incluso antes de Trento, la reiteración de los preceptos que regulan su indumentaria, modo de vida y costumbres, indica la frecuencia de los incumplimientos. Tras exponer las cifras del clero de la zona, basadas en el recuento de 1591, señalando sus fallos y limitaciones, establece la relación numérica entre clérigos y feligreses en los distintos obispados de la zona, deteniéndose en algunos problemas, como el absentismo, muy frecuente entre los "ordenados a título de patrimonio", pero no ausente en otros colectivos, incluso en el de los párrocos. La autora no está de acuerdo en que la pobreza fuera la causa de los problemas del bajo clero, cuyos ingresos, procedentes de los diezmos y de los derechos de estola y pie de altar, siempre estaban por encima de los de la mayoría de sus feligreses. Tampoco asiente ante la optimista visión de una mejora progresiva en las costumbres y modo de vida del clero a partir de Trento. A su juicio, la capacidad de los obispos para controlar el comportamiento de los clérigos era limitada. Muy importantes en este sentido eran las restricciones al derecho de presentación de los prelados con respecto a los curatos en territorios de señorío, controlados por la nobleza y los monasterios, o de territorios *nullius*, que quedaban fuera del control episcopal. La inserción en el sistema de una importante red de relaciones clientelares era muy negativa para la elección de las personas adecuadas, más negativa aún que el posible déficit de formación de los candidatos. Todo esto en un clero que, en la zona de estudio, era en la mayoría de los casos de origen foráneo. El estudio esboza un cuadro muy vívido de las deficiencias en la moral de este colectivo, ofreciendo unas "pinceladas separadas en el tiempo", que exponen casos concretos de incontinencia, embriaguez, juego, amancebamientos, negocios no apropiados…, sacados sobre todo de los procesos judiciales. A partir de ellos es posible intuir una especie de "anticlericalismo popular", que le lleva a preguntarse acerca de la respetabilidad de este colectivo, ofreciendo así una visión que queda bastante distante de la imagen de un clero que actúa como mediador natural en las comunidades rurales, señalada por cierta historiografía.

Todo esto la lleva a concluir, en su epílogo final, la falta de efectividad real de la normativa eclesiástica y de la acción de la monarquía para actuar influyendo en la dimensión más privada de las comunidades rurales del norte de España, territorios periféricos y alejados de los núcleos de poder, para adecuar las conductas a la reforma que había preconizado el Concilio de Trento. Aunque en este sentido se produjeran ciertos avances en las ciudades, no se dieron estos en la población mayoritaria del mundo rural. La vida de un campesinado sin formación letrada y aferrado a hábitos y prácticas ancestrales cambió poco, su resistencia fue grande en la vida privada, en los comportamientos vitales, personales y familiares, especialmente en lo que se refiere a la moral sexual, que respondía a un consenso social sobre lo correcto e incorrecto, dentro de un clima de permisividad general. La acción de los obispos se centró más en los cambios que atañían a los aspectos litúrgicos. Termina Ofelia Rey haciendo un llamamiento a indagar más sobre los comportamientos vitales de personas y familias, para detectar con mayor precisión aún todo lo que queda fuera del discurso oficial, a explotar el "gran número de procesos penales que iluminan comportamientos transgresores de las normas morales de la Iglesia y la complicidad colectiva que los rodeaba".

En definitiva, se trata de un denso e inteligente libro, que explora, más allá de normativas y de textos prescriptivos, la realidad de un tema importante, la aplicación práctica de la reforma tridentina en un amplio territorio como el del norte y noroeste de España, basándose en la explotación crítica de una amplia bibliografía que abarca todo lo hasta ahora investigado sobre esta temática, y sobre todo en una abundante y rigurosa investigación primaria llevada a cabo por la autora en múltiples archivos –Real Chancillería de Valladolid, General de Galicia, de las diversas diócesis gallegas, etc.-, para responder a preguntas y reflexiones certeras que son capaces de exponer cómo, más allá de los grandes movimientos de reforma patrocinados por la Iglesia y el Estado, la aplicación real de los mismos podía quedar a gran distancia de los grandes objetivos planteados.

INMACULADA ARIAS DE SAAVEDRA ALÍAS

Granada, junio de 2025

Introducción

La Cátedra Felipe II de la Universidad de Valladolid y su directora, Margarita Torremocha, me han dado la oportunidad de detenerme a reunir datos que he ido recopilando y, a veces, publicando, a lo largo de muchos años, sobre algo que siempre me ha interesado: la dificultad de los poderes para entrar en el foro privado y más si se trataba de sociedades rurales y periféricas de la Edad Moderna. Así pues, este libro no propone un tema nuevo, sino reverdecer el interés por las personas que durante el reinado de Felipe II vivían en ámbitos rurales y alejados de los centros y sobre las que, desde arriba y sin apenas conocerlas, se tomaban decisiones que afectaban a su existencia privada[1].

No voy a entrar en el debate sobre confesionalización y disciplinamiento porque tiene especialistas que lo han planteado con mejores armas conceptuales que las mías. No eludo mi opinión, algo escéptica porque me he criado en una aldea y creo entender cómo se ven las cosas desde lejos de las ciudades y de las autoridades; porque me formé en demografía –el mejor modo de entrar en la verdadera intimidad humana del pasado– y en historia rural –idónea para conocer las relaciones comunitarias y la organización territorial– y porque soy autora de una tesis en la que, no sin sorpresa –y de mi director, el profesor Eiras Roel–, me reveló a un campesinado resistente a las presiones de los

---

[1] Ofelia Rey Castelao, "La Iglesia en Galicia en tiempos de Felipe II: la aplicación del Concilio de Trento", en *Felipe II (1527-1598),* III, dir. De José Martínez Millán, (Madrid: Parteluz, 1998) 341-364. Investigación financiada con el Proyecto Ciudades y villas del Noroeste Ibérico: gobernanza y resistencias en la Edad Moderna, PID2021-124823NB-C21, Agencia Estatal de Investigación y Ministerio de Ciencia en Innovación.

poderosos y generador de una conflictividad inusitada y diversa de carácter anti-clerical. No está de más añadir que mi experiencia investigadora ha transcurrido entre los anaqueles de los archivos eclesiásticos, en una Universidad fundada por un arzobispo y en una ciudad levítica hasta hace bien poco.

En esencia, lo que me he planteado es exponer de modo razonado los flancos débiles de la aplicación del Concilio de Trento en tiempos de Felipe II en la franja que va de la frontera con Francia a la de Portugal, es decir desde los territorios vascos y cántabros pertenecientes a la diócesis de Burgos, hasta Tui, Ourense y Astorga (esta por tener parte en Galicia), pasando por la diócesis de Oviedo (que incluía buena parte de León) y los otros obispados gallegos: Mondoñedo, Lugo y, sobre todo, Santiago, el que, seguido por Burgos, ocupaba el nivel más alto en el ranking del poder eclesiástico en ese extensísimo espacio peninsular.

Los obispos de ese período y el clero recorren todo el libro, pero me he centrado en otros dos planos. No hablaré de los logros de los obispos, que han sido suficientemente tratados, sino de aquellas deficiencias de su personalidad y de su gobierno que limitaron su capacidad de actuación y, sobre todo, de los fallos que hicieron inviables algunas de las reformas a las que estaban obligados porque así se lo marcaba el guion dictado por la monarquía y el papado, sin que estos les diesen el instrumental suficiente: el de la información. Así pues, en una primera parte se analiza el problema de la organización territorial de las diócesis; el desconocimiento de sus características naturales –la condición rural general, el hábitat disperso, la carencia de una red urbana–, y en especial de las especificidades de las comunidades de la costa y de la montaña, incluidas las enormes dificultades de comunicación con la corte; la movilidad y los movimientos migratorios que ya formaban parte del comportamiento demográfico norteño, y el dominio de una cultura oral y plurilingüística, con un nivel de analfabetismo que anulaba todo lo que en la implantación de las reformas dependiera de lo escrito.

La segunda parte aborda la aplicación de los mandatos tridentinos a través de los sacramentos que afectaban a las personas en su dimensión individual: el bautismo, la confirmación, el matrimonio y el orden sacerdotal. En los años ochenta del siglo XX, el éxito de las actitudes ante la muerte tuvo el efecto de poner al primero y al tercero a la sombra –el segundo fue siempre ignorado– y de cederlos a la historia de la familia de nuevo cuño, dado que constituían dos pilares de la formación del núcleo familiar. No se cedió a terceros el cuarto de esos sacramentos, bien asistido por una historiografía que ha sabido vincular la faceta religiosa e institucional con la social e intelectual, con especial atención a los obispos y a los cabildos, y, aunque menos de la que merecería, al bajo clero. La transgresión de las normas transcurrió en paralelo gracias a la fortuna historiográfica de la Inquisición, entre cuyos resultados quedó claro que el Norte peninsular –de cristianos viejos– era difícilmente controlable, incluso para una institución tan temida.

Sin embargo, mirando hacia atrás, lo que se perdió en el camino ha sido la explicación de una visión casi antagónica de la dimensión religiosa, si se contrasta la idea de una sociedad movida por el miedo a la muerte y el deseo de salvación, con las formas de entender la vida y de atender a los mandatos de la Iglesia y de la monarquía en aquello que consideraba propio, resistiendo calladamente a la imposición de lo que no se adaptaba a su conveniencia o a sus necesidades, quebrándolo de mil maneras posibles, o rechazándolo activamente. Ni que decir tiene, los modos sutiles de resistencia no eran desconocidos para la monarquía ni para los obispos, pero poco podían hacer, por ejemplo, si alguien descontento o temeroso se fuese de su comunidad y pusiese tierra por medio, porque ni se podía prohibir por ley, ni había medios para coartar la movilidad. Tampoco se podía hacer mucho más que advertir y amonestar cuando trascendían al público comportamientos morales fuera de los mandatos doctrinales, salvo si eran escandalosos o delictivos. Ni se podía contrarrestar la connivencia de las comunidades y sus clérigos, incluso la de familiares de la Inquisición y de los jueces locales, tanto porque unos y otros tenían que convivir con los feligreses y vasallos, como porque sus hábitos y costumbres no diferían de las de estos. Las últimas páginas están dedicadas a las faltas de respeto hacia el clero parroquial, no a los conflictos con las instituciones rentistas ni con las autoridades del ámbito civil, sino con ese sector clerical más próximo y que por la tonsura estaba obligado a impartir la doctrina, administrar los sacramentos y dar ejemplo.

En definitiva, no es mi pretensión rebatir lo que se ha escrito hasta ahora, sino invertir el planteamiento, atendiendo especialmente a la base de la pirámide social en un espacio eminentemente rural y lejano al epicentro de la monarquía, observar cada sacramento desde puntos de vista diferentes del religioso y llamar la atención hacia el hecho de que el proceso de confesionalización y de disciplinamiento –prolongación o reinterpretación del concepto de hegemonía cultural– se basa en la documentación generada por las dos instancias de poder que asumieron la implantación del Concilio de Trento. No está de más recordar a Peter Burke y su prudente, pero incisiva, crítica sobre dar por bueno lo que vendría siendo algo así como una profecía autocumplida[2], y advertencias más recientes sobre las expectativas generadas por el Concilio.

La observación desde abajo y a partir de fuentes diferentes y de uso más general y cotidiano y desde métodos menos narrativos y con más cifras, revela que el éxito tridentino fue mucho menor del esperable y que los logros solo lo fueron por goteo lento hasta casi 1750. Es decir, dos siglos después de finalizado el Concilio a lo largo de los cuales se fueron haciendo pruebas con los consiguientes fallos o, lo que era de mayor impacto, cambiando de criterio. A este respecto, baste señalar que desde comienzos del siglo XVII la Inquisición fue reorientada hacia la persecución de judeo-conversos, dando la impresión de que los delitos relacionados con la moral se habían superado, y lo mismo sucedió con las visitas pastorales, de modo que un problema no desaparecía, sino que se abandonaba o se daba prioridad a otro. La cuestión está en si hubo más fallos que soluciones acertadas. Por otra parte, si llevamos el proceso hasta mediados del siglo XVIII, lo ponemos a las puertas de otro, el de secularización, ya que no de descristianización. Falta por decir que el discurso del éxito se basa más en la

---

[2] Peter Burke, *Cultura popular en la Edad Moderna*, (Madrid: Alianza, 2010), 1, 1978.

comparación con lo que había antes de Trento que con lo que se produjo después, que sería lo más adecuado.

Así pues, es conveniente introducir el concepto de resistencia, como ya hemos sugerido, un concepto fluido, cuya aplicabilidad al período de Felipe II –como a otros– se enfrenta a una documentación limitada y sesgada desde la cultura hegemónica, que solo se puede superar a partir de una indagación diversificada y de una severa crítica de fuentes[3]. Bastaría con adaptar algunos de los elementos teóricos de James Scott[4], o con recordar los presupuestos de Muchembled sobre que los habitantes del rural tenían una visión del mundo moralizada, pero bajo sus propios códigos, verdadera barrera frente a los modos de imposición que venían "de fuera" de la propia comunidad[5]. A eso podría atribuirse que lo que no entraba en los parámetros urbanos o en lo canónico se hayan considerado como hábitos y comportamientos propios de la "cultura popular", cuando afectaban a todo el espectro social, de modo especial cuando lo normativo interfería en lo privado. No se puede olvidar la pasmosa facilidad con la que esos habitantes del rural iban a la justicia, como veremos a lo largo de estas páginas, para las que hemos acudido a archivos judiciales y notariales que nos han facilitado la casuística con la que ilustramos problemas y temas concretos.

Esta otra perspectiva desde abajo no es ajena a la generalización, cuando la bibliografía deja patente la fuerza de las diferencias territoriales, incluso en el espacio que nos interesa, homogéneo solo en sus caracteres naturales. La escasa valoración de esa diversidad rezuma todas las medidas de Felipe II o el contenido de los sínodos de los obispos, ajenos en gran medida a que sus mandatos chocarían con una

---

[3] Como pionero, es de destacar a Tomás Mantecón, *Contrarreforma y religiosidad popular en Cantabria,* (Santander: Universidad de Cantabria,1990), 35. Véase del mismo, "Acciones comunitarias y cultura plebeya en la España rural del Antiguo Régimen", *Millars* 51-2 (2021): 47-80.

[4] James C. Scott, *Los dominados y el arte de la resistencia* (Txalaparta: Era, 2003).

[5] Robert Muchembled, *Insoumises: une autre histoire des Françaises, XVIe-XXIe siècle* (París: Autrement, 2022), 45.

realidad que apenas conocían y que cambiaba cuando se iban a otras diócesis. El contraste entre los obispados que componen el territorio elegido se acompaña de una dosis comparativa, para lo que hemos optado por referirnos a la Bretaña francesa, no solo por las evidentes similitudes en todo, sino porque dispone de una extensa y rica bibliografía del tipo que nos interesa[6].

En la actualidad, la comparación rige muchos de los estudios sobre el período de Felipe II[7]. Por falta de espacio y, dado que en gran parte nos basamos en esa bibliografía, solo haremos mención a las publicaciones más generales, en especial las de Fernández Terricabras y de Maximiliano Barrio Gozalo[8], así como a todos y cada uno de los autores y autoras de la gigantesca *Historia de las Diócesis Españolas*, que reúne síntesis territoriales de una enorme utilidad.

---

[6] Una obra clave es *Histoire religieuse de la Bretagne*, ed. de Guy Devailly (Chambray: C.L.D., 1980), en la que participaron autores de reconocido renombre. De no menos importancia, la tesis de Georges Minois, *Un échec de la Réforme catholique en Basse-Bretagne: le Trégor du XVIe au XVIIIe siècles* (Rennes: 1984), publicada en forma de artículos y en la monografía *Histoire religieuse de la Bretagne* (Quintin: Gisserot, 1991).

[7] Ignasi Fernández Terricabras, "Éxitos y fracasos de la Reforma católica. Francia y España (siglos XVI-XVII)", M*anuscrits* 25 (2007): 129-156.

[8] Ignasi Fernández Terricabras, *Felipe II y el clero secular: la aplicación del concilio de Trento* (Madrid: SECCC, 2000). Maximiliano Barrio Gozalo, *El clero en la España Moderna* (Madrid: CSIC, 2010).

1. Desde la cima de la pirámide

1.1. Los obispos de Felipe II

El episcopado de la franja norte y noroccidental de tiempos de Felipe II se conoce bastante bien por estudios referidos a cada diócesis o por trabajos de conjunto, cuyo contraste con el panorama general estudiado por Fernández Terricabras permite ver que encaja con ese modelo. Además, en esa obra se analizan las actuaciones de aquellos obispos de nuestras diócesis que participaron en el Concilio de Trento y que fueron premiados con alguna de las sedes que nos interesan, lo que nos exime de definirlos en su totalidad. Es decir, los que estuvieron en el Norte fueron parte de los 194 que Felipe II nombró para Castilla, Aragón y Navarra[9] y no desmienten el perfil general: la mayoría tenía su origen en las dos Castillas y había pasado por alguna de las tres grandes universidades –Salamanca, Alcalá y Valladolid– a las que acudían las clases dirigentes, o a centros eclesiásticos como los jerónimos de Sigüenza y de El Escorial, y tenían experiencia en cargos institucionales, incluso si eran miembros de órdenes religiosas.

Lo que queremos subrayar es que los obispos tuvieron en todo momento el control sobre el relato que presentaban a la corona y al papado y que dejaron para la posteridad. No en vano de ellos emanaron textos normativos (sínodos, constituciones), orientativos (advertencias a curas, catecismos) e informativos, de modo que las principales fuentes de información sobre sus trayectorias son esos textos programáticos, las visitas *ad limina* elaboradas por los propios obispos, y episcopologios de sus diócesis que ellos mismos promocionaron para que,

---

[9] Fernández Terricabras, *Felipe II y el clero...*, 284.

luego, se incluyeran sus vidas. Su memoria fue recordada en muchos casos en oraciones fúnebres y en textos hagiográficos, escritos o encargados en su momento o tiempo después por sus familiares y afines que querían redondear la imagen de los prelados, a veces para afrontar alguna duda sobre sus trayectorias. En ninguno hallaremos referencias a lo que no era rigor en el cumplimiento de los mandatos de Trento, abnegación en la labor pastoral y asistencial, corrección en los comportamientos y magnanimidad, esta última para con quienes escribieron esos textos[10].

Así pues, sobre todos está dicho todo, en apariencia, pero todos responden a una especie de plantilla y a un modelo intercambiable sobre el que solo tenemos que rellenar alguna diferencia[11], lo que se refleja en biografías recientes, en especial las de quienes participaron en Trento o de los que pertenecieron a órdenes regulares, que dan por bueno el contenido de esas fuentes, sin ir a otras donde observar otras facetas. En nuestra opinión, el discurso global está muy bien construido y es tan acorde con lo que se esperaba de ellos, que es ahí precisamente donde está el fallo. Si atendemos a los obispos franceses, portugueses e italianos o a los españoles en América, leeremos prácticamente lo mismo: visitaron sus diócesis con gran sacrificio; hicieron sínodos y

---

[10] Planteamos esta cuestión en Ofelia Rey Castelao, "¿Biografía o hagiografía? Memorias breves del arzobispo Don Francisco Blanco de Salcedo", en *Cuatro Textos. Cuatro Contextos* ed. de Ofelia Rey Castelao (Santiago de Compostela: Universidad, 2004), 13-102. Nos remitimos al trabajo modélico de Fernando Suárez Golán, *¿Príncipes o pastores? La imagen de los arzobispos de Santiago entre la realidad y su espejo*, (Santiago de Compostela: Universidad, 2021).

[11] Por ejemplo, en Portugal, José Pedro Paiva, "La reforma católica en Portugal en el periodo de la integración del reino en la Monarquía Hispánica (1580-1640)", *Tiempos modernos* (2010) 20, http://www.tiemposmodernos.org/tm3/index.php/tm/article/view/220. Del mismo, "O Estado na Igreja e a Igreja no Estado. Contaminações, dependências e dissidência entre o Estado e a Igreja em Portugal (1495-1640)", *Revista Portuguesa de História*, 40 (2008-2009): 383-397.Véase también, Domingo L. González Lopo, "El alto clero gallego en tiempos de Felipe II", en *El Reino de Galicia en la monarquía de Felipe II*, ed. de Antonio Eiras (Santiago de Compostela: Xunta, 1998), 313-343.

dictaron constituciones; crearon cátedras de latinidad y seminarios para mejorar la calidad del clero; establecieron los exámenes de entrada en los beneficios; fomentaron las misiones; apoyaron fundaciones asistenciales, y daban ejemplo con su propio comportamiento virtuoso. La coherencia del discurso es fácil de explicar: todos buscaban hacer carrera y seguían un modelo narrativo ya anterior al Concilio de Trento y que seguirá vigente durante toda la Edad Moderna, sobre todo después de la publicación de la vida de Carlos Borromeo.

Todo ello es cierto, pero una parte de lo que decían haber hecho es dudoso: el caso más claro es el de las visitas, al ser poco creíble que hubieran visitado sus diócesis más que de forma marginal, dado el enorme número de parroquias que las componían o las circunstancias de los propios obispos, de modo que no pasaban de haber ido a unas cuantas localidades. Otras cosas, la mayor parte, son incomprobables y no es fácil ir más allá a falta de verdaderos archivos de los prelados, por cuanto al ser una institución unipersonal y transitoria, se llevaban consigo los documentos que considerasen suyos o los heredaban sus familias o sus órdenes religiosas. La administración diocesana era muy reducida y sin apenas personal fijo, o estaba confundida con la administración catedralicia, de modo que las ausencias documentales son muy considerables. Por otra parte, seguramente había actuaciones que se hacían de forma verbal y de las que no hay apenas huella: por ejemplo, de los exámenes para acceso a los beneficios curados, teórico punto fuerte de la reforma del clero, en muchos casos no se conservan datos hasta el siglo XVIII.

No entraremos en hacer el diagnóstico general, porque está hecho, sino en los flancos débiles que obligan a reflexionar por cuanto afectaban al conjunto del clero diocesano y, por capilaridad, llegaban a los fieles. Queremos llamar la atención sobre la paradoja de que antes de Trento, la preparación de las reformas se hizo en tiempos de unos obispos –más hombres de leyes que teólogos– que residieron poco o nada en sus diócesis y que no se implicaron en sus problemas, tanto porque sus pontificados fueron breves como porque su interés estaba en actualizar el estado de las rentas y de los patrimonios de sus mitras y en conseguir rápidos ascensos a destinos más de su agrado y mejor remunerados. Sus reformas, por lo tanto, habían sido más teóricas que reales –volvemos a la eficacia del relato– e implementadas por el gobierno estable, es decir, por los provisores y aquellos componentes de los cabildos catedralicios que les eran favorables.

Los designados por Felipe II, en especial después de terminado el Concilio, supusieron una notable mejora, al menos sobre el papel, de modo que el proceso de cambio se vio reforzado y acelerado por una generación, la primera postridentina –en muchos casos, padres conciliares premiados por del rey– y la segunda, que quizá fue la que intentó con mayor vigor poner en marcha las decisiones conciliares. En teoría se hicieron más sínodos, en las catedrales carentes de ellas se crearon las canonjías de oficio –esenciales para la formación del clero– , se practicaron las visitas diocesanas, se crearían los seminarios conciliares y se habría generado una dinámica y una actividad destinadas a responder a los mandatos del Concilio. Y cuando no era así, se responsabilizaba a los cabildos catedralicios o a otros poderes –los locales en especial–, empeñados en enmendar la plana a unos obispos que de forma casi general no eran nativos de las diócesis donde ejercían y que llegaban rodeados de sus propios equipos y familias.

Empezando por lo más simple, el absentismo –un problema estructural–, se agravó durante el propio Concilio porque varios obispos del norte fueron enviados a sus sesiones, por más o menos tiempo, pero, en cualquier caso, interrumpiendo su labor en las diócesis, como sucedió con la larga ausencia de don Francisco Manrique de Lara, obispo de Ourense; la de Rojas Sandoval, obispo de Oviedo, o los sucesivos arzobispos de Santiago. Después, parece haberse mitigado, entre otras cosas porque el propio rey los convocó menos para cumplir funciones políticas o de representación como las que en tiempos de Carlos V se encomendaron a muchos. No obstante, de ese estilo fueron las largas ausencias de Manrique de Lara, quien quizá nunca residió en Ourense de donde fue obispo de 1542 a 1556, y las de don Francisco Pacheco de Toledo en Nápoles y en Roma y su constante ir y venir mientras era obispo de Burgos –estuvo fuera de 1567 a 1574–, aunque quizá por eso alcanzó el cardenalato y logró que en 1574 la diócesis pasase a archidiócesis y sede metropolitana.

Ni que decir tiene, eran problemas similares a los de Bretaña, territorio comparable con el nuestro, cuyos obispos estaban ausentes las más de las veces, delegando las visitas en sus vicarios y, si residían en la diócesis, solían hacerlo en ciudades que no eran sus sedes[12]. El decreto de residencia obligaba a los obispos a vivir en la capital diocesana –esencial para controlar a los cabildos catedralicios– pero los encontronazos con esas y otras instituciones y poderes motivaron que pasasen temporadas en ciudades y villas de sus territorios; por ejemplo, los obispos de Oviedo con frecuencia residían en Gijón, los de Mondoñedo en Viveiro, los de Santiago en A Coruña o Pontevedra, etc. Los prelados acumulaban experiencias de que cualquier ausencia equivalía a dejar a los canónigos en libertad de acción, aunque no se dijese abiertamente, de modo que las estancias en otros lugares las justificaban en la atención espiritual, la práctica de la visita o las campañas de confirmación.

Así parecía que estaban cumpliendo su deber de visitar la diócesis con asiduidad, cuando la mayoría de los obispos lo incumplió. Por razones de agenda y de condiciones climáticas, en el norte se reducían a unos meses al año y las parroquias más alejadas, en especial las áreas de montaña o de costa, ni eran siquiera visitadas por ellos. Realmente, las visitas en persona de las que hablan en sus informes a Roma o al rey eran muchas, en apariencia, pero eran parciales –solo a determinadas zonas– y las más completas fueron delegadas en visitadores de confianza.

Además de ese déficit, que afectaba a la impartición de la confirmación, como veremos, cada prelado o uno mismo, pero en diferentes momentos, establecía objetivos y criterios diferentes para cada visita, por lo que no es fácil hacer un seguimiento de lo que se había hecho o del estado de cosas. Entre esos criterios no siempre estaban los religiosos sino los estadísticos: una famosa visita a la enorme archidiócesis de Santiago, iniciada a fines del XVI y practicada durante años por el canónigo

---

[12] Francis Brumont, "Le clergé diocésain dans la France moderne", *Obradoiro de Historia Moderna* 22 (2013): 231-248. Bruno Restif, *La révolution des paroisses. Culture paroissiale et Réforme catholique en Haute-Bretagne aux XVIe et XVIIe siècles* (Rennes : Presses Universitaires, 2006).

andaluz Jerónimo del Hoyo[13], es ante todo un recopilatorio de datos sobre reparto del diezmo, derechos de presentación, valor de los curatos, etc., con pinceladas sobre cofradías y ermitas, sin mención alguna al comportamiento del clero o de los fieles. Con seguridad los prelados dieron por cubierto el requisito con las campañas de recogida de datos económicos que Felipe II les solicitó en 1573, 1587 y 1591 para implantar cambios fiscales. En más de una ocasión la bibliografía ha confundido esos recopilatorios con visitas, cuando no tenían contenido canónico.

En parecido sentido, debemos preguntarnos por la teórica duplicidad con las visitas que realizaban los inquisidores. Más allá de los conflictos de competencias o la diferente orientación de unas y de otras, sus objetivos de control moral y doctrinal coincidían, por lo que no tendría mucho sentido que un obispo visitase un territorio al poco de pasar un inquisidor, lo que valdría como pretexto para no hacerlo. Del contraste de unas y otras debería salir una línea de conducta y no es así, lo que nos lleva a cuestionar los resultados positivos de los que alardeaban unos y otros. Por ejemplo, en 1586 el obispo don Juan del Yermo visitó su diócesis, Mondoñedo, y en 1587 lo hizo el inquisidor Montoya, sin que este viese nada de particular, pero en 1613 el obispo Mejía de Tovar detectó importantes fallos de comportamiento de los feligreses, en especial los referidos a la falta de respeto a los templos y a los defectos de moral, de modo que desmentía a ambos[14].

Las visitas planteaban a los inquisidores los mismos problemas que a los obispos, y todos las consideraban una tarea engorrosa y desagradable, que los alejaba de la capital, dando tiempo a sus enemigos para hacerse fuertes. A la monarquía le interesaban sobre todo los

---

[13] Jerónimo del Hoyo, *Memorias del Arzobispado de Santiago,* (Santiago de Compostela: Consorcio, 2016). García Hourcade, José Jesús y Irigoyen, Antonio, "Las visitas pastora-les, una fuente fundamental para la historia de la Iglesia en la Edad Moderna", *Anuario de Historia de la Iglesia* 15 (2006): 293-301.

[14] Jaime Contreras Contreras, *El Santo Oficio de la Inquisición de Galicia* (Madrid: Akal, 1982), 506. Pegerto Saavedra, *La vida cotidiana en la Galicia del Antiguo Régimen,* (Barcelona: Crítica, 1994), 284 y 303.

núcleos portuarios de mayor actividad y las fronteras, pero unos y otros pretextaron la dificultad de los caminos, el clima y los peligros, los contagios en los puertos, etc. Así pues, los inquisidores no visitaban todo el territorio, sino que iban de villa en villa desde donde se enviaban los edictos a los pueblos. En el tribunal de Calahorra no se hicieron entre 1550 y 1559 y hubo tres en 1561, 1569 y 1571; en 1574 y 1576 a sendos fragmentos; en 1588 a los puertos de Santander y tras la de 1595 no hubo otra hasta 1610. En Galicia no constan antes de 1560 y solo hubo 16 entre 1562 y 1599 (1569, 1571, 1579 y 1581), entre 1585 y 1592 y luego decayeron; tampoco eran completas, sino que se centraron en los obispados de Santiago y Tui; en Ourense no las hubo hasta 1579, en Lugo –en el rural de forma especial, pero en las zonas más pobladas– y Astorga hasta 1580 y en Mondoñedo en 1586[15].

Cada vez se hicieron menos y más breves y siempre fueron mal acogidas, incluso por los clérigos, que alertaban a sus feligreses de los peligros de delatarse entre sí, y de los señores de vasallos, que recomendaban u ordenaban que no se denunciara a los vecinos. Unos y otros veían a la Inquisición como una institución terrenal y no divina y, sobre todo, como un cuerpo extraño. Fugas y ocultaciones, además de expresiones de resistencia, fueron frecuentes en los tres tribunales del norte, más intensas en los núcleos portuarios donde las redes comerciales protestaron o se organizaron para no colaborar[16]. La falta de efectividad fue una de las causas de su ralentización y desde 1600, el cambio de orientación de la Suprema dejó de lado el interés por el rural y por los temas de moral que afectaban al foro privado, no porque los delitos disminuyeran, sino porque eran marginales a otros que la corona y el Consejo consideraron prioritarios, como la persecución de los judeoconversos.

---

[15] Iñaki Reguera, *La Inquisición española en el País Vasco: El tribunal de Calahorra, 1513- 1570,* (San Sebastián: Txertoa, 1984), 159. Antonio Bombín Pérez, *La inquisición en el País Vasco: el Tribunal de Logroño,* (Bilbao: UPV,1997), 36. Contreras, *El santo Oficio...*, 476 y 484.

[16] Contreras, *El santo Oficio...*, 482 y 491. Reguera, *La Inquisición española...,* 175.

Si la residencia de los obispos fue cumpliéndose más o menos, también se redujeron los períodos de sede vacante con respecto a la primera mitad del siglo XVI, pero la fugacidad o duración breve de muchos mandatos corrigen a la baja esa apreciación. En conjunto, más de la mitad de los obispos nombrados por Felipe II gobernó una sola diócesis, lo que parece positivo, pero un 28,3% pasó por dos, casi el 14% por tres y el resto por cuatro o más[17], lo que, si se añade a que no empezaban sus carreras con menos de cuarenta años, cabe pensar que cuanto más avanzaban en sus ascensos, menos ágiles estarían. Por otra parte, en las diócesis pequeñas, seguramente en donde era más necesaria la presencia de los obispos, la duración fue muy breve y el gobierno fue ocupado cada poco por un prelado nuevo y, entre medias, se producía un vacío: por ejemplo, en Mondoñedo los gobiernos duraron apenas cinco años y la suma de las vacantes revela que el 16% del tiempo estuvo sin titular o este no tomó posesión. Astorga, una diócesis complicada, fue otro caso así: entre 1548 y 1615 fue objeto de diez nombramientos: uno murió antes de ir allí; tres fallecieron cuando llevaban dos o tres años en el gobierno, y los demás ascendieron pronto y el único que duró, don Diego Sarmiento de Sotomayor (1555-1571) fue seguido por una vacante hasta junio de 1574[18]. Para una sede tan importante como Santiago que, además, era metropolitana, fueron designados siete, de los que uno solo tomó posesión y dos no llegaron a estar cuatro años, y aunque todos residieron en Santiago, don Juan de San Clemente estuvo por un tiempo en Valladolid para resolver pleitos ante la Chancillería y acudió a visitar la lejana vicaría de Alba y Aliste en 1592 y 1594[19].

Felipe II estaba convencido de la docilidad del episcopado de su reino y en realidad sus prerrogativas sobre la iglesia eran vistas

---

[17] Fernández Terricabras, *Felipe II y el clero...*, 278.

[18] Isidro García Tato, "La diócesis de Astorga en la Edad Moderna", *Iglesias de Zamora y Astorga. Historia de las Diócesis Españolas* coord. por José Sánchez Herrero (Madrid: BAC, 2018), 133-356.

[19] Baudilio Barreiro Mallón, "La diócesis de Santiago en la época moderna", en *Santiago de Compostela y Tuy-Vigo. Historia de las Diócesis Españolas*, coord. de José García Oro (Madrid: BAC, 2002), 215.

positivamente por los prelados. El acto simbólico por el cual cada vez que un obispo era presentado a Roma, el elegido tenía que agradecérselo al rey, no era contestado, pero hubo alguna excepción significativa como el arzobispo Blanco, de Santiago, obligado a presentarse en la corte para cumplir tras intentar eludirlo. Las pruebas de fidelidad menudearon, como el alineamiento con el rey en 1556-1557 en su derecho de tomar las armas contra el papa; el obispo de Lugo, Suárez de Carbajal le propuso apropiarse de rentas eclesiásticas con esa finalidad[20]. Una ocasión singular fue la guerra de anexión de la corona de Portugal, en la que también se posicionaron de su lado, pero hubo comportamientos díscolos. El más llamativo fue el de don Diego de Torquemada, obispo de Tui. Su gobierno, en teoría duró cerca de veinte años –con largas ausencias en 1572-74 y 1576-78 por motivos personales–, pero estuvo empañado por haber recibido al fugitivo Prior de Crato y a los obispos de Porto y Braga. Quizá Felipe II estuviera mal informado, ya que estuvo a punto de designarlo para Sevilla, nombramiento frustrado por un sector de la corte; el rey ordenó al regente de la Audiencia de Galicia que hiciese averiguaciones, como resultado de lo cual, Torquemada no fue promocionado, pero generó una vacante larga al vivir en Madrid. La mala suerte quiso que su sucesor, don Fernando Gaitán, muriese en 1582 antes de tomar posesión.

Las visitas *ad limina* eran el instrumento de control de los obispos por parte del papado –para la monarquía no eran de interés y no vigilaba su cumplimiento– y son una documentación de gran valor, siempre que los datos que los prelados aportaron se contrasten con otros[21]. Más allá de esto, para los obispos era una incómoda imposición, que a mediados del siglo XVI había derivado en una práctica rutinaria que se cubría desde las propias sedes enviando a un procurador que, con frecuencia, carecía de relación con la diócesis en turno de revista, hasta el punto de que en 1540 los obispos de Tui y de Lugo delegaron en el mismo. Ir a Roma era difícil y costoso, más desde lugares tan mal comunicados

---

[20] Fernández Terricabras, *Felipe II y el clero...*, 262.

[21] La bibliografía a este respecto es inabarcable. Nos remitimos a las obras de Maximiliano Barrio, Fernández Terricabras y otras ya citadas.

como los del norte. Gregorio XIV renovó la orden de ir, sin prohibir la vía interpuesta, y en 1593 Clemente VIII la consintió, sin que esas facilidades lograran que los obispos atendiesen su obligación. Por ejemplo, ninguno de los de Astorga hizo visitas *ad limina* en tiempos de Felipe II[22]. El arzobispo de Santiago, don Juan de San Clemente en 1594 adujo su mala salud, su edad provecta y la necesidad de estar en Compostela para prevenir los ataques ingleses a Galicia, por lo que envió a su familiar, don Cristóbal de Salinas, pero la Congregación romana consideró que sus informes eran insuficientes y el arzobispo tuvo que enviar en 1595 a otro representante a Roma, el canónigo Andrés de Morales, miembro de su parentela, quien llevaría la documentación que se le requirió[23].

En 1596 Felipe II recibió una carta del papa en la que lamentaba que los obispos parecían señores temporales más que pastores y que estaban pendientes de su ascenso social y económico y de los cargos cortesanos, sin preocuparse de la administración de las órdenes clericales o del sacramento de la confirmación; no celebraban misas en las festividades solemnes e incluso no asistían a los oficios divinos; y no visitaban las diócesis o delegaban esa obligación en terceras personas, o se limitaban a ir a las ciudades importantes, aparentando que cumplían. El 26 de julio y el 10 de agosto de aquel año, Clemente VIII remitió breves a cada obispo –que la Cámara de Castilla se resistió a enviarles– enumerando quejas concretas, como las que afectaban al compostelano San Clemente[24]. En 1597 y 1598 los prelados respondieron y entre ellos ese mitrado, alabando la actuación pastoral de sus obispos sufragáneos –la provincia eclesiástica de Santiago llegaba hasta Badajoz– y asegurando que, si alguno no residía, era por estar ocupado en asuntos para la paz del reino, la defensa de la fe o el servicio de la Iglesia; sobre sí mismo afirmaba que había residido siempre y que visitaba cada año un centenar del millar de sus parroquias, lo que distaba de ser verdad.

---

[22] García Tato, "La diócesis de Astorga", 323.

[23] Manuel R. Pazos, *El episcopado gallego a la luz de documentos romanos* (Madrid: CSIC, 1946), I, 62-63.

[24] Fernández Terricabras, *Felipe II y el clero…* 278, 281.

La parte fundamental de la acción episcopal, sin duda, era la doctrinal y la enseñanza del clero. No era fácil transmitir el carácter dogmático o jurídico y moral de lo que imponía la Iglesia, para lo que los sínodos fueron un instrumento, pero de ahí hacia abajo todo dependía de la transmisión oral y jerarquizada dentro del esquema eclesiástico en un medio humano analfabeto. Los clérigos y en especial los párrocos debían regirse por las sinodales y por catecismos y textos morales, que no abundaron entre los prelados de las diócesis del Norte, con salvedades como los escritos y publicados por el don Francisco Blanco de Salcedo, arzobispo de Santiago, uno de los más se distinguió en este aspecto[25].

Las sinodales han sido privilegiadas por la historiografía, sin gran atención a las condiciones en las que se reunieron los sínodos, si bien se reconoce que muchas veces se hicieron en situaciones de tensión de las que se culpabilizaba siempre a los cabildos que, con frecuencia, impidieron incluso que se celebrasen. Por ejemplo, en Oviedo no hubo sínodos desde 1553 hasta 1590 y los posteriores (1596, 1597, etc.) se hicieron durante conflictos con los canónigos[26]. Por otra parte, las sinodales responden a un modelo con pocas variantes, lo que nada tiene de extrañar, y a una retórica de ensalzamiento de la acción de los propios obispos. Empiezan siempre afirmando haber visitado la diócesis y conocer su realidad y muchas veces denunciando el deplorable estado del clero, como hizo fray Pedro de Rojas, obispo de Astorga, en el sínodo de 1592, escandalizado de la situación de su obispado[27].

En segundo lugar, la capacidad de convocatoria de los obispos, diciendo que estaba presente todo el clero de la diócesis, es poco verosímil

---

[25] Francisco Blanco de Salcedo, *Suma de la doctrina cristiana*, Zaragoza, 1577; *Advertencias para que los curas ejerzan mejor sus oficios,* Medina del Campo, 1587.

[26] Juan José Tuñón, "Reforma tridentina en la diócesis de Oviedo", en *Iglesias de Oviedo y León. Historia de las Diócesis Españolas,* coord. Por Javier Fernández Conde (Madrid: BAC, 2016), 221.

[27] Pedro de Rojas, *Constituciones sinodales del obispado de Astorga* (Salamanca: Juan Fernández, 1595).

en todas las diócesis del norte por el enorme número de sus parroquias: cuando el arzobispo de Santiago lo afirmaba, tendríamos que aceptar que más de mil clérigos acudirían en tropel a Compostela, ciudad que no alcanzaba los siete mil habitantes; menos creíble es que el clero cántabro o el vasco pasase a Burgos o que el de los enclaves alejados se acercase a las sedes diocesanas. También hay que matizar afirmaciones, de los obispos o de sus biógrafos, sobre la frecuencia anual de los sínodos, por la misma razón y porque, cuando era así, no se produjeron nuevos textos, sino simples añadidos de un párrafo o dos para renovar alguna cosa o incidir en otras. Por último, cuando un obispo pasó por varias diócesis, sería interesante ver qué hizo en cada una y si los textos sinodales se adecuaban a realidades diferentes o repetían lo mismo.

No menos importante es comparar las sinodales hechas por obispos diferentes en los mismos años, dado que los parecidos llevan en algunos casos a cuestionar la autoría de algunas. Así sucede con las de Oviedo de 1553, obra del obispo don Cristóbal de Rojas y Sandoval a su vuelta de Trento, un texto importante cuya impresión encargó a Agustín de Paz en 1556. Ahora bien, recoge parte de los de Burgos de 1501, de Córdoba de 1520 o de Cuenca de 1531 y es muy similar al de don Pedro de Acuña, obispo de Astorga, publicado en Valladolid en 1553, de forma que no se sabe quién copió a quién[28]. En fin, parece como si toda la actividad sinodal estuviera pensada por los prelados en sí mismos, porque había que cumplir una normativa y no de cara a una reforma real.

Concretando este aspecto en lo referente al Norte, hay que destacar que se hicieron más sínodos antes del Concilio y en paralelo que después, como es lógico, ya que antes era preciso inculcar reformas que no tenían el marchamo de Trento. Los posteriores son mucho más planos y menos ricos, la mayoría se limitó a recoger los principios del Concilio y de los concilios provinciales ulteriores, o a introducir algunos componentes nuevos o diferentes en cada uno, resultado de lo cual es una diversidad aparente. La falta de anclaje en la realidad explica la

[28] Tuñón, "Reforma tridentina", 232. García Tato, "La diócesis de Astorga", 133-135.

ausencia de referencias a las condiciones territoriales de cada diócesis; a los problemas de organización parroquial; a especificidades como el comportamiento de las gentes de la costa, o a los problemas derivados de la intensa movilidad del Norte, de modo que se dirigen a una sociedad homogénea y estable.

Es significativo el hecho de que una gran parte de esos sínodos quedaran manuscritos o que se publicasen en el siglo XVII: el sínodo compostelano de 1575 de don Francisco Blanco no se imprimió hasta 1601 y los interesantes capítulos del obispo de Mondoñedo Isidro Caja de la Jara fueron refundidos por Pedro Fernández Zorrilla con su propio sínodo de 1617, en una publicación de 1618[29]. No es una cuestión menor por cuanto las sinodales tenían que ser la referencia del clero parroquial: en 1546, una visita a la archidiócesis de Santiago constató que no las había en muchas parroquias, aunque sí había misales y manuales, por lo que se ordenó su compra, que sería asumida por los feligreses[30].

Por lo que respecta a la difusión de los libros básicos entre el clero, responsabilidad también de los obispos, los indicios son parcialmente positivos. En 1548, Diego de Soto hizo ir a Mondoñedo al impresor Agustín de Paz para que hiciese quinientos misales y cuatrocientos breviarios: en este caso, se comprobó que los libros existentes en las parroquias eran los mismos que tenían a fines del siglo XV, es decir, cubrían el expediente. Cristóbal de Rojas en 1553 encargó a ese impresor sendas ediciones del breviario y del misal ovetenses para que los tuvieran todos los clérigos.

Que tuviesen esos libros y las sinodales no significaba que se leyeran, de modo que mucho después, los obispos insistían en su lectura. Por ejemplo, en sus Capítulos de 1575, el obispo de Mondoñedo recordaba a los curas que mientras no llegase el "Misal de Su Sanctidad guarden inviolablemente lo que el mismo obispo por su persona a cada

[29] Pedro Fernández Zorrilla, *Constituciones synodales del Obispado de Mondoñedo… van al principio las que se hallaron de Don Isidro Caja de la Jara* (Madrid: Juan Sánchez, 1618).

[30] Barreiro, "La diócesis de Santiago", 184.

uno de ellos enseñó, en su presencia (porque mejor se les acordase)". Ese comentario revela la inutilidad de las sinodales si no se leían, por lo que, tras asegurarse de que en "todas las dichas iglesias del ay constituciones", mandaba a los curas que "las lean para que sepan lo que han de hacer y de lo que deben avisar a sus feligreses"[31]. En general, los obispos ordenaban que hubiera esos textos y en más de un caso impusieron su adquisición inmediata, pero se entiende que debían comprarlos los feligreses, lo que no era la vía más eficaz.

En el relato construido por los obispos, pero más por sus biógrafos, es importante el registro de las acciones referentes a fundaciones. A este respecto también conviene hacer matices, el más importante de los cuales es que en las diócesis que nos ocupan o no se fundaron los seminarios que el Concilio mandaba, o tardaron en funcionar y los que sí, eran más bien para formar al clero capitular o se denominó como tales a algunos estudios que no cumplían las condiciones para serlo. El seminario de Burgos se fundó sobre el papel por Francisco Pacheco en 1565 pero no se inauguró hasta 1584 y el de León se abrió en 1605 después de la larga oposición del cabildo catedralicio. En Oviedo, en 1590 el obispo Diego de Aponte inició la fundación, procediendo incluso a seleccionar a 56 estudiantes, se les impusieron hábitos y becas y se redactaron las constituciones, pero la oposición del cabildo y el traslado del obispo a Málaga lo frustraron[32]. En Santiago, donde había la Universidad fundada por el arzobispo Fonseca, ni siquiera se intentó; en Mondoñedo, el obispo Maldonado comprobó su falta de viabilidad a causa de la pobreza de los beneficios diocesanos; en 1575, Yermo insistió en su necesidad y en buscar rentas, pero hubo que esperar a 1587, con Caja de la Jara, aunque se creó más bien un colegio de gramática con solo doce niños, en línea con muchos otros. En efecto, los

---

[31] Pérez López, Segundo. "Las visitas pastorales como fuente histórica. Aportación a su estudio en la Diócesis de Mondoñedo-Ferrol". *Estudios Mindonienses* 3 (1987): 133.

[32] Josué Fonseca Montes, *El clero en Cantabria en la edad moderna: un estudio sobre la implantación de la contrarreforma en el norte de España*, (Santander: Universidad de Cantabria, 1996), 147.

que llegaron a abrirse tenían pocas plazas, de doce a quince por lo general, o empezaban con números optimistas –50 el de Burgos– y se reducían al poco tiempo, y en su mayoría estaban pensados para la formación del clero de las catedrales y de los niños de coro.

Las dificultades materiales y, sin duda, el interés de los cabildos en no asumir las iniciativas de los obispos, hallaron una solución parcial en la cesión de la función formativa a la Compañía de Jesús, aunque antes de la muerte de Felipe II los pocos colegios que se fundaron estaban en fase de negociación y de construcción: a fin de siglo existían ya los de Monterrey, Santiago y Monforte en Galicia. El obispo de Oviedo Rojas y Sandoval contactó con Ignacio de Loyola en 1555 para abrir uno, pero los recursos ofrecidos eran insuficientes, si bien acabaría llegando a ser el de San Matías en la capital. Los jesuitas llegaron a Santander en 1595 pero el colegio tardaría mucho en fundarse, al igual en Bilbao y otras ciudades que acabarían teniéndolo en el siglo XVII o más tarde.

Suele afirmarse que las universidades suplieron la falta de seminarios merced a los estudios de teología y de cánones, pero, no solo eran pocas, sino que eran muy pequeñas: la mayor era la de Santiago, que en época de Felipe II osciló entre 160 y 200 estudiantes, la de Oviedo arrastraba una procelosa fase fundacional que impidió su creación real hasta 1608, y aunque Burgos intentó crear una, no se logró[33].

El ensalzamiento de las fundaciones tanto educativas como asistenciales o religiosas por parte de los obispos se basa en datos reales, pero también es preciso matizar: una buena parte no se establecieron donde ejercían, aun conociendo las necesidades de sus obispados, un hecho fácil de comprobar si se cartografían, ya que para las más importantes eligieron sus lugares de origen o las universidades e instituciones por donde habían pasado. Es decir, emplearon las rentas obtenidas de los fieles para dar lustre a sus casas y apellidos o a sus

---

[33] Ofelia Rey Castelao, "Las Universidades en el Renacimiento: orígenes y tipología", en *El Estudio General de Palencia. Historia de ocho siglos de la Universidad Española*, ed. de Margarita Torremocha Hernández (Valladolid: Universidad, 2012), 91-112.

institutos situados allí donde querían lucirse. Muchas de esas fundaciones, además, sirvieron para colocar a sus allegados y afines y algunas para ornato de sus propias sepulturas, como la que el arzobispo de Burgos, don Francisco Pacheco, hizo construir en su lugar natal, Ciudad Rodrigo. El conquense don Gonzalo Solórzano, obispo de Oviedo, fundó en su pueblo, Torralba, una capilla para sus restos, con seis capellanes, una de cuyas funciones era enseñar a los naturales a leer, escribir y contar, para lo que también dotó a un maestro, gesto llamativo dada la precariedad educativa de Asturias. Don Fernando Vellosillo, obispo de Lugo (1568-1587), otro de los que pretendió fundar un seminario, derivó sus rentas episcopales a fundaciones educativas en Ayllón, su lugar de nacimiento, y a la Universidad de Alcalá. Resulta evidente que todos supeditaron los ingresos de sus mitras a su relación con el lugar de nacimiento y con el prestigio de sus familias.

Esa fidelidad al linaje propio tenía su faceta más opaca en las prácticas nepotistas, fáciles de ocultar tanto por los propios obispos como por sus biógrafos, en especial si incluían circunstancias de bastardía. La falta de coincidencia de apellidos dificulta seguir la pista en la documentación romana, de las catedrales y de otras instituciones controladas por los obispos, incluso en las actas notariales. Pondremos solo dos ejemplos: don Francisco Blanco de Salcedo, uno de los más biografiados y alabados, dejó un reguero de familiares de sangre en el cabildo de Santiago y sobre todo en el tribunal de la Inquisición –en cuya creación puso gran empeño– colocando allí a parientes muy próximos que se cuentan entre los más problemáticos y corruptos de este período; ese era el caso del inquisidor Alonso Blanco de Salcedo, quien, apoyado en criados que "no saben casi leer escribir o contar", cometió diversos abusos cuya pésima fama llegó a la corte[34]. Lo mismo puede decirse de su sucesor don Juan de San Clemente, familiar cercano del cronista Ambrosio de Morales, a quien favoreció con pingües cantidades de dinero, además de dar importantes encomiendas a varios Morales, fácilmente localizables en la documentación catedralicia y notarial compostelana, no así en sus biografías.

---

[34] Contreras, *El Santo Oficio...*, 253.

Esas redes de nepotismo fueron muy negativas para el buen funcionamiento del ejercicio de los deberes de los obispos. Como ha dicho muy bien Fernández Terricabras "quien aspiraba a un obispado no podía hacerlo por sí mismo, sino que tenía que mover a numerosos intermediarios lo cual creaba redes de influencia en la corte y clientelas y facciones" y vínculos clientelares transversales entre los miembros de los consejos de la monarquía, de modo que esto iba en detrimento de las virtudes de los candidatos o, en sentido contrario, seguramente en contra de muchos que sí las reunían. La centralización de las candidaturas en la Cámara de Castilla desde 1588, que pretendía reducir la confusión y mitigar esos problemas, pudo haber servido para agilizar los procedimientos, pero no aseguraba nada con respecto a lo anterior[35].

Finalmente, aunque se conocieran las irregularidades de comportamiento, los obispos tenían en su mano la jurisdicción eclesiástica y su curia era el órgano jurídico básico, cuyo ejercicio tocaba al vicario o provisor. El provisor era de libre elección del prelado y de él no se apelaba al obispo sino a la sede metropolitana y para ciertos asuntos el obispo nombraba jueces comisionados; también nombraba a los jueces de visita para instruir y solucionar los contenciosos que lo requiriesen y en el nivel de deliberación actuaban el fiscal y el teniente fiscal[36]. Claro está, los cabildos lucharon en todo momento por imponer limitaciones, como, por ejemplo, que los provisores no fuesen los canónigos de oficio; la pérdida de la justicia en primera instancia por parte de los arcedianos se hizo frente a una fuerte resistencia, como se prueba en el pleito que durante sesenta años sostuvieron los arcedianos de Oviedo con los obispos hasta 1638[37], mientras en Burgos, el arzobispo Pacheco calificaba de osadía que atendieran pleitos civiles de cuantía superior a sesenta maravedíes, imponiendo que solo trataran causas

---

[35] Fernández Terricabras, *Felipe II y el clero...*, 202

[36] José M. Pérez Prendes, "El tribunal eclesiástico (sobre el aforamiento y la estructura de la curia diocesana de justicia", en *Las Jurisdicciones*, coord. de Enrique Martínez Ruiz y Magdalena P. Pi (Madrid, Actas, 1996), 143-170.

[37] Barrio Gozalo, *El clero en la España...*, 204.

entre clérigos o sobre los bienes de las fábricas y de aquello que concernía a la Iglesia[38].

A este respecto, recordemos que la jurisdicción eclesiástica fue un punto clave del Concilio y de la relación del rey con el papado, al reforzar la autoridad del monarca y de los obispos reduciendo las apelaciones a Roma. A la justicia del rey tocaban todas las competencias sobre laicos que eran solo de jurisdicción secular y a los tribunales diocesanos, las causas en primera instancia y las apelaciones a los jueces metropolitanos, no al nuncio. La prohibición a los jueces seglares de impedir las excomuniones incluía la competencia del rey y de sus tribunales para fallar los recursos de fuerza. En teoría, al menos, los cambios eran favorables a los prelados; en la práctica, cada paso dado conllevó una complicación y un conflicto con quienes había salido peor parados.

1.2   El escalón insumiso

Los cabildos catedralicios, a los que ya hemos aludido como fuerza limitadora, nos interesan ante todo porque en períodos de sede vacante ejercieron funciones cuasi episcopales y porque en varios casos compartían el señorío sobre las sedes diocesanas y en muchos más tenían ese poder temporal sobre amplios territorios, además de tener derechos de presentación por sí mismos o por las fábricas catedralicias que ellos gestionaban. Por otra parte, jugaban un papel esencial en la organización territorial de las diócesis allí donde los arciprestazgos estaban vinculados a los deanes o a dignidades capitulares, que actuaban como pequeños obispos. Más importante todavía es que todos tenían un gran patrimonio rural, cobraban diezmos y otras rentas y canónigos y racioneros se desplazaban para su cobro. Así pues, no eran ajenos al ámbito que nos ocupa y sus comportamientos, para bien o para mal, eran conocidos por el resto del clero y por los habitantes de los pueblos. Obviamente, eran más visibles en las ciudades, pero estas eran

---

[38] Francisco Pacheco, *Constituciones synodales del Arçobispado de Burgos* (Burgos: Philippe de Iunta, 1577), 70, 125, 129.

visitadas por las gentes del campo, como lo eran, con seguridad, las catedrales[39].

Es decir, el ejemplo que diesen desde la cúspide la pirámide eclesiástica en la que estaban, se transmitía por capilaridad a toda la sociedad y por eso mismo, antes ya de Trento, estaba afianzada la convicción de que el control de los cabildos era un elemento clave para la reforma del clero en general. Sin embargo, los capitulares tenían los mismos fallos que el resto: incontinencia, ignorancia –relativa–, rudeza de costumbres, nepotismo, avaricia y absentismo. Después de Trento cambiaron algunas cosas, pero los prelados no vieron incrementada su capacidad de corregirlos y castigarlos, al disponer aquellos de un enorme poder y de vías judiciales privativas. Tampoco parece que los obispos pusieran un gran empeño en ello, toda vez que nada más llegar al gobierno de una diócesis introducían en los cabildos a sus allegados, personas de confianza y parientes en canonjías y cargos vacantes y les repartían rentas y privilegios, generando graves conflictos por la provisión de beneficios. El interés de los obispos en poner a los suyos estaba también en contar con colaboradores fieles en la gestión, cada vez más compleja, y en conservar su autonomía, al tiempo que les servían como correa de transmisión con una institución plenamente consciente de ser permanente frente a la eventualidad de los prelados. Cuando los obispos se iban o fallecían, esos afines se quedaban y perpetuaban los linajes de los prelados, incorporándose a la espiral de privilegio y poder que a su llegada los había rechazado.

---

[39] Sobre este sector, Antonio Cabeza Rodríguez, *La vida de una catedral del Antiguo Régimen* (S.L.: Junta de Castilla y León,1997). Mª José Pérez Álvarez, *El Cabildo Catedralicio de la ciudad de León (1650–1800): sociología capitular y asistencia institucional* (León: Universidad, 2021). Arturo Iglesias Ortega, *La Catedral de Santiago de Compostela y sus capitulares: funcionamiento y sociología de un cabildo en el siglo XVI*, (A Coruña: Diputación, 2012). Ofelia Rey Castelao, "Las catedrales como escenarios de poder", en *Piedra a piedra: la construcción de la Historia moderna a la sombra de las catedrales*, ed. de Cristina Borreguero Beltrán y otros (Burgos: Universidad, 2022), 317-347.

Los problemas clave se referían a la potestad del obispo para regular los comportamientos mediante los estatutos, a cuya redacción siempre hubo resistencia, para vigilar a los cabildos mediante las visitas y castigar a los infractores, y a cuestiones de precedencia y de jurisdicción que propiciaban disensiones, liquidadas mediante excomuniones, multas o prisiones[40]. Nada más lejos de la paz que predicaban, en medio de una impunidad que era una verdadera hidra sin control. Este dependía de la jurisdicción, reforzada a favor de los obispos por el decreto de 1574 que, en realidad, los autorizaba solo a castigar a los capitulares siempre que a su conocimiento hubiera llegado la comisión de algún delito o que, de haberlo, el cabildo no hubiera procedido a castigar a los infractores. Ni que decir tiene que el dominio jurisdiccional y la inmunidad fueron a su vez un foco permanente y general de conflictos.

El derecho de visita era una cuestión delicada en la que intervino Felipe II pidiendo a Roma que los cabildos quedasen sujetos a los obispos, pero unos consiguieron mantener su exención, como fue el caso de Burgos, y otros acudieron a las instancias papales, donde fueron escuchados más de una vez. Algunos prelados optaron por evitar conflictos, sobre todo cuando ya se habían fajado en otras diócesis y en las nuevas preferían involucrarse menos, como al parecer hizo don Gaspar de Zúñiga al llegar a Santiago procedente de Segovia, donde había tenido serios problemas con el cabildo. Otros como Diego Sarmiento de Sotomayor (1555-1571) y Pedro de Rojas en Astorga se vieron enzarzados en complejas situaciones; el primero manifestó públicamente que los cabildos en el concilio de Trento se aplicaron para sí mismos muchas preeminencias, y el otro, en 1593, elevó su queja al rey y al papa por no haber podido hacer nada en dos años para corregir al suyo, que llegó a ponerlo bajo amenaza. Lo malo, cuanto más pequeñas eran las diócesis, es que esas tensiones trascendían las paredes de las catedrales y se nutrían de la crispación local y de las luchas entre familias, más todavía si se trataba de colegiatas.

Los intentos del Concilio por reforzar los derechos y el poder de los prelados chocaron con la oposición de los cabildos. Entre los que

---

[40] Cabeza, *La vida de una catedral…*, 58-59.

protestaron en 1564 por esas novedades estuvieron varios de nuestra área de estudio –Burgos, León, Zamora, Oviedo, Calahorra, etc.– pero los canónigos no fueron castigados. Ahora bien, obispos y cabildos de la provincia eclesiástica de Santiago aparecen en alianza entre quienes remitieron quejas al rey contra la concesión de las dignidades y de la mitad de las canonjías a graduados universitarios, en teoría porque perjudicaba a los clérigos pobres que no se podían pagar los grados, y en la realidad porque el papa perdía su derecho de libre provisión que tanto les convenía[41].

En la práctica, los canónigos protestaban por todo lo que reducía sus prerrogativas, que eran muchas, o modificaba lo que era un modo de vida ocioso y bien remunerado. En especial en los más cabildos pequeños del norte, las oligarquías urbanas y la hidalguía encontraron en sus coros los asientos para colocar a sus retoños y para beneficiarse de los recursos del cabildo y de la fábrica catedralicia. Una vez dentro, las prácticas nepotistas prolongaban sus estirpes a través del acceso a las prebendas, sin excluir a la descendencia bastarda; por ejemplo, el 47% de los hijos de los canónigos hicieron carrera en el cabildo de Santiago[42]. Abundan los datos de la supeditación de los capitulares a sus familias –fundación o refuerzo de vínculos y mayorazgos– y sobre las facilidades que les daban para intermediar especulativamente en la gestión del patrimonio y de las rentas o de préstamos preferenciales. De todo salía un escaso o nulo sentido de la función clerical de los capitulares, aunque a lo largo del siglo fue cambiando entre algunos hacia la caridad y el servicio a la iglesia.

En el Noroeste realmente había pocos cabildos y la mayoría era de entidad mediana o pequeña, salvo Burgos y, sobre todo, Santiago, que estaba entre los primeros de la monarquía. Los cinco de Galicia y el de Astorga estaban en ciudades de señorío de sus prelados y, como estos, en especial en sede vacante, unían el poder eclesiástico con el civil. En

---

[41] Fernández Terricabras, *Felipe II y el clero...*, 311.

[42] Arturo Iglesias Ortega, "La perpetuación de la sangre: la descendencia ilegítima del alto clero compostelano en el siglo XVI", *Manuscrits* 29 (2011): 137-156.

su Viaje Santo de 1572 esta situación escandalizó a Ambrosio de Morales, de modo que denunció a Felipe II que los canónigos compostelanos, como los arzobispos, se autodenominaban "señores de las iglesias", una insoportable anomalía, como lo era la desidia de aquellos en mantener un templo tan simbólico como el compostelano, lo que incluía las reliquias del Apóstol[43]; pocos años después, como ya dijimos, había capitulares de su propia familia disfrutando de esas prerrogativas.

Incluso siendo cabildos pequeños, la riqueza y acomodo de los canónigos, compartidos con sus familias y redes, se contraponían con la pobreza de las gentes del común que los mantenían a través no solo de rentas y diezmos, sino del crédito y de la especulación con la producción agraria que detraían cada año. Mientras que aquellos hombres distaban de ser ejemplares. Cuando no estaban ausentes, solo cantaban en el coro e intervenían en ceremonias y ritos; daban muestras de poco rigor religioso y de abusos a terceros; eran públicas sus querellas internas, a veces entre clanes irreconciliables; y se prevalían de la antigüedad y poder de sus cabildos[44]. Eran fallos que la sociedad podía ver diariamente sin dificultad porque no se ocultaban y que trascendían más cuando, sin discreción y sin sentido caritativo, pleitearon contra campesinos y comunidades, lo que se proyectaba en la plaza pública y en la visita asidua a notarios y jueces. Por eso mismo eran el sector clerical más fácil de criticar, como en Francia[45]. Sostener un modo de vida que se distinguía por la disponibilidad de tiempo y de medios hacía de esas comunidades verdaderos epicentros de conflictividad y de ellas emanó una inusitada casuística de pleitos con civiles y eclesiásticos que deterioraba su imagen.

El absentismo era un problema en la medida en que las funciones religiosas no se cumplían con la asiduidad que correspondía, de modo

---

[43] *Viage de Ambrosio de Morales por orden del rey D. Phelipe II a los reynos de León, y Galicia, y Principado de Asturias, para reconocer las reliquias de Santos* (Madrid: Antonio Marín, 1765), 116.

[44] Cabeza, *La vida de una catedral...*, 13-15.

[45] Philippe Loupès, *Chapitres et chanoines de Guyenne aux XVIIe et XVIIIe siècles* (Paris: EHESS, 1985).

que el Concilio impuso la presencia constante de los canónigos en las catedrales, lo que fue confirmado por real cédula de Felipe II de 1574 para la Corona de Castilla, pero no se logró porque los obispos no corrigieron el suyo totalmente y porque había situaciones irresolubles. Por ejemplo, no todos los que tenían silla en el coro eran eclesiásticos y no tenían obligaciones de ese tipo: en León el marqués de Astorga tenía sitio en el coro del deán, pero era solo un derecho simbólico[46]; en el de Oviedo, el titular de la abadía de San Adriano de Tuñón era dignidad de la catedral, pero no tenía el deber residir y no ejercía tareas pastorales, que eran cubiertas por terceros; en 1592 su provisión fue transferida por Felipe II, en confrontación con el papa, pasando a ser de patronato real[47]. Había situaciones similares en los demás cabildos.

Las ausencias de los deanes eran las más problemáticas al ser sustituidos por vicarios. En Santiago esa situación fue casi permanente por lo que el arzobispo Alonso Velázquez determinó que cuatro de los canónigos serían considerados dignidades y que el vicario sería elegido entre estos y si no ejercía por sí mismo, lo haría el más antiguo presente en la ciudad. Nada se arregló, sobre todo porque los deanes eran de elevada alcurnia.

El pretexto de ir a realizar estudios era clásico entre los capitulares para ausentarse. La concesión de dispensas en 1564 para no residir por ese motivo hizo que se disparasen, de modo que muchos las pedían para ganar tiempo y resignar sus beneficios reservándose una pensión sobre sus rentas y evitar así la vacante automática prevista en Trento[48]. Algunas situaciones rondaron lo esperpéntico, como la protagonizada por el racionero de Ourense, Febos Rodríguez, hijo de un rico regidor de la ciudad, que se gastó en el juego los cien ducados que su padre le dio para ir a Roma para hacer estudios; se trataba de un personaje de vida ajetreada –prestamista, colector del subsidio, tenenciero...– e

---

[46] Barrio Gozalo, *El clero en la España…*, 209. Pérez Álvarez, *El Cabildo Catedralicio…*, 67.

[47] Tuñón, "Reforma tridentina", 227.

[48] Fernández Terricabras, *Felipe II y el clero…*, 100.

inmerso en procesos por injurias, al que en 1579 hallamos como canónigo y disfrutando de sus negocios[49].

Además, los prebendados tenían dos meses de recreo y dispensas por ser inquisidores o familiares del obispo, por atender asuntos en Roma o en la Corte; por comisiones del cabildo ante los tribunales; por enfermedades o tratamientos o por ir a romerías y peregrinaciones, etc., y podían compatibilizar las prebendas con otros oficios, empezando por los de la Inquisición. Las ausencias se teñían de significado social cuando se trataba de huir de problemas como las epidemias, algo generalizado, como la sospechosa huida de los capitulares compostelanos en 1596 con el pretexto de los ataques ingleses a Galicia. No menor trascendencia tenía el trasiego o la residencia más o menos permanente de los canónigos fuera de sus sedes administrando rentas y patrimonios en territorios a veces muy alejados, como sucedía también con los compostelanos, que hasta 1590 y aun después, residían en ciudades castellanas para cobrar los votos de Santiago. En esas situaciones no podían ocultar que no tenían otra función que cobrar rentas a los campesinos y lo hacían a su vista y presionándolos por la vía judicial[50].

Por otra parte, siendo los capitulares quienes debían respetar y hacer respetar las catedrales, lo quebraron con asiduidad. Allí había espacios que no eran sagrados y en los que se producían situaciones semejantes a todos aquellos donde se concentraban niños de coro, adolescentes y hombres jóvenes –la mayoría de los capitulares lo era–, y mujeres que cumplían tareas en el edificio o acudían al culto. Así pues, no solo había brotes frecuentes de violencia verbal y física, sino alteraciones del orden moral, como los casos de solicitación –facilitados por las confesiones–, y otras conductas sexuales desarregladas[51].

---

[49] Olga Gallego Domínguez, *Historia da muller: mulleres ourensáns dos séculos XIV-XVIII* (Santiago de Compostela: Xunta, 2008), 53-58.

[50] Ofelia Rey Castelao, "La renta del Voto de Santiago y las instituciones jacobeas", *Compostellanum* XXX- 3-4 (1985): 323-357.

[51] Cabeza, *La vida de una catedral...*, 39-40.

Sin embargo, fueron pocos los casos atendidos por la Inquisición y esta no actuó con la contundencia esperable. Obviamente, era imposible que no se conocieran, pero no se procedía porque los inquisidores eran canónigos y porque los ingresos de los tribunales derivaban en gran medida de los canonicatos de las catedrales que les había asignado la corona, además de que se tenía en cuenta que eran hombres de iglesia. Baste como muestra de esa connivencia la situación anómala del casamiento en 1587 entre Domingo Lóriga y la viuda de Martínez de Mallea, secretario de la Inquisición de Santiago, cuando ella acababa de dar a luz nada menos que al hijo de un canónigo[52].

También es cierto que ese no era el único tribunal competente y los que sí lo eran estaban controlados por los capitulares. Cuando se producían conflictos en los espacios catedralicios o entre las instituciones que los compartían, la instancia superior era el juez metropolitano; de modo que, por ejemplo, en el de Santiago hemos constatado numerosas causas de ese estilo, especialmente procedentes de las diócesis extremeñas[53]. Más allá, los capitulares jugaron sus propias opciones, acudiendo al rey o al papa según conviniera, lo que a su vez era un manantial de complicaciones que se eternizaban.

Por ejemplo, en 1571, en Santiago de Compostela hubo un grave enfrentamiento en la colación en la fiesta del Corpus, entre un canónigo y un cantor; el deán procedió a expulsar a este, que se resistió a salir, y el cabildo multó al deán con doscientos reales y al canónigo con la privación de voto, pérdida del cargo de procurador, multa de trescientos reales y cárcel, ante lo cual el deán apeló al arzobispo y al papa. En 1572 se localiza otra situación llamativa: el canónigo Diego Maldonado acabó en prisión, ordenada por el provisor, porque en un pleito con el fiscal de la audiencia arzobispal, había osado acudir a la Audiencia de Galicia para librarse de su encarcelamiento. En 1591, el cabildo sancionó con multas y reclusión domiciliaria al racionero Cordero y al

---

[52] Contreras, *El Santo Oficio...*, 253.

[53] Ofelia Rey Castelao, "La actividad del Juez Metropolitano de Salamanca, siglos XVI-XVIII", en *Construyendo Historia*, ed. Julián Lozano y otros (Granada: Universidad, 2013), 655-666.

organista Jusepe de Isasi, lo que el provisor licenciado Landeras consideró contra su autoridad, ordenando prisión para el deán y otros prebendados; una comisión capitular pidió al arzobispo don Juan de San Clemente que los mantuviera en su derecho, por cuanto no mermaban la autoridad del provisor, y aunque el prelado presidió un cabildo para que se liberase al deán, esto no mitigó el problema, de modo que en 1596, el canónigo don Antonio de Cisneros estaba preso "en el cuarto nuevo" por haber hecho unas diligencias ante el arzobispo y su provisor en favor "desta santa iglesia y cabildo della, sus libertades y exenciones y que por ello trataban su señoría y provisor de molestarle"[54].

Habría que hacer una encuesta a fondo en los protocolos notariales para localizar muchas otras situaciones que se ocultaron mediante un arreglo. En una de esas prospecciones encontramos en un acta notarial de Santiago un gravísimo asunto que se zanjó el 9 de marzo de 1589 mediante una obligación firmada ante notario por los canónigos Gaspar de Villadiego y Pedro Periáñez, comprometiéndose a pagar a María Fernández y a su hijo, 144 ducados, concertados para recompensar la muerte de Bartolomé García, marido de ella, y liberar de la cárcel al racionero Alonso Preto, preso bajo acusación de asesinato[55].

Hemos hallado otros arreglos, más numerosos, referidos a relaciones de canónigos de las que habían nacido hijos cuyo mantenimiento pagaban. Y casos más complejos, también en ese orden de cosas, como la petición que en 20 de julio de 1598 registró el doctor don Baltasar de Sandoval, canónigo en Santiago, "preso hace muchos días en la cárcel pública de los prebendados" protestando "delante de vos y de las personas buenas honradas y principales" sobre la causa de su prisión. Aseguraba que el provisor, para perjudicarlo, había dado auto de oficio contra él "diciendo que yo por fuerza había estuprado a una moza que está en casa y servicio de Navarro cantor llamada Juana y para ello tomó declaración de la dicha moza y de su ama y según lo que ellas quisieron decir falsamente siendo las mismas partes me ha

---

[54] Salustiano Portela Pazos, *Decanologio de la S.A.M. Iglesia Catedral de Santiago de Compostela*, (Santiago de Compostela: Seminario, 1944), 228-242.

[55] Archivo Catedral de Santiago (en adelante ACS), *Protocolos*, 102, fs. 590-591.

mandado a prender". El provisor no había querido ponerle cargo "ni darme vista ni traslado de la culpa ni a mi letrado puesto que muchas y diversas veces se le ha pedido diciendo que no lo ha de hacer si no le diese gusto y que primero le tengo que contestar". Parece que el arzobispo le había respondido "por personas religiosas que no tengo de ser suelto hasta que dote y contente a la dicha moza" y solo así mandaría soltarlo y "que no tengo necesidad de ver la culpa que hay contra mí y que si no hago esto me ha de mandar echar multas prisiones y muchas carcelerías". Aseguraba también haber recibido muchas amenazas y negársele la justicia no queriendo oírlo ni admitir sus defensas "a vista de esta gran calumnia que se me ha puesto falsamente y contra toda verdad", por lo que en un acta notarial solicitaba que se le permitiese actuar por vía judicial[56].

En fin, nada edificante y nada que pudiera ocultarse cuando de por medio había encarcelamientos y otros castigos. Dada su intensidad, los lugares donde se producían y quienes los protagonizaban, es imposible que estas situaciones, escandalosas muchas veces, no trascendieran y que no repercutieran en la imagen de los capitulares, toda vez que, en su transcurso, los deanes siguieron presidiendo los cabildos y los canónigos y racioneros, ejerciendo el culto, lo que iba en contra de la conducta ejemplar y ejemplarizante a la que se debían.

---

[56] ACS, *Protocolos,* 119-3, fs. 105-106.

2. *Las claves del fracaso*

Tres son los elementos clave que dificultaron la aplicación de las normas del Concilio por parte de quienes eran sus responsables: la configuración territorial de las diócesis del Norte, el desconocimiento que al respecto tenía Felipe II y la consiguiente falta de una reestructuración necesaria para su gobierno; el analfabetismo general del pueblo –calificado de ignorancia– y su comunicación basada en la transmisión oral, a lo que se acompañaba el dominio de otros idiomas que no eran ni el latín del clero, ni el castellano de la monarquía; la creciente movilidad de la población motivada por la emigración, no tanto hacia América como dentro de la propia península, un factor que se ignoró en todo momento en lo que se refiere a la dificultad obvia de controlar la práctica religiosa de migrantes y transeúntes y sobre todo, la capacidad que estos tenían de transmitir hábitos y costumbres, prácticas e ideas, y de trasegarlas.

2.1. Un territorio mal organizado

La idea de que para Felipe II los reinos no eran invisibles es preciso matizarla en lo que se refiere a los territorios del norte, que él visitó poco y solo de paso. El escaso conocimiento es sorprendente por cuanto nuestro espacio tenía dos fronteras, una con Francia y otra con Portugal y, entre una y otra, cientos de leguas de una complicada costa. Esa deficiencia informativa incluía las rutas y caminos que lo vinculaban con la corte, ya estuviese en Valladolid o en Madrid, como lo prueban los errores de bulto de los rudimentarios repertorios de Juan de Villuga (1541) y de Alonso de Meneses (1576), cuya utilidad a día de hoy radica en ser una prueba de la carencia de caminos carreteros entre la Meseta y el territorio que nos ocupa, lo que no cambiará hasta el siglo XVIII.

La mala información que el rey tenía al respecto fue objeto de la fina ironía del arzobispo de Santiago don Francisco Blanco en su respuesta de abril de 1579 a una carta del Consejo de Guerra en que se le pedía vigilar a los transeúntes que, procedentes de Francia, entraban como peregrinos, cuando podían ser hugonotes cuyo destino era Portugal. El prelado aclaró el error al Consejo –que se limitó a darle las gracias– por cuanto

> "ni este es camino para poder pasar a Portugal secretamente porque desde Orense hasta Bayona no hay puente en el río Miño y se pasa por barcas y por estas no pueden pasar escondidos y sin que se eche mucho de ver, y ni tampoco que se entienda que se hayan embarcado por el mar; ni se pudiera dejar de saber por estar los puertos no muy lejos de esta ciudad y porque allí no han podido ir a la de deshilada porque fueran menester muchos navíos y si muchos si hubiesen embarcado en uno echaríase mucho de ver y hubiese publicado y no entiendo que haya por donde pasar a Portugal ocultamente viajando por tierra, si no es dejando en Astorga el camino francés y tomando el de Orense con ocasión de visitar un Santo crucifijo que allí hay, porque desde Puebla de Sanabria hasta Monterrey va el camino tan cerca de Portugal que de algunos lugares del podrían pasar a aquel reino en una madrugada sin que ninguno les viese; los más de los que llegan aquí vienen por Oviedo y vuelven por Astorga"[57].

La situación se hizo más grave en el final del reinado de Felipe II por los desastres climáticos que se llevaron por delante numerosos puentes sobre ríos importantes, en especial los que desembocan en el Atlántico. Ni se reconstruyeron esos, ni se hicieron otros nuevos en los cursos más interiores de esos mismos ríos, de modo que ríos potentes de Galicia como el Ulla y el Tambre, además del Miño, como se ve en esa carta, fueron servidos por barcazas hasta el siglo XIX. Tampoco se arreglaron ni abrieron caminos, lo que afectaba al paso de personas –y

---

[57] Manuel R. Pazos, *El episcopado gallego…*, I, 62-63.

de fuerzas militares–, o al tráfico comercial, pero también a la circulación de información.

La monarquía no contaba con datos fiables sobre la población que allí vivía y cómo se organizaba el hábitat. El vecindario de 1591, referencia general sobre el período de Felipe II, tiene deficiencias muy notables: muchos topónimos son erróneos, faltan pueblos enteros, otros figuran en jurisdicciones que no les correspondían, etc. Fuera de este recuento no hay otros similares para saber cuántos vecinos había en nuestro territorio y, cuando se encuentran datos parciales o locales en otras fuentes, rebajan o aumentan las cifras de 1591, sin que se pueda dar por válidas unas u otras. Por otra parte, al tener una finalidad fiscal, el censo aparece dividido en partidos y estos reunidos en provincias civiles, mezclando algún obispado[58].

La clave de esas deficiencias está en la debilidad de las estructuras administrativas de la monarquía en estos territorios, donde había pocos "hombres del rey" que pudieran contar y medir para la corona y carecían de medios para reunir información o ejercer su misión en un espacio demasiado grande que, además, en gran medida no era de realengo. El excelente libro de esta misma serie, firmado por Alicia Cámara, refleja que bajo Felipe II "se contaron hombres, armas, millas, barcos, territorios, fortalezas, caminos, de tal manera que el rey pudiera decidir sobre ellos"[59], lo que es cierto si se compara con reinados anteriores y si se atiende a la larguísima costa que va de la frontera con Francia a la de Portugal, que fue objeto del interés cartográfico del rey, centrado en las áreas portuarias. Pero incluso para la costa, siendo elogiables los logros, los mapas fueron tardíos –posteriores a los ataques ingleses de 1589–, contienen errores como los del dibujo de la villa de Pontevedra atribuido al alférez Pedro Rodríguez Muñiz y, al no haber una serie temporal, no se percibe la colmatación de las desembocaduras de los ríos que se estaba generando al disminuir el calado de los

[58] Annie Molinié-Bertrand, *Censo de Castilla de 1591: estudio analítico* (Madrid: INE, 1986).

[59] Alicia Cámara Muñoz, *Grandeza de poder y saber: Felipe II y sus ingenieros* (Valladolid: Universidad de Valladolid, 2023), 37.

puertos con inusitada rapidez debido al comportamiento climático de este período. La corona fue informada de ese problema en los años ochenta y siguientes por parte de las villas. Poco se podía hacer para resolver un proceso natural, pero tampoco se hizo nada después de la destrucción de los puertos provocada por los asaltos de Drake[60].

La mejor información estaba en poder de los obispos y de los cabildos catedralicios que colaboraron con el rey cuando este pidió datos de carácter económico, en especial en 1587, los que más interesaban para implantar cambios fiscales. Pero la organización territorial de las diócesis era muy diferente a la civil. Las sedes episcopales estaban todas situadas en el interior, desde donde se administraba toda la vida religiosa, de modo que los problemas mencionados sobre el territorio eran igual de importantes para los prelados. En la franja costera había villas y ciudades importantes y más dinámicas que las episcopales, que era preciso controlar aun estando distantes. Pero en general los núcleos urbanos eran pocos y pequeños –apenas reunían al 5% de los habitantes–, y dominaban la población rural y un hábitat disperso –había algunas zonas con aldeas o pueblos concentrados–, de modo que la precariedad de las vías de comunicación lo dificultaba todo.

El problema de la dispersión territorial lo expresó muy bien el obispo de Tui en 1587 cuando escribió a Felipe II "hase de advertir que estos feligreses con ser tan pocos en cada una de las feligresías no viven junto a la iglesia por la mayor parte ni circunvecinos, sino un cuarto de legua y media y una de la iglesia, y apartados unos de otros...", pidiéndole "fuese servido de reducirlos a poblaciones como se hizo en la provincia de Guipúzcoa", lo que "sería el mayor servicio de Dios que se podría hacer y aún de S.M. para que esta gente bárbara fuese política y doméstica y enseñada en la doctrina cristiana, que viviendo como viven es imposible"[61]. Era una opinión compartida para todo el norte por

---

[60] Baudilio Barreiro Mallón, *Las Ciudades y villas costeras del norte de Galicia en el contexto internacional del siglo XVI* (A Coruña: Universidad, 1999).

[61] Pazos, *El episcopado gallego...*, II, 56.

los inquisidores y por los predicadores de la Compañía de Jesús, siempre perspicaces.

De una frontera a otra el territorio era difícil de conocer y articular. Para los obispos la clave era la parroquia, un sistema completo de relaciones sociales que la monarquía reconocía como comunidad fiscal desde la Edad Media. Era la esencia misma de las comunidades rurales, una unidad social y religiosa cuyo espacio de referencia era el templo parroquial y que en la misa dominical y en los actos litúrgicos tenía su calendario, más o menos respetado; ambos eran la esencia del contacto interno de las comunidades y de la recepción de información por parte de los poderes eclesiástico y civil, mediante la palabra de los curas.

Para gestionar un territorio tan difícil, el mapa diocesano era poco operativo. Obviamente, este tema nos interesa por su repercusión sobre la gobernabilidad del territorio desde el punto de vista eclesiástico, en especial en diócesis enormes en tamaño (Burgos) o en el número de parroquias (casi todas) y porque mientras el rey fue promotor de cambios en el mapa de los obispados en la Corona de Aragón para hacerlos más controlables y viables, nada se hizo en el norte, probablemente porque las nuevas diócesis creadas en la otra corona obedecieron al temor a los contagios protestantes que procedían de Francia.

Fernández Terricabras insiste en la importancia que el rey dio a la racionalización del territorio para hacer más viable la administración eclesiástica[62], cuya clave estaría en que las fronteras eclesiásticas coincidieran con las civiles, dado que la división en provincias civiles poco tenía que ver con la división en diócesis. Lo primero no nos atañe, pero sí lo otro, por cuanto Felipe II promovió cambios en la organización territorial eclesiástica con el objetivo de que los obispados fuesen más pequeños para asegurar su control; pero sobre todo quería que los obispos pudiesen visitar las parroquias con regularidad y conocer bien el territorio y a su clero y a los fieles, y desde el punto de vista de estos, acortar las distancias para resolver asuntos, en especial los de carácter judicial que requerían acudir al prelado o a sus oficiales. No era solo

---

[62] Fernández Terricabras, *Felipe II y el clero...*, 231.

distancia física, sino el entrecruzamiento de cartografías diferentes y poderes locales muy fuertes y más cercanos a los pueblos.

A este respecto, el Concilio tuvo incidencia en el esquema de la jurisdicción eclesiástica, a la que ya nos hemos referido, con cambios en las competencias que afectaban al conjunto de la población, en especial en cuestiones como las dispensas por consanguinidad, los matrimonios clandestinos y amancebamientos, y muchas otras facetas que tocaban al foro privado, así como a las relaciones entre el clero y los fieles y al propio clero en su relación con la justicia. Esta situación modificó el mapa jurisdiccional de modo indirecto al redirigir a los fieles hacia los tribunales del rey.

Para responder a eso, la diócesis de Burgos fue elevada a archidiócesis y a sede metropolitana en 1574 gracias a los buenos oficios del obispo don Francisco Pacheco en Roma, de modo que las diócesis de Calahorra y Pamplona serían sus sufragáneas, añadiéndose la de Palencia en 1595[63]. Sin embargo, el enorme territorio burgalés no se reestructuró, frustrándose el intento de crear la diócesis de Cantabria para resolver el problema de su lejanía de la capital. Las primeras gestiones eran ya antiguas, reanudándose en tiempos de Felipe II. Dada la previsible oposición de los obispos a que se les cercenase su poder, se quiso aprovechar que la sede estaba vacante y que lo estuvieran las abadías de Santander y de Santillana, ambas de patronato real. Elevada de rango a archidiócesis, el rey se dirigió a Pacheco en 1577, pero el fallecimiento de este frustró ese intento, retomado con el acuerdo del arzobispo Cristóbal Vela, convencido de que Cantabria era la zona de gobierno más complicado. Para dirigirse al papa en 1584, el prelado tuvo que reunir los datos sobre rentas, derechos y límites, de modo que el plan estuvo muy avanzado, pero se opusieron las abadías y el arcedianato de la archidiócesis que se verían afectados, así como el ayuntamiento y el cabildo catedralicio de Burgos. Todavía en 1599 el ayuntamiento de Santander,

---

[63] Alberto Pacho Polvorinos, "Geografía diocesana de Burgos", en *Iglesias de Burgos, Osma-Soria y Santander. Historia de las diócesis...*, coord. por Bernabé Bartolomé, 20 (Madrid: BAC, 2002), 125.

futura sede de la nueva diócesis, se pronunció a favor, pero nada se consiguió hasta mediados del siglo XVIII[64].

La diversidad y complejidad de esta archidiócesis fue abordada por don Francisco Pacheco en los capítulos sinodales de 1575, que son de los más prolijos al respecto, ya que especifican las obligaciones de los arcedianos, abades y arciprestes, quienes deberían visitar las parroquias comprobando personalmente el orden de los libros y las cuentas de la fábrica, así como las costumbres de los eclesiásticos y de los vecinos. Denunciaba el prelado que unos y otros eludían su deber y que, cuando iban a verificar el comportamiento de los clérigos, "procuraban aparejar grandes cenas y comidas y andar a cazar con halcones y galgos y gavilanes… sin cumplir lo que se les había mandado". En definitiva, fija una normativa muy precisa para controlar el territorio en la que, no obstante, se deduce que el prelado delegaba sus propios deberes en terceros[65].

No se hizo nada con la gigantesca provincia eclesiástica de Santiago que abarcaba desde la diócesis de Mondoñedo hasta Badajoz, a más de seiscientos kilómetros, de modo que eran muy difíciles tanto la reunión y gestión de los concilios provinciales –el de 1565 se hizo en Salamanca como punto intermedio–, como sobre todo la resolución de los pleitos y conflictos, que debían ir en apelación a Compostela, actuando como juez intermedio el de Salamanca, siempre muy problemático[66].

A esa inacción hay que añadir la creación de una nueva diócesis, la de Valladolid, a contrapelo de la lógica, toda vez que se construyó a partir de fragmentos de otras diócesis, en paralelo a la creación de la provincia de igual nombre, pero con un territorio diferente. En este caso, la clave fue la tensión entre el abad de la colegiata vallisoletana con el obispo de Palencia y con la abadía de Medina del Campo. Detrás de

---

[64] José Luis Casado Soto, *La provincia de Cantabria. Notas sobre su construcción*, (Santander, Centro de Estudios Montañeses, 1979), 161-162. Jesús Cuesta Bedoya, "Proceso de creación de una nueva diócesis", en *Iglesias de Burgos…*, 497-514.

[65] Pacheco, *Constituciones sinodales…*, 70, 125, 129.

[66] Rey Castelao, "La actividad del Juez", 655-666.

esa operación estaba el reforzamiento del patronato regio, para lo que el rey contó con don Martín de Córdoba, prior de la colegiata ourensana de Xunqueira de Ambia –integrada luego a la nueva diócesis– a quien en 1594 le encargó, entre otras cosas, indagar qué derechos de la corona estaban ocultos. A nuestros efectos, la creación de la nueva diócesis es relevante porque en 1596 se tomaron territorios de la parte oriental de Galicia situados muy lejos de la nueva sede, lo que generó conflictos e incomodidades[67], si bien las bulas no llegaron a expedirse en vida de Felipe II.

Por otra parte, si era importante la ubicación de las sedes episcopales con respecto a sus territorios, no lo era menos la de esas sedes con la del gobierno de la monarquía, de modo que el traslado de la corte de Valladolid a Madrid alejó más a los obispos del rey. No obstante, Valladolid seguiría siendo una referencia por estar allí la Real Chancillería y una universidad imperial, además de las dos grandes congregaciones monásticas benedictina y cisterciense, cuya importancia señorial y económica radicaba precisamente en el Norte y cuyas decisiones de gobierno religioso y económico afectaban a amplios territorios.

Entre las trabas de mayor impacto y más negativo para los intentos de reforma encomendados a los obispos, estaba la existencia de otras muchas jurisdicciones eclesiásticas y civiles, una herencia medieval que solo se retocó. En efecto, las diócesis tenían en su interior territorios con situaciones especiales que no se arreglaron ni cambiaron, lo cual derivó después del Concilio en larguísimas luchas, entre otras cosas, por los derechos de visita. Si no se visitaban esos espacios porque los obispos no podían hacerlo legalmente, las preguntas subsiguientes son quién y cómo se controló la aplicación de los mandatos conciliares o quién impartía el sacramento de la confirmación, cómo

---

[67] Ese conflicto se estudia en Ofelia Rey Castealo, "Catedrales de segundo orden: las colegiatas de Galicia en la Edad Moderna", *Sémata. Ciencias Sociales e Humanidades 15* (2004): 281-316. García Fernández, Máximo, "El territorio diocesano y la estructura parroquial", en *Historia de la diócesis de Valladolid*, José Delicado (ed.). (Valladolid: Diputación, 1996) 151-190.

se gestionaban las dispensas matrimoniales o cómo se evaluaba la formación y la calidad del clero.

En las diócesis del norte, aunque no estaban especialmente afectadas por este problema, había espacios *nullius* de órdenes militares, no eran solo las peninsulares, controladas por la corona y con las que se negoció la aplicación del Concilio, sino la de San Juan, cuyas encomiendas estaban en manos de familias de poderosos locales que habían procedido a la usurpación de bienes y que tenían la presentación de curatos, de modo que los clérigos estaban sometidos a su control. En estos casos, la confusión entre religión, señorío y patrimonio era total, y en tiempos de Felipe II se intensificaron los pleitos por esos motivos y en especial por una defensa tenaz de la jurisdicción eclesiástica, que impedía –salvo excepciones– las visitas de los obispos y fiscalizar los ingresos de los clérigos y su fidelidad.

Situaciones similares y de mayor alcance, pero sin tener todas la condición *nullius*, eran las generadas por la existencia en el Norte de grandes y antiguos monasterios cistercienses y benedictinos, muy patente en amplios espacios rurales en donde estaban situados. Allí tenían derechos de presentación o de percepción de diezmos, que procuraban confundir, adrede, con el señorío e incluso con la propiedad de la tierra. En tiempos de Carlos V se intentó vender sus señoríos –como otros casos en Castilla–, pero entonces arguyeron que la jurisdicción les era útil para percibir las rentas y se salieron con la suya; de los monasterios benedictinos el rey obtuvo licencia del papa para enajenar bienes e, ignorando las protestas, se vendió parte de los vasallos en 1551. En las ventas de Felipe II en 1574, la mayor parte de las jurisdicciones se salvó de nuevo, bien porque se adujo que eran solariegas o porque fueron recompradas por los monasterios y, a pesar de los recortes, siguieron siendo muy poderosos y discutiendo a los obispos el derecho de visita mucho después de Trento[68].

---

[68] Ángeles Faya Díaz, *La venta de jurisdicciones eclesiásticas en la Asturias del siglo XVI*, (Oviedo: Universidad, 1991). Camilo Fernández Cortizo, "Los monasterios cistercienses gallegos en tiempos de Felipe II", *Monasticum* (1999): 11-43.

Un problema enorme para la gestión eclesiástica y espiritual era la existencia de enclaves, es decir territorios de unas diócesis incrustados en otras, a veces muy alejados en la capital diocesana, y en general de tamaño pequeño pero cuya existencia generaba incomodidades, tanto a los obispos responsables como a los que las tenían en sus diócesis. Por ejemplo, la de Mondoñedo tenía varios en la de Santiago, entre los que destacaba la villa de Camariñas, en la Costa da Morte, cuya visita exigiría al obispo hacer un recorrido de más de doscientos kilómetros pasando por territorio ajeno.

En sentido inverso, la archidiócesis de Santiago tenía uno de los casos más problemáticos, la vicaría de Alba y Aliste, enclave situado en Zamora, a más de 350 kilómetros, en cuyo camino había otras diócesis. En aquel espacio, que los prelados solían visitar cuando iban por primera vez a Santiago o si iban a la corte, desviándose del camino, las tensiones eran constantes con el clero y con la marquesa de Alcañices y el concejo, motivados por sucesivos intentos de autonomía y de poner coto a los derechos y cargas arzobispales. En 1566 los clérigos hicieron un extenso informe para oponerse a ese control argumentando que era vicariato *nullius* y en 1586, la celebración de un sínodo en Zamora provocó una cadena de reclamaciones por parte de la marquesa y de los párrocos contra el vicario a propósito de los gastos de tal celebración, hasta llegar a pleito ante la Chancillería de Valladolid en 1590, donde la noble y el concejo recurrieron contra la visita que estaba llevando a cabo el doctor Gutiérrez de Alcalde. Como consecuencia de las desamortizaciones de Felipe II, en 1574, 1579 y 1580, varios pueblos pasaron de ser de jurisdicción civil y criminal del arzobispo de Santiago a ser de realengo. De todos modos, en ese territorio de tan difícil control, se hicieron visitas en 1587 y 1588, 1592 y 1594 para mantenerlo bajo la cuerda compostelana[69].

Mucho más grave y general en las diócesis del Norte era el problema del enorme número de parroquias que las componían, lo que se acompañaba de su pequeño tamaño, la dispersión del hábitat y la

---

[69] Baudilio Barreiro Mallón, "Alba y Aliste", en *Santigo de Compostela y Tuy-Vigo...*, 327-408.

existencia de enormes espacios separados por accidentes naturales. No hubo proyectos para hacerlas más pequeñas y viables, ni los obispos reunieron parroquias en unidades mayores, salvo como consecuencia de la desaparición de algunas tras las crisis pestíferas de finales del reinado de Felipe II. Internamente, las diócesis estaban organizadas en arcedianatos o arciprestazgos, desiguales en tamaño y feligresías, lo que repercutía en el grado de coordinación entre el clero parroquial, más donde eran nombrados por los canónigos dignidades de las catedrales, pero tampoco se hizo nada al respecto. No era solo eso: es muy llamativa la ausencia de referencias relevantes por parte del episcopado a los problemas específicos de la costa o de la montaña, que afectaban a todos, en especial por la lejanía de los arciprestazgos allí situados. No obstante, en su descargo es necesario tener en cuenta los derechos de presentación de los curatos que dificultaban o impedían hacer cambios parroquiales a conveniencia del gobierno episcopal, como también influyó, y mucho, si eran parroquias de señorío y la personalidad de los titulares de este. Lo veremos más adelante.

No podemos terminar sin hacer referencia a la Inquisición, el otro pilar de las reformas y más aun después del Concilio. Su problema, como el de los obispos, era el enorme espacio del que se ocupaban sus tribunales. Pensemos que el de Valladolid tenía la jurisdicción sobre todo el cuadrante noroccidental y, más al oriente, el enorme obispado de Burgos, salvo el territorio de Logroño. Este problema se agravaba porque había que controlar dos fronteras, la de Francia y la de Portugal, y una larguísima costa con puertos pequeños y de señorío en un gran número, cuya lejanía invalidaba todo intento de controlar el paso de ideas o personas. Ese era el caso del tribunal de Calahorra, que comprendía las provincias vascas y Cantabria, de diferentes diócesis; el cambió a que se sometió en tiempos de Felipe II fue llevar la capital a Logroño en 1571, lo que al parecer no respondió a la racionalización territorial, sino a romper el círculo de corrupción del inquisidor. La mitad del territorio estaba bajo el sistema foral, lo que hacía la vida imposible, en especial en las capitales[70].

---

[70] Bombín, *La inquisición en el País Vasco...*, 151.

El caso más extremo y complicado, Galicia, dependió del tribunal de Valladolid hasta la instauración de un tribunal propio en Compostela en 1574, al que se le añadió la parte gallega de la diócesis de Astorga, que quedó así dividida entre dos tribunales, pero no Asturias[71]. El intento de crear un tribunal específico se frustró en 1561 por las resistencias y oposición de las justicias ordinarias locales, que, siguiendo al pie de la letra la concordia de 1553 consideraban que era una injerencia intolerable. En 1564 el Consejo reconocía que "en esta tierra la Inquisición es cosa odiosa y para su obediencia es menester o amor o temor y pues amor ya se entiende que no lo tienen conviene que tengan temor", hasta el punto de que en 1567 hubo que suspender la visita hecha desde Valladolid y en 1570 una real cédula de Felipe II tuvo que recordar a la Audiencia de Galicia su obligación de colaborar; el tribunal real no atendía las peticiones de remisión de reos al Santo Oficio, a pesar de las recomendaciones de la corona de que no se hostigase a los inquisidores[72]. La frontera portuguesa y el paso de los conversos era un problema para la corona pero, además, Galicia era un espacio idóneo para aplicar los objetivos del Consejo: campesinado analfabeto e ignorante del dogma, superstición generalizada, clero escaso y corrompido, y poderosos señores locales. Los visitadores señalaban que la configuración de los pueblos era diferente de Castilla, lo que entorpecía su acción dado que los reos solían llegar de cuatro o cinco leguas y había que esperar a que se ratificasen los testigos ante el inquisidor y ante los comisarios, a lo que se oponían porque no querían dejar su labranza. No eran problemas diferentes de los que limitaban la acción de los obispos.

La principal dificultad era controlar el territorio del Norte desde tres tribunales estaba en formar una red de comisarios y de familiares y hacer las visitas. Eran insuficientes para el territorio y la población a controlar. En el de Calahorra en 1549 había unos cien familiares en cincuenta pueblos, villas y ciudades y una vez que se trasladó en

---

[71] García Tato, "La diócesis de Astorga", 353. Roberto J. López López, "Asturias y la Inquisición: Algunas notas", *Studium Ovetense* 19 (1991): 145-164.
[72] Contreras, *El Santo Oficio…*, 318 y 458.

Logroño parece que habría unos 125 familiares, estando la red de reforzada en la costa[73]. En Galicia hubo unos doscientos. Más grave es que unos y otros no se recataron en sus conductas irregulares, que desde el punto de vista funcional se traducían en restar efectividad o en pervertir lo que se esperaba de ellos: roces cotidianos, choques de intereses, negligencias, fraudes, absentismo, venalidad de los cargos. Los obispos eran reacios a que los comisarios, que todos eran clérigos exhibiesen de su autoridad. En cuanto a los familiares –vecinos próximos, al fin y al cabo– eran odiados por tener exención fiscal, de cargos concejiles o de alojamientos, de modo que el aumento de su número generó protestas. Y sin duda lo eran por sus excesos: en el tribunal de Logroño en 1574 se llevó a proceso a veinte familiares sobre todo por violencia lo cual incluía algún caso de muerte. No es extraño que las justicias locales considerasen que era suya la competencia sobre los delitos criminales de ese grupo[74]. Tampoco lo es que buena parte de los casos de proposiciones –el 12,8% de las causas en Galicia y el 9,28% en Logroño–, se debieran a comentarios contra el Santo Oficio.

2.2. Una ignorancia no corregida

Si atendemos a lo más visible, no se puede negar que antes ya de iniciado el concilio de Trento y del reinado de Felipe II, había un sustrato formativo en los territorios que nos ocupan, obra de obispos, clérigos ricos, algunos nobles o de municipios, y en la segunda mitad del siglo se vio enriquecido con escuelas y cátedras de gramática, colegios-universidad y colegios de la Compañía de Jesús. Los núcleos urbanos y semi-urbanos se beneficiaron de un proceso común a toda la Corona de Castilla, concentrado, bien es verdad, en las capitales diocesanas[75]. Si ponemos por delante el grado de urbanización, la diversificación

---

[73] Reguera, *La Inquisición española...*, 173. Bombín, *La inquisición en el País Vasco...*, 67.

[74] Bombín, *La inquisición en el País Vasco...*, 161-168.

[75] Agustín Redondo (dir.), *La formation de l'enfant en Espagne aux XVIe et XVIIe siècle* (París : Sorbonne, 1996).

profesional o la intervención de los poderes eclesiásticos y municipales, y reflexionamos sobre la relación entre alfabetización y escolarización o alfabetización e imprenta, los territorios del norte llevaron un ritmo diferente debido a la falta de núcleos urbanos importantes.

Así pues, es preciso valorar si ese proceso tuvo algún efecto sobre la población rural y sobre el clero que la asistía y que, según las normas pre y postridentinas, tenía que ocuparse de la formación de sus feligreses. Empezando por la base de la pirámide, es decir, por el común, los datos son tozudos en evidenciar una situación general de carencia que es especialmente llamativa después de un siglo a lo largo del cual se había construido un discurso por parte de la Iglesia favorable a que los fieles adquiriesen al menos la destreza de leer para poder acceder a los rudimentos de la doctrina[76]. La transmisión de esta se hacía en textos impresos, cuyos destinatarios eran los clérigos, con la salvedad de las cartillas y, en menor medida y más tarde, del catecismo. Pero el analfabetismo impediría a la mayor parte de la población del norte acceder por sí misma a la lectura. Así lo han demostrado diversos estudios basados en el control de las firmas en documentos de amplio espectro –fiscales y notariales–, aunque dejan fuera a los sectores más pobres y a la mayoría de las mujeres; pero es suficiente para comprobar la modestia de las cifras de "alfabetizados": J.P. Le Flem calculó para el norte de Castilla la Vieja entre 1560 y 1590 un 2,1% de hombres con esa destreza –escribanos, maestros– y añadiendo a clérigos, juristas, oficiales públicos, e incluso a mercaderes y determinados artesanos, no llegaban al 3%[77]. No es extraño, por cuanto a comienzos del XVII en Madrid firmaba menos de un tercio de los hombres.

---

[76] José Sánchez Herrero, "La actividad educadora directa e institucional", *Historia de la acción educadora de la Iglesia en España* (Madrid: BAC, 1995), 614.

[77] Jean-Paul Leflem, "Instruction, lecture et écriture en Vieille Castille et Extremadure aux XVIe-XVIIe siècle", en *De l'alphabétisation aux circuits du livre en Espagne, XVIe.-XIXe. Siècles* (Paris: CNRS, 1987), 29. Antonio Viñao Frago, "Alfabetización y primeras letras (ss. XVI-XVII)", *Escribir y leer en el siglo de Cervantes*, ed. de Antonio Castillo (Barcelona: Gedisa, 1999), 39.

En Compostela en 1635 firmó su declaración fiscal una quinta parte de los cabezas de familia y había villas en la costa con solo un 5,5% (Baiona y Noia), aunque algunas rondaban el 15% (Pobra do Deán, Caldas), mientras en el rural firmó un 7,8%, en más de la mitad de las parroquias menos del 6% y solo una minoría muy escueta alcanzaba las cifras urbanas, como en Asturias[78]. Otras fuentes menos generales rebajan esos cálculos: por ejemplo, en las valoraciones de curatos de la diócesis de Santiago en 1594, sólo firmó un 15% de los testigos, a pesar de ser individuos con cierta relevancia social en sus comunidades o relacionados con las autoridades civiles y eclesiásticas; en privilegiadas zonas de interior firmaba entre un 2,7% y un 6,2% de los varones adultos. En procesos judiciales de la Audiencia de Galicia, a comienzos del XVII sólo supo firmar el 7,9% de los testigos, y en escrituras ante notario, como compraventas de tierras del rico valle vitícola del Ulla, próximo a Santiago, entre el 6,7% y el 13,3%.

Las zonas con mejor nivel eran las económicamente más favorecidas, de costa o de valle, bien comunicadas, próximas a villas o ciudades; en zonas de montaña, alejadas de vías de comunicación y con una economía de subsistencia, el nivel era peor. Las bajas tasas de firmantes y su congelación entre fines del XVI y 1635 se explican por la práctica inexistencia de una red escolar, ya que la aparición de maestros y escuelas rurales fue muy lenta, y el aprendizaje se hacía gracias a la transmisión intra-familiar o a la precaria y ocasional enseñanza impartida por escribanos, notarios, estudiantes o eclesiásticos. Muchos sínodos del norte encomendaban la enseñanza de la lectura a los sacristanes: es casi irónico dado que en la mayoría de las parroquias rurales era una figura eventual, pero además serían tan analfabetos como lo eran los mayordomos, de modo que el vacío formativo del rural no

---

[78] Juan Eloy Gelabert, "Niveaux d'alphabétisation en Galice (1635-1900)", *De l'alphabétisation...*, 45-71. Ofelia Rey Castelao, "Niveles de alfabetización en la Galicia de fines del Antiguo Régimen", *Bulletin Hispanique* 100 (1998): 271-311. Baudilio Barreiro Mallón, "Alfabetización y lectura en Asturias durante la Edad Moderna", *Espacio, Tiempo y Forma, Historia Moderna* 4 (1989): 115-134.

recibió aliento alguno. No obstante, no era mejor el panorama en Bretaña, donde todavía a fines del XVII no se alcanzaba el diez por ciento de firmantes y donde, contra lo que solía afirmarse, las áreas rurales modestas del ámbito protestante tenían el mismo déficit[79].

Los comentarios de quienes llegaron al Norte de visita o para ejercer su misión, fueron unánimes en aplicar de forma general al pueblo el concepto de ignorancia, a veces señalando a las mujeres, como el flamenco Lambert Wyts, quien en 1570 escribió que las de Cantabria "son gentes muy bárbaras y místicas, mal vestidas y muy semejantes a las jóvenes turcas de Bulgaria, siempre descalzas, sin zapatos"[80]. Es cierto que muchos de ellos, por su condición clerical, pensaban en la ignorancia de la doctrina, pero a nuestros efectos importa menos que saber qué se hizo para mejorar la situación. En todo caso, aquel concepto habría que matizarlo porque se confunde muchas veces con la ignorancia voluntaria o la apariencia de rusticidad, útiles para aparentar lo que no se era o al menos no del todo.

Muy explícitos fueron los testimonios de los jesuitas llegados al Norte poco antes de 1550 en sus viajes para atender las peticiones de los obispos para predicar y, sobre todo, para negociar las fundaciones de colegios. Todos relataron lo que encontraban y, como otros eclesiásticos, compararon aquellas tierras con las Indias, empezando por Asturias, de la que decía Andrés de Prada al solicitar que fuesen allí los jesuitas, "que son las Indias que tenemos dentro de España", si bien los que fueron a indagar la opción de crear un colegio en Oviedo, decían en 1568 que la gente "tiene muy buen metal de entendimientos y es dócil"[81]. En 1561 el padre Nadal en su visita a Galicia afirmó que los jesuitas "tienen aquí otra India" y al hacerlo Francisco de Borja a Monterrey en 1560 escribió al padre Laínez la importancia de ayudar "a estas almas de Galicia que son las más necesitadas de doctrina". En

---

[79] Harvey J. Graff, *Storia dell'alphabetizacione occidentale, II, L'Etá Moderna* (Bolonia, 1987), div.pp.

[80] José Luis Casado Soto, *Cantabria vista por los viajeros de los siglos XVI y XVII* (Santander: Diputación, 1980), 84.

[81] Tuñón, "Reforma tridentina", 229 y 242.

1566, Borja, a su vez, recibió una carta de Telmo Ruiz sobre la necesidad de un colegio en Santiago "por ser montaña toda la tierra y tan indias como las del Japón". En 1569 el padre Dávila también estuvo en Monterrey e informaba en igual sentido

> "por ser el Reino de Galicia de gente tan inculta y bárbara con tan poca enseñanza de la ley de Dios ha sido muy grande el servicio que se ha hecho a nuestro señor después que este colegio comenzó principalmente en la instrucción de la Juventud, señalando después que el mayor servicio ha sido conseguir clérigos debido en este recogido y que tuvieran alguna noticia de las cosas de Dios"[82]

Otro jesuita, el padre Valdivia, decía que "la gente que habita en esta tierra es de suyo rústica y corta de entendimiento que parece que se asemejan a lo material de la tierra que es áspera montuosa e inculta"[83]. Sin embargo, al cargar las tintas sobre tan mal estado de cosas, los jesuitas estaban construyendo el relato de su éxito, de modo que en su *Historia de las provincias de España* el padre Ribadeneira decía que Galicia "era antes que entrase la Compañía muy inculta y como tierra yerma y por labrar en todo lo que toca la piedad y doctrina". Lo malo es que, después, seguía siéndolo: es decir la atribución de méritos a la Compañía deriva más bien de su propia historiografía. ¿De verdad habían hecho algo por remediarlo?

Los jesuitas fueron llamados al Norte por obispos interesados en la formación del pueblo. Don Diego de Soto, obispo de Mondoñedo (1545-1549) hizo ir a su diócesis a dos para que predicasen y enseñasen a leer y escribir, y al parecer lo hicieron, al menos en las villas. Si bien en ese gesto —común a otros prelados— se ha visto el inicio de un

---

[82] Evaristo Rivera Vázquez, *La Compañía de Jesús en Galicia, en la edad moderna: su historia, sus colegios*, (Santiago de Compostela: CSIC, 1989) 68, 120, 176.

[83] Camilo Fernández Cortizo, "Las Indias de estas partes: la reforma del clero y del pueblo en el obispado de Orense 1500 1650", en *XII Jornadas de Historia de Galicia*, ed. de Jesús de Juana y Xavier Castro (Ourense: Diputación, 2003), 53-86.

proceso de larga duración consistente en completar la visita pastoral con la presencia más permanente de religiosos preparados para la enseñanza, no parece verosímil que en estancias de unos cuantos días pudieran hacer mucho. Salvo los colegios de Monterrey y Monforte, situados en pequeñas villas del interior, los demás se abrieron en ciudades.

El problema es que las gentes del rural quedaron al margen de esa posibilidad formativa, lo que el obispo de Ourense, en su respuesta a una carta indagatoria de Felipe II de 1590, sintetizaba que sus fieles "viven sin policía y gobierno humano sin trato de gente política por vivir en lugares de a dos cuatro, ocho o veinte casas y apartadas unas de otras y en montes"[84]. En 1606 el cronista cisterciense fray Atanasio de Lobera, leonés de origen, escribió sobre la falta de letras en Galicia

> "Que el ser pocos los que se señalan en ellas proviene de ser solos los que las tratan. Que como la gente vive por los campos, retirado un vezino de otro, las casas son malas, el ejercicio andar con el ganado por montes, el niño mama lo que vee y abarca aquello en que se cría. Que si vivieran en comunidades donde ay escuelas, ay urbanidad en el vestir, en el hablar, en comer y beber y en todas las acciones naturales y artificiales, donde comunican los hombres y se comunican las cosas, ay quien alabe y vitupere, castigo y premio, honra y menosprecio, y visto uno y otro, tiene ocasión la naturaleza de hechar mano de aquello a que se inclina, corrieran los ingenios por diverso camino"[85].

En el fondo, teniendo en cuenta lo que muchos clérigos manifestaron en otros lugares y en los siglos siguientes, se temía lo que los sectores populares pudieran aprender. Por ejemplo, en 1611, Jerónimo del Hoyo, tras inspeccionar la escuela de niños de Pontedeume se escandalizó al oír que "todos leen en procesos" y mandó al maestro que

---

[84] Fernández Cortizo, "Las Indias de estas partes", 55.

[85] Luis Rodríguez Montederramo, "Gondomar y la Historia del Reino de Galicia: Estudio y edición del borrador de la Coronica Grande del Reino de Galicia de Atanasio de Lobera", en *De libros, librerías, imprentas y lectores*, ed. de Pedro M. Cátedra y M. Luisa López-Vidriero (Salamanca: Universidad, 2002), 335.

les enseñase la doctrina cristiana e hiciese que los padres les comprasen los libros adecuados para evitar que leyesen pleitos "sino que lean en obligaciones y testamentos para que no se inclinasen desde niños a ser pleitistas"[86]. El miedo a abrir pistas de insumisión era una constante que contrapesó el interés, aparente o real, de los obispos en generalizar la lectura y la escritura entre los sectores populares, como en Francia[87].

En fin, quizá no tenga sentido aplicar el concepto de alfabetización a este período toda vez que para medirla empleamos fuentes poco comparables en las que está sobre-representada la población masculina, urbana y rica, difuminando la desigualdad social y la zonal. Y se ignora todo de los "escribientes delegados", intermediarios entre la oralidad y la escritura, que no solían ser clérigos ni escribanos –aunque estos eran mediadores esenciales–, sino campesinos fuertes, jueces de señorío, etc. que no siempre sabían escribir pero que tenían destrezas que les daban un cierto prestigio y los convertían en transmisores orales de esquemas, conocimientos y contenidos de la cultura escrita. Los veremos en acción en bastantes páginas de este libro.

Y, sobre todo, no se ha sopesado lo suficiente el factor lingüístico, tan importante en los territorios del norte: euskera, gallego, bable y todas las hablas locales, que por entonces tenían un contacto mucho menos regular con el castellano del que tendrían después. Filólogos y medievalistas han atribuido la castellanización a una imposición política y centralizadora castellana desde tiempos de los Reyes Católicos, pero lo cierto es que la monarquía nunca dictó leyes al respecto, diferenciándose claramente de Francia. Recordemos que la ordenanza de Villers-Cotterêts de 1539 impuso el empleo del francés en la documentación escrita para sustituir al latín y para superponerse a los idiomas territoriales en favor de una unificación utilitaria, de modo que un documento fuese comprendido por una mayoría lo más amplia posible y en cualquier espacio del país, lo que implicaba seguridad jurídica.

---

[86] Saavedra, *La vida cotidiana…*, 382.

[87] Ofelia Rey Castelao, "Entre la caridad y la conveniencia: clero y educación en espacios rurales franceses", *Tiempos Modernos* 36 (2018). http://www.tiemposmodernos.org/tm3/index.php/tm/article/view/4203

Todavía por entonces las actas parroquiales se redactaban en latín –no así en la corona de Castilla– y en amplias zonas de Francia el clero parroquial siguió empleándolo incluso después del recordatorio insistente por parte de los obispos[88].

La cuestión más llamativa es que el episcopado de tiempos de Felipe II, como el precedente, apenas tuviese presente ese factor, habida cuenta del interés en difundir la doctrina e imponer las reformas entre el pueblo, de lo que podemos deducir que se fiaba todo al clero parroquial y a los predicadores de las órdenes religiosas y a los jesuitas, que tendrían un interés prioritario en hacerse entender. Precisamente por esto, los obispos de Bretaña tomaron algunas medidas inspiradas en la importancia comunicativa de las lenguas de uso común, animando a los curas a enseñar la doctrina en "patois"[89]. De igual modo, fue fundamental que después del Concilio de los obispos promoviesen la impresión en esas lenguas de catecismos, cartillas y textos instrumentales o piadosos, para instruir al clero parroquial y a los feligreses, de modo que el bretón era más una lengua pastoral que de cultura[90], si bien en ese caso sirvió para afrontar contagios protestantes.

Por razones obvias, en los territorios vasco-hablantes esta cuestión tenía gran relevancia, dadas las diferencias entre el euskera y el castellano. Allí era imprescindible que el clero con cura de almas lo hablase para que los feligreses entendiesen las prácticas rituales y los principios de la doctrina, de modo que en las constituciones sinodales

---

[88] Croix, *La Bretagne…*, 45.

[89] Guy Astoul, *Les chemins du savoir en Quercy et Rourge à l'Époque Moderne*, (Presses universitaires du Midi: Toulouse, 1999), 66.

[90] Michel Lagrée (ed.), *Les parlers de la foi. Religion et langues regionales* (Rennes: Presses Universitaires, 1995) 85-94. Fañch Roudaut, "La littérature religieuse en breton", en *Histoire littéraire et culturelle de la Bretagne*, ed. de Jean Balcou e Yves Le Gallo (Paris-Genève: Champion-Slatkine, 1987), 1, 231-244. Éva Guillorel, "Du bon usage des langues dans la Bretagne d'Ancien Régime" en *Les formes de l'échange. Communiquer, diffuser, informer, de l'Antiquité au XVIIIe siècle*, dir. De François Brizay (Rennes: Presses Universitaire, 2019), 55-68.

dictadas por el obispo don Pedro Manso para la diócesis de Calahorra e impresas en Logroño en 1601, se planteó la necesidad de conocer ese idioma para predicar, indicándose incluso las diferencias entre el vasco del señorío de Vizcaya y el de Guipúzcoa. El prelado decía de sus diocesanos que "la mayor parte de ellos habla vascuence, los predicadores por autoridad predican en romance y no en vascuence de lo que se sigue gran daño y que la gente que viene de las caserías a oírlos como no saben romance se salen ayunos del sermón"[91]. Además, dejó ordenado a sus sucesores que cada año se imprimiesen cartillas de la doctrina "en romance, y en vascence, según el uso de las dichas provincias, para que los curas tengan cartillas en la lengua propia de cada Provincia: Porque nos assi lo avemos començado a hacer en nuestro tiempo", al parecer, refiriéndose a la traducción hecha por Juan Pérez de Betolaza del catecismo del padre Astete, impresa en Bilbao en 1596. En 1609 se tradujo también el catecismo del padre Ripalda al guipuzcoano[92]. Lo cierto es que, a diferencia del gallego, hubo un esfuerzo por facilitar los textos básicos en euskera, sin duda para la formación del clero, habida cuenta del analfabetismo general de este territorio.

No se trataba solo de la comprensión de lo que se oía, sino de lo que se decía, ya que no se puede soslayar que podía ser un problema a la hora de confesarse. Según los teólogos postridentinos, de haber un intérprete –a lo que no había modo de obligar– estaría abocado a ocultar los pecados que oyere: quienes han estudiado el tema opinan que en las provincias vascas y en Navarra, especialmente en zonas aisladas donde el euskera era dominante y en ese idioma se confesaban –así consta en algunos documentos judiciales–, ocasionalmente debieron

[91] Santiago Ibáñez Rodríguez, "La diócesis de Calahorra a mediados del siglo XVI según el libro de visita del licenciado Martín Gil", *Brocar* 21 (1997): 148-149.

[92] Patricio Urquizu Sarasúa y otros, *Historia de la literatura vasca*, (Madrid: UNED, 2000), 129.

realizarse confesiones con intérprete, pero los testimonios son posteriores al período que nos atañe[93].

Nada se imprimió en gallego o en asturiano. Cuando bajo Felipe II las cartillas escolares se unificaron, pronto se diversificaron, pero Galicia, Asturias y Cantabria siempre compraron las de Valladolid, ciudad clave para el suministro de impresos[94]. Ambas lenguas no implicarían mayores dificultades de aprendizaje que en otras zonas donde la lengua materna no coincidiese con la enseñada, ya que, de lo contrario se habrían hecho cartillas y catecismos en las dos. Los obispos postridentinos mostraron alguna voluntad de promover el gallego entre el clero, o al menos así lo hicieron los arzobispos de Santiago, el castellano Francisco Blanco y el andaluz Juan de San Clemente, recomendando que los clérigos hablasen el idioma de sus fieles[95], pero esas iniciativas fueron débiles y poco duraderas y no se tradujeron en producción escrita: el lector tenía que serlo de castellano y quien pudiera asistir a una lectura en voz alta, oiría castellano. Solían los sínodos recomendar la lectura en alta voz, pero se puede suponer que, de haberse atendido esa sugerencia, su comprensión no sería fácil ni siquiera para los castellano-hablantes por sus limitaciones de vocabulario[96]. Por cierto, en sus misiones, los jesuitas vendían novenas, vidas de santos y libritos de piedad en castellano[97].

---

[93] Marcos Sarmiento Pérez, "El intérprete en la confesión sacramental en la Iglesia católica, con especial atención a la España de los siglos XVI y XVII", *Culture & History Digital Journal* 7-1 (2018), https://doi.org/10.3989/chdj.2018.012

[94] Agustin Redondo, "Les livrets de lecture (cartillas para enseñar a leer) du XVIe siècle", *La formation de l'enfant...*, 96.

[95] Rey Castelao, "¿Biografía o hagiografía?", 13.

[96] Baudilio Barreiro Mallón, "Los problemas de transmisión cultural en las comunidades bilingües a partir del Concilio de Trento", en *Tradición versus innovación en la España Moderna*, ed. de Juan J. Bravo y Siro Villas (Málaga: Universidad, 2009), 21-62.

[97] Camilo Fernández Cortizo, "Les missions populaires dans le Royaume de Galice (1550-1700)", en *Missions religeuses modernes. "Notre lieu est le monde",*

Es preciso plantear el factor lingüístico desde otro punto de vista: si ser analfabeto y hablar un idioma diferente al de la administración civil y eclesiástica generaba una "potencial indefensión" es decir, situaciones en las que, si los receptores de mensajes no entendían lo que se les decía, podían sufrir consecuencias negativas, tratos desiguales o injusticias. Algunos contemporáneos hicieron alguna observación al respecto, como fray Atanasio de Lobera en 1606, quien defendió la calidad comunicativa del gallego –quizá por inspiración política de su mentor, el conde de Gondomar– porque era una lengua que se conservaba pura y porque expresaba "mejor que otra la esencia de lo que va tratando", y que, a pesar de su falta de formación letrada, los gallegos eran "la gente española ninguna es más acta y capaz para el ejercicio de las letras"; pero en el mismo texto descartaba su indefensión, tildándolos de pleiteantes[98].

Ahora bien, quienes en Galicia o en Asturias y otros territorios hicieron una defensa de los idiomas propios eran miembros del clero o de la hidalguía que, denunciando los abusos de los poderosos foráneos, lo que en realidad les ofendía era que los cargos políticos, administrativos o clericales no se diesen a sus propios grupos; por otra parte, ellos mismos eran agentes de la castellanización, de forma que su defensa de las lenguas zonales era interesada e impostada[99]. Conviene decir que la desaparición del uso escrito de esas lenguas se había producido ya antes de 1500 y que obedeció, es cierto, a las acciones de los diferentes poderes en beneficio del castellano, pero fue más determinante la modernización de la administración y la rapidez en la difusión de leyes y órdenes.

ed. de Jean-Pierre Fabre y Bernard Vincent (Roma: École Française, 2007), 315-339.

[98] Rodríguez Montederramo, "Gondomar y la Historia", 335.

[99] Xulio Viejo, "El asturiano en el tránsito de la Edad Media a la Edad Moderna (siglos XIV-XVII). Entre el retroceso y la toma de conciencia lingüística", en *A lingua galega no solpor*, ed. Ramón Mariño y Francisco X. Varela (Santiago de Compostela: Consello da Cultura, 2016), 69-94.

¿Qué papel jugó la imprenta? En el Norte, la llegada de impresores generó a fines del XV las mismas expectativas que en otras zonas y los obispos procuraron expandir los libros como instrumental básico y asequible de la liturgia, obligando a las parroquias a comprarlos, pero a mediados del XVI, ya solo quedaban imprentas donde había una sede episcopal, una universidad o alguna institución que asegurase una demanda constante, aunque solo fuesen actas sinodales, cédulas, constituciones, novenas, etc. La reducción drástica –en Galicia solo quedó un impresor en Santiago– se debió a que se hicieron menos sínodos, los libros del nuevo rezado se unificaron por mandato de Felipe II y las cartillas –que eran un buen negocio– se dieron en monopolio a la catedral de Valladolid. Así lo demuestra el desolador resultado de la encuesta ordenada en 1572 por la corona, reveladora de la falta de clientes, de la incapacidad de los impresores para competir y de los elevados costos de producción. Lo mismo cabría decir de los libreros, pocos y poco arriesgados[100]. Había excepciones todavía, como la imprenta de los Iunta en Burgos.

En esta época, la presencia de libros en instituciones y casas particulares era sin duda mayor que en la primera mitad del siglo, pero los datos sitúan al Norte en un nivel bajo. Este aspecto solo nos interesa de dos puntos de vista: si el clero parroquial rural estaba dotado de los libros básicos que podían orientar su labor y si el alto clero secular sirvió de ejemplo a los demás sectores. En lo primero, en la Asturias rural no se han localizado libros en los inventarios del siglo XVI y solo en el 16% de las casas de la zona urbana occidental y un 20,6% en Oviedo. En Santiago, los eclesiásticos no excedían las tres decenas de volúmenes y lo normal eran unos seis, litúrgicos casi en exclusiva, y todavía en el XVII solo aparecen en uno de cada cien inventarios rurales, en poder de clérigos, hidalgos y algún labrador rico, de modo que el

---

[100] Jaime Moll, "Valoración de la industria editorial española del siglo XVI", en *Livres et lectures en Espagne et en France* (Madrid: Casa de Velázquez, 1981), 79.

campesinado permaneció en su inmensa mayoría al margen de la cultura impresa[101].

El clero era el sector en el que la posesión de libros estaba más generalizada, pero no debe olvidarse que antes y después de Trento, los sínodos diocesanos insistían en la importancia de que los tuvieran e incluso se imponía un cupo de lecturas formativas: se les mandaba leer durante tres o cuatro horas diarias, y a los visitadores, el control de su adquisición, el número y calidad de los libros recomendados, pero no estaban al alcance material ni intelectual del clero, por lo que estos mandatos sirvieron sólo para establecer un horizonte que no se alcanzó hasta el siglo XVIII[102]. Por ejemplo, siendo obispo de Ourense, don Juan de San Clemente en sus sínodos de 1582 y 1586 recomendó a los curas tener dos libros de confesores, *Summa Silvestrina* del dominico Silvestro Mazzolini, editada en 1516, y *Breue instruction de como se ha de administrar el Sacramento de la Penitencia...* de otro dominico, fray Bartolomé de Medina, publicada en 1579, pero es poco verosímil que se hubieran hecho con la primera obra, y si la segunda parece más viable es porque se imprimió en Salamanca, uno de los centros impresores que suministraba al norte[103].

Los obispos tendrían que haber dado ejemplo con sus propias bibliotecas, que serían una necesidad para apuntalar el papel cultural de las sedes episcopales, el estudio y el afianzamiento teológico y doctrinal. Lo mismo cabría esperar de los canónigos de las catedrales, pero estos no solo no tuvieron bibliotecas colectivas para su propio uso, sino que en la segunda mitad del siglo XVI había cundido la pereza de modo que fueron reticentes a las iniciativas de llenar ese vacío

---

[101] Ofelia Rey Castelao, *Libros y lectura en Galicia, siglos XVI-XIX*, (Santiago de Compostela: Xunta, 2003), 251. Barreiro, "Alfabetización y lectura en Asturias", 115.

[102] Igual que en Francia: *Livres et culture du clergé à l'Époque Moderne*, monográfico de *Revue d'histoire de l'Église de France* 210 (1997).

[103] Jaime Justo Carnicero y Miguel Ángel González, "Los sínodos de don Juan de San Clemente, obispo de Ourense (1578-1587). Estudio y edición", *Intus-Legere Historia* 16-2 (2021): 160-211.

instrumental y cultural, hasta el punto de vender las donaciones que recibieron. Así lo hizo el cabildo de Santiago con los libros que en 1562 le dejó el obispo Bernardino Carmona y en 1567 con los del canónigo Pedro Medina; el de Mondoñedo en 1579 vendió a su obispo los del cronista Sagrario Molina y en 1580 al obispo de Oviedo la librería del obispo Gonzalo de Soterrano[104]. No nos escandalicemos: ricos cabildos franceses hicieron lo mismo en ese período[105]. El hecho de que la Universidad de Santiago fuese la adquirente en 1573 de los del obispo Carmona –546 títulos en 649 volúmenes– no desmiente el descuido y pobreza de su biblioteca, como sucedía en las demás universidades por entonces.

En cuanto a los monasterios y conventos del norte, donde se formaban los religiosos que predicaban en ciudades y aldeas, estaban en una fase de recomposición, pendientes de donaciones y herencias, por lo que sus librerías eran pequeñas y de contenido pobre. Así lo denunció Ambrosio de Morales en 1572 tras su famoso viaje por aquellas instituciones en Galicia, Asturias y León, de las que dio una imagen muy negativa, aunque seguramente las observase con la prevención que le daba su superioridad intelectual. La novedad estuvo en los colegios de la Compañía de Jesús, que recibieron donaciones como la que hizo al colegio compostelano su fundador, el arzobispo Francisco Blanco en 1577, que le donó los suyos, y en 1582 lo hizo don Juan del Yermo.

2.3. La aldea inmóvil

La lectura de la normativa eclesiástica pre y pos-tridentina, como ya se dijo, revela una falta de arraigo en la realidad, perceptible en todo. Uno de los fallos más llamativos está en que siempre se refiere a una población estable. De hecho, la estabilidad subyacía a los discursos y prácticas del clero. Cuando el obispo de Tui proponía concentrar la población en pueblos así lo permite ver y lo mismo puede decirse de los recuentos que los monasterios llevaban de sus vasallos. Sin embargo, de

---

[104] Rey Castelao, *Libros y lectura en Galicia…*, 251.

[105] *Livres et culture du clergé…*, citado ya.

estos mismos, al anotar a quienes se habían ido y a quienes habían llegado, se deduce una intensa movilidad en diferentes grados y es la propia documentación eclesiástica la que muchas veces nos da los datos.

Así pues, las normas y acciones de los obispos del Norte apenas tienen en cuenta que el siglo XVI estaba afectado desde su inicio por una creciente movilidad intra-rural debida a la demanda de mano de obra en las grandes superficies cerealeras castellanas; al crecimiento de villas y ciudades, nutridas de mujeres y hombres procedentes del campo, y sin duda al paso a América que, si bien no tuvo un impacto relevante en cifras en el Norte –salvo en el País Vasco–, era un motor para los otros tipos de desplazamiento. Esos tipos nos interesan no solo porque tenían efectos desarticuladores para las familias –ausencias temporales o definitivas de padres de hijos e hijas, bigamia, abandono de ancianos, etc.– e incluso para las comunidades –incumplimiento de responsabilidades colectivas, laborales o religiosas–, sino porque el tránsito de hombres y mujeres –jóvenes en su inmensa mayoría–, implicaba sin duda un trasiego de prácticas y hábitos sociales y culturales; esto era especialmente eficaz en la movilidad con retorno, más todavía si se había dirigido a las ciudades, por donde entraban o en donde se generaban todas las novedades.

Cuando se pronunciaron los obispos del Norte a ese respecto, se referían a las capitales episcopales, en especial si ostentaban su señorío y gobierno civil, tratando de controlar o regular la entrada de migrantes para evitar la mendicidad, la delincuencia y la marginalidad; o bien cuando había sospechas de contagios pestíferos, previéndolos e imponiendo trabas al movimiento. Otra movilidad que los preocupaba era la de los transeúntes y es en esta cuestión en la que hallamos algunas excepciones como, por ejemplo, en sus sínodos de 1579 a 1586, el obispo de Ourense Juan de San Clemente recordaba a los párrocos que ellos, no sus capellanes, estaban obligados a confesar y dar de comulgar a los forasteros, vagos, pobres o enfermos en hospitales y a gentes de paso desde el domingo de Ramos al de Quasimodo, período en el que se considerarían feligreses de la parroquia donde se hallasen[106]. En

---

[106] Carnicero y González, "Los sínodos de don Juan de San Clemente", 160-211.

otros casos, como el arzobispo Pacheco de Burgos en 1575, los comentarios, se centraron en el comportamiento de las personas vagantes que ocultaban su condición de amancebadas y cuyos desplazamientos les servían para mantener ese "pecado", de modo que había que impedirles la atención religiosa si no demostraban lo contrario, como veremos.

El temor a los transeúntes se intensificó durante el reinado de Felipe II, en especial desde fines de los años setenta, poniendo la mirada en quienes entraban por la costa, pero sobre todo en quienes recorrían el Camino de Santiago. Debe recordarse que este tenía dos variantes fundamentales desde Francia, la cantábrica, siguiendo la línea del mar, y la más clásica o Camino francés. Esta última era, a su vez, la vía utilizada en ambos sentidos por los trabajadores temporeros que se dirigían a Castilla en los períodos de cosecha.

El gobierno de la monarquía recurrió a los obispos para alertar de que los temporeros franceses que entraban por el Pirineo podían ser hugonotes que, bajo capa de peregrinos, se dirigían a Portugal para actuar como soldados. Así, en la ya mencionada carta de 1579 dirigida por el Consejo de Guerra al arzobispo de Santiago don Francisco Blanco, se manifestaban esas sospechas y se solicitaba del prelado que actuase en consecuencia dando parte de ese tránsito. La respuesta del prelado que en parte ya reprodujimos antes, explica que las peregrinaciones de franceses –muy disminuidas por entonces– se habían interrumpido durante las Guerras de religión y que no había duda de su sincero objetivo:

> "he podido entender de lo que vuestra majestad en ella me manda es que un año a esta parte vienen más franceses a visitar este glorioso Apóstol que solían y estos días han venido muchos más en cuadrillas de a quince o veinte y más y menos y esta Semana Santa habían llegado aquí como doscientos de ellos y según me han informado los confesores que para esta gente están diputados, que vienen confesados de su tierra y han partido allá habrá cuatro o cinco semanas y que todos se reconcilian y comulgan aquí y llevan sus cartas de confesión y que dicen que vienen tantos porque lo habían prometido algunos años ha y que por el impedimento que les hacían los hugonotes no lo han podido cumplir hasta agora que tienen más paz y que de aquí al día de Santiago vendrán mucho

número de ellos y que en una cuadrilla vienen doscientos con su bandera y a tambor que por venir peregrinos y sin armas osan venir ansí; yo he visto estos o los más de ellos en la iglesia y ninguna figura traen de soldados en sus trajes ni en sus personas como antes todos parecen labradores y hombres groseros, vienen entre ellos algunos viejos y muchachos y mujeres aunque pocos; hacen en esta iglesia todas las demostraciones de devoción que suele hacer aquí esta nación; no piden limosna ni posan en el hospital sino en mesones y de los mesoneros he entendido parte de lo que he dicho y que estos dicen que vienen y vuelven a priesa a su tierra y muchos de ellos sin llegar al Padrón que es una de sus estaciones por llegar a sus casas a tiempo que puedan segar sus panes, porque como he dicho son labradores y estos días han salido de aquí muchas cuadrillas de ellos dis a Astorga porque yo he tenido manera cómo esto se haya visto y ansí ninguna seña he visto ni entendido de que traigan otro designio más que hacer su romería y volverse a sus casas"

Como ya hemos dicho, el arzobispo descartaba, por absurdo, el paso a Portugal por Santiago, añadiendo que "yo estaré con cuidado de mirar en esto y haré las diligencias qué me pareciesen convenir por certificarme de la verdad y si hubiese alguna sospecha que traen de signo de pasar a Portugal avisaré con diligencia de ello a vuestra majestad cuya real persona". El Consejo respondió que, sobre esos doscientos "que vienen en cuadrillas con banda y tambor que se previese en las fronteras como se suele hacer"[107].

El inquisidor Quijano también llamó la atención sobre la concurrencia de personas de "diversas naciones" y peregrinos que iban a Santiago y que con frecuencia eran llevados a las cárceles por motivos livianos, sin avisar al tribunal de Valladolid. En el tribunal de Galicia entre 1560 y 1599 fueron procesados 41 ingleses, 15 franceses, 6 holandeses y 3 de otras nacionalidades, por protestantismo en todos los casos, aunque no supusieron un peligro, salvo por la presencia de agentes extranjeros en las costas; de hecho, en 1581 y 1582 se ordenó vigilar al extremo a los que se acercaran a aquel territorio. En tierras vascas dependientes del tribunal inquisitorial de Calahorra, un problema habitual era la

---

[107] Pazos, *El episcopado gallego…*, 62-63.

conducta del contingente de extranjeros que llegaban como peregrinos, comerciantes, arrieros o bajo cualquier otro aspecto[108].

La desconfianza se ejercía también sobre los católicos ingleses e irlandeses que empezaron a llegar al norte en tiempos de Felipe II o sobre los portugueses asentados en los espacios que nos ocupan, pero eso nos llevaría a otro tema. Lo que nos interesa es subrayar que se ignoró o se soslayó el movimiento de los propios diocesanos, a pesar del impacto real que tenía en muy diversos aspectos. Más allá de la migración campo-ciudad, que seguramente implicó a hombres y mujeres de las propias diócesis donde estaban las villas y ciudades de destino, hay que tener en cuenta otros tipos de movilidad y que la corona era sabedora de que el territorio septentrional tenía una fuerte migración.

Eso no evitó medidas contradictorias como las referidas a los movimientos provocados por el dramático final de la rebelión de las Alpujarras. Apenas llegaron moriscos esclavos y deportados de allí a los territorios norteños, de modo que no crearon un problema de integración. En 1571 se emitió la propuesta oficial para que se recibiesen, pero cuando se conoce la respuesta, como sucede con la comunicada por Lugo, fue del todo negativa, argumentando que la población se distribuía en aldeas "a donde viven los moradores distintos y apartados que viven en montañas y sierras" además de ser "simples e rústicos donde los dichos moriscos ni pueden estar acomodados ni deprenden doctrina; antes en las dichas aldeas y caseríos podría suceder algún daño en la conversación de los dichos moriscos a los dichos labradores cristianos"[109].

En aquel mismo año, en sentido contrario, Felipe II ordenó hacer campaña de reclutamiento en Asturias, Montañas de Burgos, León y, sobre todo, Galicia para repoblar el vacío dejado por la deportación. A pesar del fracaso de la campaña de fines del XV para repoblar el reino de Granada, se volvió a buscar en la misma cantera a familias completas que tendrían que asentarse de modo permanente en aquel espacio

---

[108] Contreras, *El Santo Oficio…,* 660; Bombín, *La inquisición en el País Vasco…*, varias páginas.

[109] Saavedra, *La vida cotidiana…*, 64.

andaluz. El éxito del llamamiento fue ficticio: un informe de 1572 daba una cifra de 5.087 personas reclutadas en Ourense, pero antes de acabar ese año solo entre 560 o 600 pobladores gallegos -unas 2.500 personas– tomaron posesión de sus lotes de tierra y poco después la mayoría había desaparecido, contándose solo 150 a 200 asentados en pueblos, donde significaban en torno a la cuarta parte de los pobladores. El comisionado para Galicia se quejaba en sus informes de que "la gente de esta nación tenga tan en poco la merced que su majestad le hace en darle una tierra tan próspera y gruesa ... mayormente que de tres partes las dos y media son todos miserables y cativos que ...quieren más vivir en esta migalla y miseria que no remediar a sus hijos y mujeres"[110].

Sin embargo, el fracaso del proyecto se explica porque en todo el Norte predominaba la migración individual y de retorno. A eso se añadía que, ya por entonces, se estaba viviendo el final de un período de crecimiento demográfico, por lo que la oferta de voluntarios fue menor de lo que se esperaba y el penoso traslado hasta Andalucía terminó con la vida de muchos de los que emprendieron el camino. Las condiciones de existencia de los lugares de llegada, el clima en especial, nada tenían que ver con las de las tierras de origen y el sistema agrario les era totalmente desconocido.

El País Vasco estaba muy afectado en aquel período por la migración, en especial Guipúzcoa, provincia para la que el siglo XVI fue el de mayor movilidad, tanto a media como a larga distancia. Este caso es muy interesante porque dispone de más y mejores registros parroquiales que otros territorios y se da la circunstancia de que en los libros de difuntos se anotaban las actas relativas a personas fallecidas fuera, en cuya memoria se hacía lo que se llamaba un "sentimiento o mortaja", de gran utilidad para saber dónde habían muerto. Es decir, se puede hacer un doble cálculo –la relación de masculinidad y cuántos hombres estaban fuera de sus localidades al morir–, que ha llevado a medir la magnitud de las ausencias en más del 50% en las zonas centro

---

[110] Id., 63.

e interior, es decir, treinta puntos más que en siglo XVIII[111]. En la segunda mitad del XVI en la costa la relación de masculinidad era de 43,9/100 en la zona baja y 54 en la zona interior; es decir, moría la mitad de los hombres adultos ganándose la vida en el exterior. En Zumárraga la buena calidad del registro incluye la edad de los fallecidos, que entre 1570 y 1612 era de 38 años, aunque un 45% murió con más de 40. Esta intensa migración a media y larga distancia, que podía ser una herencia medieval, se redujo drásticamente en siglo XVII.

La costa vasca siempre tuvo cifras más bajas debido a la mortalidad en el mar y a la asunción de servicios en la Armada o en la Carrera de Indias, siendo los hombres de esa procedencia los que acapararon esa actividad. En esta franja, el 2% de ellos murió en el Cantábrico, el 7% en el interior; el 11% en Andalucía, el 32% en América; 40% en las guerras y el resto se desconoce; es decir, las gentes de los puertos apenas emigraban hacia el interior peninsular. Mientras, los hombres de los pueblos no costeros se dirigían sobre todo al interior, 55% Álava, 2% Navarra, 12% La Rioja, 6% Aragón, 13% en Castilla y León, 7% en Madrid, 5% Castilla La Mancha, 10% en Levante y 2% en Murcia; muy pocos murieron en América, una parte pequeña en las guerras y el resto se ignora. En todo caso, se advierte una amplia dispersión regional y de este sector debe subrayarse la importancia de los trabajadores de la construcción en la zona de Castilla-La Mancha que luego se derivará hacia Madrid[112] –también a Francia–, aparte de oficiales de la corona o sus criados: el 8% en la burocracia, 3% iglesia, 19% ejército, 12% estudiantes, etc. Pero sin duda en los pueblos del interior la clave estaba en los oficios de construcción –tejeros, canteros, albañiles,

---

[111] Santiago Piquero Zarauz, *Demografía guipuzcoana en el Antiguo Régimen* (Bilbao: UPV, 1991); "El siglo XVI, época dorada de los movimientos migratorios guipuzcoanos de media y larga distancia durante la Edad Moderna", en *Migraciones internas y medium-distance en la Península Ibérica, 1500-1900*, ed. de Antonio Eiras Roel y Ofelia Rey Castelao (Santiago de Compostela: Universidd, 1984), 649-677.

[112] Emiliano Fernández de Pinedo, "Los movimientos emigratorios medium-distance vasco-navarros, 1500-1900", *Migraciones internas…*, 183-208.

maestros de obras– que se movían de forma pendular por Cuenca, Toledo, Madrid, Segovia, Salamanca, Zaragoza, etc. Las fuentes han dejado un conjunto de testimonios, de eclesiásticos algunos de ellos, que permiten observar recorridos por lugares muy diferentes. Obviamente, eran personas que retornaron a su lugar de origen: es precisamente el retorno lo que casi nunca se tiene en cuenta en los análisis referidos a las mentalidades, a pesar del indudable efecto que tenía la inmersión temporal en otras realidades socio-culturales.

En cuanto a Cantabria, que pasó de 87.687 habitantes en 1534 a 101.832 en 1591, las villas, aun reuniendo a menos del diez por ciento del vecindario, atrajeron migrantes entre 1534 y 1561, período de su máxima expansión[113]. Las comarcas interiores, más proclives a los desplazamientos, eran las de dominio real, sobre todo los Nueve Valles de Asturias de Santillana, si se dan por buenas las quejas de los habitantes sobre la despoblación allí donde más aumentaron las cargas fiscales. Los migrantes mejor identificados eran los peones agrícolas, de la madera y de la construcción, que iban a La Rioja, Aragón y sobre todo a Tierra de Campos y Castilla, e incluso hacia más la Sur. Había también transportistas y vendedores de lino y calzado; los que procedían de las zonas montañosas iban a las ferias de Burgos, Castrojeriz, Villalón, Medina del Campo, Sahagún, etc. Los canteros, carpinteros y herreros de Trasmiera y los tejeros de Piélagos y Camargo, los carreteros del Valle de Cabezón. O la migración temporal también de Asturias de Santillana, donde según manifestaba el duque del Infantado a mediados del siglo, la población era jornalera y casi dos tercios de los vecinos iban a Castilla a ganarse la vida, estando allí dos, cuatro o seis años sin volver por la falta de recursos en sus propias casas. Los artesanos cántabros fueron ganando un creciente protagonismo, en especial los trasmeranos, que fueron sustituyendo a los vizcaínos.

Andalucía era un objetivo para buena parte de la población masculina de la comarca de San Vicente de la Barquera y de Comillas; en 1548, en un pleito, los regidores de la primera afirmaban que en el

---

[113] Ramón Lanza García, *Miseria, cambio y progreso en el Antiguo Régimen*, (Santander: Universidad de Cantabria, 2010), 43-46.

Puerto de Santa María había más de dos mil hombres de la villa y de las tierras aledañas que dejaban sus casas y sus mujeres "por la mala gobernación". En los años sesenta y setenta y hasta 1588, a partir de padrones de armas efectuados en Asturias de Santillana, se calcula que estaban ausentes el 7,59% de los vecinos; en el mayordomazgo de la Vega y en Miengo, lo estaban 248 hombres de 18 a 40 años frente a 611 que residían allí, y en Santoña, que solo tenía 378 vecinos, gran parte de los hogares tenían ausentes, algunos de ellos en América. Así pues, nos hallamos ante un hecho de proporciones considerables que no podía ignorarse.

Para Galicia los datos son muy dispersos, pero revelan ya importantes movimientos hacia Castilla y Andalucía, sin que apenas la afectase el paso a América[114]. Un excelente padrón de habitantes realizado por los monjes de San Clodio (Ourense) en los pueblos de su jurisdicción en 1580 da como resultado que, al menos, el siete por ciento de las familias estaban afectadas por la migración de salida y de entrada. Es muy expresivo quiénes estaban ausentes, casi todos sin saberse su paradero desde hacía varios años: se habían ido dejando a sus familias e incluso dejando sus bienes. En el 6,5% de las 443 casas se anotan ausencias de larga duración, de cuatro años o más: cuatro eran mujeres solteras –dos se habían ido con sus hermanos–, 21 hombres solteros, y 9 casados, cuyas esposas no sabían dónde estaban[115]. Sorprende la frecuencia de menores tutelados por sus madres o por parientes y vecinos. No menos sorprendente es el elevadísimo número de criados, tanto en porcentaje por casa como por el número por domicilio: en su mayoría eran de fuera de la jurisdicción, fuesen hombres o mujeres, y algunos procedían de Portugal. Otros provenían de un área que superaba los treinta kilómetros y en muchos casos eran sirvientes. En sentido contrario, se mencionan ejemplos típicos de migración campo-ciudad, con

---

[114] Ofelia Rey Castelao, "Migraciones internas y medium-distance en Galicia, siglos XVI-XIX", en *Migraciones internas…*, 85-130.

[115] Datos procedentes de Frutos Fernández González, *O padrón de San Clodio de 1580. Estudio histórico e onomástico.* (Santiago de Compotela: Instituto Lingua Galega, 2008).

destinos en Compostela y A Coruña, situadas a más de cien kilómetros la primera y a más de 150 la segunda.

En ese mismo documento y en procesos judiciales de la Real Audiencia de Galicia hay un potente rastro de migración temporera de carácter económico. Castilla era el objetivo en la mayoría de los desplazamientos y sin duda puede afirmarse que ya por entonces era un destino tradicional. Unos iban a las ciudades y villas, quedando en la penumbra documental la participación estacional en las siegas. Las fuentes hospitalarias de Medina del Campo constatan ya en el último cuarto del siglo el paso de gallegos, en su mayoría de las provincias orientales, como era de esperar. Allí llegaron a ser una cuarta parte de los ingresados en el hospital de Simón Ruíz. Obviamente, ese dato refleja mal la corriente migratoria, toda vez que Medina era paso obligado de las gentes del noroeste hacia el Sur y, al mismo tiempo, estaba bien dotada de centros asistenciales; por supuesto, se trataba de enfermos o heridos, por lo que no hay modo de saber cuántos eran con respecto a los migrantes totales. Más significativo es que los gallegos fuesen el 21,2 % de los foráneos que se casaron en esa misma villa entre 1600 y 1634[116]. En ese mismo período, más al Sur, en Talavera de la Reina se localizó la migración del Noroeste en las actas de defunción y de matrimonio.

Al margen del rechazo a ir a las Alpujarras, la migración a Andalucía estaba asentada ya en tiempos de Felipe II, pero se dirigía sobre todo a las ciudades. En Sevilla, los registros matrimoniales constatan que los contrayentes gallegos eran en torno al cinco por ciento de los foráneos y en Córdoba, entre 1590 y 1620, el 13% de los novios procedía de Galicia y un 15% de Castilla y León; en esa ciudad, de 1585 a 1599, de los seis mil ingresados en el Hospital Mayor, el 14% era gallegos y otro tanto asturianos.

Gallegos, asturianos, vascos... se casaban en los pueblos o en las ciudades a donde habían ido a trabajar, lo que tenía efectos sobre el

---

[116] Alberto Marcos Martín, *Auge y declive de un núcleo mercantil y financiero de Castilla la Vieja : evolución demográfica de Medina del Campo durante los siglos XVI-XVII.* (Valladolid: Universidad, 1978).

mercado matrimonial de sus tierras de origen. Esto nos lleva a decir algo sobre las mujeres, ya que, siendo el componente estable que, en ausencia de hombres, se hacía cargo de la familia y del trabajo, también migraban, pero las fuentes más habituales apenas las dejan ver. La verdadera razón de esto es paradójica, toda vez que se debe a la falta de vigilancia por parte de los poderes civiles y eclesiásticos: no eran objeto de reclutamiento para las levas, ni eran responsables fiscales, por lo que la monarquía no controlaba sus desplazamientos. Por su parte, la Iglesia partía de su estabilidad en casa o, todo lo más, su ausencia temporal para trabajar en el servicio doméstico, pero no se estipularon medidas específicas para comprobar que no se habían casado estando fuera. En fin: desde ese punto de vista, ellas podían desplazarse con mayor facilidad[117].

Por otra parte, la mayoría de las mujeres se iba de sus casas para trabajar como criadas y esta actividad solo estaba regulada en las ciudades a través de las ordenanzas municipales, que las obligaban a encontrar domicilio con urgencia para asegurar su buena conducta. Pero los contratos de trabajo eran verbales por lo general y solo algunas veces, cuando mediaba una distancia importante entre sus familias y sus amos, se formalizaron escrituras de obligación donde las partes se comprometían a respetar un acuerdo: por ejemplo, en Compostela el 2 de octubre de 1585 doña Leonor de Herrera, esposa de Gabriel Mariño, se comprometió ante notario con Juana Rodríguez a entregarle el dinero y ropas necesarias para el tiempo que la sirviese en Sevilla y al día siguiente Inés de Losada, transeúnte en Santiago, concertaba con Isabel Pérez Hurtado, viuda vecina de Sevilla, de servirla durante diez años, bien y fielmente, por cuatro ducados anuales[118].

Con más frecuencia las hallamos en procesos judiciales de los tribunales reales, en los que podemos comprobar que muchas criadas vivían muy lejos de donde habían nacido. No dejan de ser una parte mínima y no medible de la movilidad, pero nos permiten pensar que

---

[117] Ofelia Rey Castelao, *El Vuelo corto. Mujeres y migraciones en la Edad Moderna* (Santiago de Compostela: Universidad, 2022).

[118] ACS, *Protocolos*, 092, fs. 482-484.

en los tribunales señoriales se podrían localizar los desplazamientos de corta y media distancia, los más característicos de las mujeres, dado que las instancias inferiores eran las que atendían los problemas en los que ellas pudieron verse inmersas, en general pleitos simples.

Como ejemplo de la utilidad de la vía judicial, en la Real Chancillería de Valladolid se encuentran sin dificultad criadas originarias de las provincias vascas. María Ortiz de Esnarrizaga, vecina de Santa María de Begoña (Vizcaya) litigó en 1552 con María Ortiz de Urquiaga, una viuda de Bilbao, sobre las soldadas debidas del período en el que la sirvió como criada en su casa y en su tienda[119]. En 1581-1582, en una causa civil, Constanza Hurtado, de Valle de Salcedo (Vizcaya) actuó contra Francisca de Limpias y Juana de Olmedo, ambas de Padilla de Duero (Valladolid), viuda e hija respectivamente del licenciado Gaspar de Olmedo, por el pago de salario que se le debía por catorce años de servicio como criada, además de la dote que el licenciado le había prometido por haberla estrupado y haber tenido un hijo con ella[120]. A veces, sin embargo, se entrecruzaron elementos que se complicaron, en especial los que afectaban a la moral sexual. Con frecuencia, si eran amos, solían ser clérigos y hombres casados y las criadas habían sido sus amantes; son causas muy habituales en la segunda mitad del siglo XVI, decayendo luego, tanto por la reducción de esta migración en el siglo XVII a causa de la crisis, como por una cierta normalización de las conductas del clero, en especial del rural, y quizá por una más frecuente sustitución por acuerdos privados.

En fin, no se puede ocultar que la movilidad de las mujeres del norte adquirió progresivamente una imagen negativa, como se manifiesta en pleitos registrados en la ciudad de Zamora, en los que las gallegas y las portuguesas eran despreciadas: por ejemplo, en 1603, Francisco Herrera rompió el compromiso con su novia porque un amigo le dijo "que no había de casar con portuguesa", y en otro se decía de María Rodríguez que era "advenediza, gallega de nación, que no se sabía

---

[119]Archivo de la Real Chancillería de Valladolid (en adelante, ARCHV), *Sala de Vizcaya*, caja 4295-9.

[120]ARCHV, *Pleitos civiles*, caja 270-1.

quién era su padre o su madre" (1612)[121]. Y acabará siendo un tópico literario de gran éxito.

---

[121] Francisco J. Lorenzo Pinar, *Amores inciertos, amores frustrados. Conflictividad y transgresiones matrimoniales en Zamora en el siglo XVII* (Zamora: Semuret, 1999), 56.

3. El sacramento de la vida: el bautismo

El sacramento del bautismo es, en apariencia, el más fácil de entender y de aplicar. Los textos tridentinos sobre este sacramento, tratado desde muy pronto (1547), recogieron lo que ya estaba más o menos en vigor y lo que se hizo fue completar el proceso de asimilación ritual a los criterios teológicos[122]. Así pues, no es de extrañar que ya antes y en paralelo, en las diócesis del espacio que nos interesa, estuviese elaborada y consolidada de modo uniforme la normativa sobre la liturgia del bautismo, su registro y el padrinazgo. Por otro lado, una abundante bibliografía se ha ocupado en los últimos años, tanto de la aplicación de las normas conciliares, como de sus usos sociales[123]. Se parte en general de que las familias tendrían interés en cumplir este sacramento que liberaba a los recién nacidos del pecado original y, si se trataba de adultos, de los pecados contraídos. Era una ceremonia de entrada en la comunidad que dotaba al niño o la niña de un nombre y, por lo tanto, de una identidad individual y mediante los apellidos de los padres, de identidad familiar, y se le incorporaba a una parroquia –identidad religiosa– y a un grupo social, merced al compadrazgo. Sin

---

[122] Tamara González López, "El Concilio de Trento y los cambios en el sacramento bautismal de la teoría a la práctica", en *El siglo de la Inmaculada*, coords. María Martínez Alcalde y otros (Murcia: Universidad, 2018), 447-462.

[123] Héctor F. Sánchez Diego, "Bautismo y padrinazgo en las sinodales castellanas antes y después de Trento: norma vs. realidad", *La vida inquieta: conflictos sociales en la Edad Moderna,* eds. Ofelia Rey Castelao y otros (Santiago de Compostela: Universidad, 2018), 337-354. Héctor F. Sánchez Diego, "El padrinazgo bautismal en la España Moderna: estado de la cuestión", *Índice Histórico Español* 132 (2019): 27-47.

embargo, el incumplimiento o el cumplimiento irregular podían surgir de varios puntos y de la interpretación de la liturgia en cuanto a algunos aspectos de gran interés, revelan que la normativa pre y pos-conciliar tenía varios flancos abiertos.

Como hemos dicho en la introducción, cuando un sacramento se estudia solo desde el punto de vista religioso, se ignora o no se tiene en cuenta que ha sido analizado desde otros ángulos en los que se pueden hallar explicaciones de primera importancia para medir su impartición real. Sucede así con el bautismo: observado de modo diferente, podemos comprobar que no todo era tan fácil y que, al igual que los otros sacramentos, fue objeto de resistencias, incumplimientos e interpretaciones supersticiosas. En este sentido es de justicia reivindicar que el tratamiento histórico de las actas bautismales lo inició la demografía diseñada en Francia. Su finalidad no era estudiar el bautismo sino los nacimientos y, a partir de estos, analizar los datos que diesen luz a la evolución demográfica y a las características internas de la población a partir de parámetros asimilables a los actuales y con ellos observar los cambios de modelo. En cierto modo, ese objetivo es relevante para lo que aquí estudiamos ya que los comportamientos ante la vida, la familia o la muerte tienen una relación directa con las normas de la iglesia y de la monarquía que intentaban regularlos, aunque esto quizá se vea mejor en lo referente al matrimonio, como más adelante se dirá.

Lo que nos interesa ahora es subrayar que la crítica documental aplicada por la demografía histórica a los registros parroquiales y en especial a los bautismos, sin duda, la más refinada de la que se haya hecho a la documentación eclesiástica moderna. Se hizo con un cuidado exquisito para evitar errores y sesgos: no se trataba solo de contar niños y niñas, sino de observar las actas con rigor, dando valor a los cambios formales y sobre todo a los fallos, las lagunas, las ausencias, etc., lo que equivale a una evaluación a posteriori de lo que hicieron los párrocos de aquel período y de cómo lo hicieron, valorando incluso la calidad de la letra o la redacción, indicios de un gran valor para deducir la formación y dedicación del clero.

Y es ahí donde encontramos el fallo más grave de la aplicación de las normas por parte de los párrocos, aunque por elevación la responsabilidad fuese de los obispos. Nos referimos, claro está, a la tardanza con la que se iniciaron los registros de bautismos en las diócesis del Norte: de hecho, todo lo demás referente al bautismo depende de que los haya y de su calidad; cada acta era la primera huella de la existencia de una persona, de modo que su importancia empieza en la fecha del bautismo, clave, cuando se analizan cientos o miles, para calcular las fechas de concepción y saber si se respetaban los meses de abstinencia sexual marcados por la Iglesia; los nombres que se imponían, para ver su posible relación con las devociones; quiénes eran los padres y madres y si eran o no un matrimonio; la selección de padrinos y madrinas para ver los vínculos comunitarios, vecinales, de amistad o de familia, y quiénes actuaron como testigos para ver de otro modo esos mismos lazos. Todo esto no solo es útil y valioso para la investigación actual, sino que lo era entonces, toda vez que un acta de bautismo certificaba la edad de una persona y el parentesco espiritual con otras, datos de los que podían dimanar en el futuro, desde las reclamaciones por matrimonios de menores de edad a impedimentos para casarse derivados del compadrazgo y de la consanguinidad. Y no solo eso, como diremos.

No vamos a revisar todos los sínodos para ver cómo los obispos se expresaban al respecto porque son monótonos y reiterativos. Casi un siglo antes de Trento, la anotación clara del bautismo es una orden que se contenía en todos, se mantuvo y se reforzó en los paralelos al Concilio y todavía más después. No se limitaban a ordenar, sino que se justificaba cuál era la finalidad del registro, es decir, evitar posteriores problemas en los matrimonios y el fraude por parte de quienes pretendían prebendas eclesiásticas o en cualquier situación en la que hubiese que demostrar la edad exigida y la legitimidad de nacimiento. En el sínodo de Burgos de 1533, el obispo don Íñigo López lo explicaba por cuanto

"especialmente en las Montañas se desposan y después de así desposados a causa de algunos descontentamientos que entre ellos se recrescen y fingen procuran ante nos o nuestros jueces de se apartar y quitar, y para provar que al tiempo de los tales desposorios eran menores o mayores de hedad procuran por fas o nefas de aver testigos que testifiquen de lo que quisieren"[124].

De forma parecida, el obispo de Mondoñedo, don Pedro Pacheco, en 1534 mandaba la anotación precisa de la fecha y de los demás datos,

"Por quanto el impedimento que se contrae en el santo baptismo entre los padrinos y sus ahijados y sus padres es tal que no solamente impide, pero dirime el tal matrimonio ; y, por no escribirse, muchas vezes se casan contra Dios nuestro señor y lo que la santa Iglesia tiene determinado; y nos, por evitar estos impedimentos, ordenamos y mandamos, en virtud de santa obediencia y so pena de excomunión mayor, a todos los curas o sus tenientes que tengan un libro en que se escriban todos los que se baptizan y sus padrinos y comadres y los padres del tal baptizado; el dicho libro esté a do estuvieren las dichas crismeras guardadas… Y por cada uno que no registrase pagase un ducado"[125].

Manrique de Lara en 1543-44 en el sínodo de la diócesis de Ourense repetía anteriores órdenes incumplidas mandando a los párrocos "escrivid en el día que bautizáis a cada uno e en el mismo libro poned el nombre de los padrinos y madrinas… porque se sepa el parentesco espiritual". En las sinodales de Oviedo de don Cristóbal de Rojas de 1553, se insistió en la obligación de insertar en las actas bautismales el nombre de los padrinos y si por un lado, expresaban condena contra quienes se casasen teniendo ese parentesco, por otro se reconocía que en parte se debía a "no aver memoria de los compadres, que tienen en la pila a los que se baptizan", lo que impedía al oficiante tener conocimiento de la realidad, con la dificultad añadida por la connivencia del vecindario, siempre remiso a denunciar ese impedimento. En sus sinodales de Burgos de 1575, don Francisco Pacheco fue uno de los más específicos

---

[124] Fonseca, *El clero en Cantabria…*, 75.
[125] *Constituciones Synodales…*, capítulo 49.

"por no se dar aquel crédito y fe que conviene al asiento del libro de bautismo que se hacen en las iglesias de nuestro arzobispado y por no tener fuerza de escritura auténtica ha habido muchas diferencias en esta nuestra audiencia arzobispal entre los que quieren probar su edad ansí en las causas matrimoniales como en las beneficiales por los asientos de los dichos libros y entre las demás partes que por testigos quieren probar lo contrario".

Mandaba el prelado tener un libro encuadernado en pergamino en el que se pusieran día, mes y año del bautizo; los nombres de los bautizados y los de sus padres; si era legítimo o no o si era de padres incógnitos; y "se asiente el nombre del padrino o madrina que lo tuvo a la pila", todo firmado por el párroco y por el padrino o, si se diese el caso de que este no firmase, lo haría un beneficiado por él y otros dos hombres del pueblo o asistentes al acto, si los hubiese "para que con la firma del cura haya otras dos firmas… y el dicho libro y escritura haga entera fe en juicio y fuera de él como si fuese otra escritura auténtica hecha ante Escribano real o apostólico". El libro se guardaría una arquilla junto a la pila bautismal para que nadie pudiera robarlo "ni quitar asiento de el, y que no asienten por cuenta de guarismo ni castellana el dicho día ni mes ni año sino por letras de manera que las partes estén sin abreviaturas"; cuando un párroco se fuese y entrase uno nuevo, este debería hacerse cargo del libro ante un escribano[126]. Precauciones extremas que no por ello evitaron el incumplimiento.

Así pues, que en el Norte los registros empezasen tarde o no se iniciasen no es solo un problema de fuentes. Es ante todo la demostración de un grave incumplimiento que dejaba las puertas abiertas a un sinfín de irregularidades. Los obispos, en especial los reformadores pre-trindentinos, fueron cada vez más insistentes y explícitos en la formalidad de las actas para que estas respondieran a su finalidad de control. Y, al dar crédito a la normativa, se entiende que la bibliografía de modo general haya aceptado que el bautismo hubiese sido el sacramento mejor aplicado, cuando distaba de ser realidad.

---

[126] Pacheco, *Constituciones sinodales…*, 140 y 247.

Por lo que respecta al inicio de los registros, en territorios de la diócesis de Burgos, solo en el País Vasco se hallan cifras positivas. En algunas localidades de Álava y de Gipuzkoa los hubo ya antes de 1500 y los datos de Elena Catalán indican que en la mayoría de las parroquias vizcaínas antecedieron a que el concilio de Trento los hiciera obligatorios, de modo que, en 198 parroquias, el 30,3%, los había ya entre 1563 y 1600[127]. Sin embargo, esto no equivale a calidad y en el País Vasco el descuido de los clérigos era grave, de forma que, en el mejor de los casos se anotaban los nombres del bautizado y del padre, a veces seguido por la referencia a "su mujer", lo que no siempre significaba que estuvieran casados, sino que podía aplicarse a una unión concubinaria o a un matrimonio clandestino. En la sociedad del Norte del siglo XVI, no se diferenciaba entre nacimientos legítimos o ilegítimos, sino que estos últimos serían todos los nacidos fuera del matrimonio canónico. Por ejemplo, en las propuestas de Fuenterrabía para el sínodo de 1585 se expresa el deseo de que los ilegítimos no se bautizasen con las mismas solemnidades que los legítimos y progresivamente en las actas irán apareciendo expresiones como "su mujer legítima" o "de legítimo matrimonio"[128].

Yendo hacia el Oeste, en la actual Cantabria, especialmente en el área oriental, la costa y Campóo, solo el 2,97% de los registros son anteriores a 1575; hubo más en el último tercio del siglo XVI, pero solo el 7,18% es anterior a 1600; el 13% del primer cuarto del siglo XVII y en total el 25,6% a la primera mitad de esa centuria, superando en proporción a los libros matrimoniales (6,54%) y de defunción (3,97%). Además, se constatan notables deficiencias que tardaron en remediarse; algunas derivaron de conflictos de competencia entre beneficiados de una misma pila, o de que cada uno llevase su propio registro,

[127] Elena Catalán Martínez, "El peso de la tradición. Nacimientos y bautismos en el mundo rural vasco (1690-1899)", *Revista de Demografía Histórica* XL-II (2022): 35-61.

[128] Fernando Mikelarena y Lola Valverde, "Ilegitimidad y exposición en Navarra siglos XVI-XX", en *Espostos e ilegítimos na realidade ibérica do século XVI ao presente*, ed. de Vicente Pérez Moreda (Porto: Afrontamento, 1996), 271 y 283.

pero la mayoría se debió a que los curas anotaban los bautismos en papeletas sueltas, como denunciaban los visitadores[129].

En la diócesis de Oviedo una pequeña parte de los archivos empieza hacia 1585, pero fue preciso esperar a más allá de 1600 para que se hicieran más numerosos y mejores. En tierras leonesas se constata el mismo retraso: en la diócesis de Astorga solo son antiguos en casos contados, por ejemplo, en Alija del Infantado empiezan en 1545 -los de matrimonios en 1570- y en Destriana las dos series se inician en 1581. En cuanto a Galicia, en la diócesis de Mondoñedo solo el 6% son anteriores a 1600, de un total de 329 parroquias de 27 arciprestazgos, sin especiales diferencias entre estos. En la enorme diócesis de Lugo el resultado es peor, ya que solo los había en el 2,7% de 669 feligresías controladas, aunque eran muy pequeñas todas ellas. En Ourense, los anteriores a 1600 aparecen en el 9,1% de 568 archivos: por ejemplo, en el arciprestazgo de Alariz, cuya capital era una de las villas más importantes de la diócesis, solo los había en dos parroquias; la salvedad eran algunas feligresías llevadas por el clero regular, donde el registro no solo es antiguo sino bueno, pero sin duda esto respondía más al control sobre los vasallos del señorío que a obedecer a los mandatos del obispo. En las diócesis de Santiago y Tui no es posible hacer cálculos, pero sí afirmar que solo hubo libros antes de 1600 en zonas prósperas y con curatos bien retribuidos, como en el Bajo Miño, las Rías Baixas o los valles occidentales, mientras que en las zonas más interiores y pobres hubo que esperar incluso a la segunda mitad del siglo XVII[130]. Como muestra del incumplimiento persistente, basta reproducir las ácidas críticas contenidas en el sínodo de Mondoñedo del obispo Fernández Zorrilla (1616-18) sobre el mal registro "y aunque es muy necesario y está muchas vezes mandado y so graves penas, nunca se haze a derechas, antes para encubrir muchos su descuydo,

---

[129] Ramón Lanza García, *La población y el crecimiento económico de Cantabria en el Antiguo Régimen* (Madrid: Universidades Autónoma y Cantabria, 1991), 57.

[130] Las cifras se han obtenido de trabajos ya citados y ce cálculos propios de los datos de las guías de los archivos diocesanos.

juntan algunos papeles y hazen un cartapacio mal aliñado para quando ha de yr el visitador y escriven alli los que les vienen a la memoria y otros totalmente estan sin ellos". La amonestación estuvo acompañada de una penalización en dinero[131], pero no tuvo efecto, como acabamos de indicar.

Si algo llama la atención en las normas de varias diócesis es la ausencia de referencias a los niños abandonados y, aunque sí las hay en las sinodales de Astorga de 1586, fue solo para indicar cómo debían hacerse sus partidas de bautismo. También son escasas las relativas a los ilegítimos, por eso en aquellas sinodales de Mondoñedo se añadió que "si el bautizado no tuviere padre cierto, o conocido, no le dexe por esso de escribir con los otros poniendo el nombre de la madre y todo lo demás, y de no ser conocida, póngase el del ama que lo cría y la persona que lo trae y los padrinos".

Debemos subrayar que el descuido afectaba también a los niños abandonados que entraban en instituciones. Por ejemplo, en la casa de expósitos de Santiago de Compostela, establecida por los Reyes Católicos, las constituciones redactadas en 1524 nada dicen al respecto, salvo que había que bautizarlos. Es en las de 1590 de Felipe II donde se ordena "que en la Iglesia del dicho Hospital haya un libro en que se asienten con día, mes y año el nombre del niño, que se bautizare, y por quién fuere bautizado, y quién fue su padrino, y el nombre de los padres si se supiere, y lugar donde es"[132].

Ahora bien, no era un problema del norte peninsular. En Francia, la normativa eclesiástica sobre los archivos parroquiales estaba apoyada por la monarquía desde la ordenanza real de Villers-Cotterêts de 1539, completada en 1579. Pero en Bretaña, Alain Croix constató que, en 541 parroquias, de cinco mil registros -no solo de bautismos-, 29 eran anteriores a 1500, 120 de 1500-1539, 287 de entre 1540 y 1579, 237 entre 1580 y 1600, 235 entre 1601 y 1620, etc., de modo que solo

---

[131] *Synodales del obispado de Mondoñedo...*, 23.

[132] *Constituciones del Gran Hospital Real de Santiago hechas por el Señor Emperador Carlos Quinto*, (Santiago de Compostela: Montero y Fráiz, 1775), 26.

una parte pequeña era anterior a 1600; la ordenanza era tan poco atendida como los sínodos. Más raros eran los de matrimonios y de defunciones, a lo que se unía su mala calidad, sobre todo en Baja Bretaña, debido a que los párrocos estaban mal formados e informados, eran poco rigurosos y estaban ausentes por largas temporadas. Algunos curas citaban los decretos de Trento, otros los concilios provinciales y los edictos que les recordaban su obligación -1566, 1571, 1575, 1602 y 1637[133]. Es decir, el diagnóstico sobre ese territorio francés es similar al que podemos hacer en nuestro caso.

En cuanto a la calidad formal de los registros conservados, la demografía histórica desveló hace décadas todo tipo de deficiencias, algunas de las cuales tenían un profundo significado social. Nos referimos a que ya antes de Trento había una novedad importante que en ningún momento es aludida: la creciente movilidad de la población y de forma específica la migración a América, que hacía conveniente e incluso decisivo tener un documento que acreditase haber sido bautizado o estar casado, pero igual de conveniente era carecer de esa acreditación para borrar una identidad. Es preciso recordar que el descuido era selectivo, de modo que el número de niñas registradas era muy inferior al de niños, lo que se corregirá muy lentamente. Si se hace una relectura de esas deficiencias, obtendremos también el revelador significado de la dimensión religiosa del bautismo. Por ejemplo: las lagunas temporales pueden indicar descuido de los párrocos, pero con casi seguridad son indicios de su absentismo. Pero es preciso señalar un hecho importante: como acto litúrgico, el bautismo se pagaba y era uno de los ingresos de pie de altar del clero; no se puede saber si esto afectaba al registro.

En definitiva, la aplicación de las normas pre y pos-tridentinas falló en lo más básico, el registro, y de ahí se derivaron otros problemas que afectaban sobre todo a otro sacramento, el del matrimonio. Los mandatos de los obispos no estuvieron en ningún momento respaldados por leyes concretas de la monarquía, al contrario que en Francia, si

---

[133] Alain Croix, *La Bretagne aux XVIe et XVIIe siècles. La vie, la mort, la foi*, (Paris: Maloine, 1981), *67*-71.

bien lo que se constata en ese país demuestra que el resultado era igual de deficiente.

3.1. De la casa a la pila

En el parto podía surgir cualquier complicación y más todavía en el rural. Los concilios provinciales y los sínodos preveían el bautismo de socorro o de necesidad, en lo que la normativa diocesana no se apartaba de la romana[134]. El de Manrique de Lara de Ourense de 1544 aclaraba que "halo de dar el sacerdote, mas si hay necesidad grande puede baptizar qualquiera hombre o mujer, e aun un infiel puede bautizar, si entiende el hazer lo que le manda la Iglesia". En las sinodales de Burgos de Francisco Pacheco de 1575 se especificaban el procedimiento y qué personas estaban capacitadas para bautizar y se fijaba un orden de prelación; cualquiera podía hacerlo y se consideraba "válido incluso aun cuando el parto no hubiese sido completado y solo estuviese disponible una de las extremidades del recién nacido"[135], lo que se repetía en las de Mondoñedo de 1618, priorizando al "clérigo sobre lego, y hombre antes que mujer y que sepa decir las palabras fundamentales y echar el agua y no lo baptize el padre ni la madre ni esten presentes pudiendo aver habido otras personas que lo hagan y no dexe de aver padrino y madrina como quando se haze publica y solemnemente". En esas y en otras sinodales se indicaba que los curas tendrían que formar a las parteras, por si se vieran en una situación así. En todo caso, el bautismo de socorro no eximía de acudir a la iglesia para que la criatura recibiese el bautismo solemne de mano del cura.

Ahora bien, apenas hay referencias en las actas hasta época muy avanzada a este tipo de bautismos, como tampoco a los bebés mortinatos: los que murieron a las pocas horas de nacer pasaron por el mundo sin que los anotaran en ningún registro, probablemente porque así no

---

[134] Tamara González López, "Actores y roles en el bautismo de socorro (Lugo, s. XVI-XIX)", *Revista de Historia Moderna* 37 (2019): 126-156. doi:10.14198/RHM2019.37.05

[135] Héctor F. Sánchez Diego, "Bautismo y padrinazgo en las sinodales…", 337.

pagaban derechos de sepultura. En sentido puesto, hay pocas alusiones al bautismo de adultos en la normativa diocesana o, al menos, no aparecen hasta más tarde: por ejemplo, en las de 1618 de Mondoñedo, en consideración a que en la diócesis había puertos y en ellos los extranjeros podían pedirlo, se especificaba que los párrocos no podrían bautizarlos "porque siendo adulto es menester primero que este bien catechizado e instruido". Por lo que sabemos para Santiago, así era siempre y por eso se hacían en las capitales diocesanas, casi siempre con gran despliegue ceremonial.

La celebración del bautismo era una práctica religiosa, pero también era un rito de uso social y familiar, dimensión bien estudiada a partir de la idea de que servía para expresar en público la reconfiguración positiva de la red familiar merced a nuevas relaciones. La Iglesia, sin embargo, tenía esa faceta bajo vigilancia dado que las celebraciones podían derivar en comportamientos que opacaban el sentido religioso del bautismo, lo que dependía de los medios económicos de las familias y de la repercusión que se le quisiera dar. Los abusos que se producían en la ceremonia, desacralizándola, eran bien conocidos por la jerarquía eclesiástica, pero la Diputación de la Reforma en 1547 no llegó a abordar ese espinoso asunto por falta de tiempo y no se le puso remedio. En las mencionadas sinodales de Mondoñedo de 1616 se reconoce que

> "bien es que se regozijen los padres el día del nacimiento espiritual de sus hijos... siendo hasta ahora hijos de la ira y esclavos del demonio mas hacerse estas fiestas con tan excesivo gasto, como en esta diócesis se hazen, es ya cosa fuera de orden", de modo que se imponía una pena de quinientos maravedíes y excomunión para asegurar "que en estos días ni por esta causa se hagan banquetes y comidas extraordinarias".

Una lectura elitista de la celebración del bautismo ha interpretado que imponer un plazo entre el nacimiento y el rito bautismal –que tendría que hacerse por el cura y en la iglesia y no en otro lugar– pretendía evitar su posposición y con ello dar margen para organizar las fiestas e invitar a padrinos y madrinas y otras personas de procedencia lejana. Ahora bien, ese tipo de prácticas parece reservado a niveles sociales de cierto acomodo, y es más lógico pensar que la atención de la Iglesia estaba en el elevado riesgo de muerte de las criaturas. La mayoría de los sínodos, ya desde fines del siglo XV, estipulaba que el bautizo se celebrase antes de ocho días después del nacimiento –diez en el mencionado sínodo de Burgos de 1575– que se aumentaban a quince si había habido un bautizo de socorro y, por lo tanto, la criatura ya no iría al limbo…

El plazo de al menos siete días daba lugar a que contuviese al menos una misa dominical, momento idóneo para un bautizo, y por lo tanto seguramente se pretendía aprovechar la presencia del cura –habida cuenta del absentismo en que insistimos–, si es que se presentaba en la parroquia, ya que, como se dice en otras páginas, en muchos casos no había misa más que cada dos o tres semanas. Seguían siendo plazos muy largos: eran los peores días para la supervivencia de los recién nacidos y morirían muchos –los estudios demográficos calculan que un tercio de la mortalidad de párvulos se producía antes de que cumplieran un mes–. Además, daban tiempo más que suficiente para que muriesen aquellos que no habían sido bien recibidos, por eso en algunas diócesis como Santiago acabó imponiéndose un plazo de 24 horas; en los procesos judiciales hallamos fácilmente situaciones de retraso, es decir, de retención de las criaturas en la casa donde habían nacido o habían sido llevados a las de vecinos, amigos o parientes, lo que era un modo indirecto de infanticidio. Todavía en el sínodo de Mondoñedo de 1618 Fernández Zorrilla denunciaba el "grande abuso es el de muchos en esta tierra que por cualquier causa dilatan el bautismo de sus hijos hasta passar algunos dos meses y mas tiempo con lo qual ponen en peligro la salvación de un alma…"[136].

Los ritos del bautismo eran muy sencillos, pero no exentos de problemas. Hay unanimidad en que el bautismo tenía que ser en la iglesia, aclarando en 1543 el obispo de Ourense Manrique de Lara que "puedese administrar el sacramento del bautismo en la iglesia con todo aparato e recibiendo compadres… aunque aia entredicho, con tal que

---

[136] *Synodales del obispado de Mondoñedo…*, 89.

no sea a la ora que se dizen los oficios divinos", advertencia que parece dirigida a las élites. Habida cuenta de la pobreza de las casas rurales no hace imaginable que se hiciesen ceremonias a domicilio, si bien todavía en el sínodo mindoniense de 1618 se ordena que "ninguno haga bautizar a su hijo ni alguno otro niño en casa propia, o capilla o ermita… sino fuere en grave necesidad".

Al hilo de esto, surge una pregunta relevante ¿qué sentido tenía que un niño no se bautizase en la iglesia y al margen del control del párroco? Alain Croix sugiere la importancia del factor económico como correctivo del sentimiento hacia los niños, lo que afectaba más a los que morían casi de inmediato y generaban gastos de funeración. Por su parte, refiriéndose al País Vasco, Elena Catalán apunta que había un coste directo, el pago por la administración del bautismo, que en las parroquias incluía el valor de los elementos necesarios[137].

En efecto, como casi todos los actos litúrgicos, el bautizo costaba dinero, empezando porque el cura cobraba su intervención. Había otros costes añadidos o indirectos como la caridad que los padrinos debían dar a la parroquia, voluntaria y sin tarifa fija, que algunos clérigos demandaban como obligatoria, de modo que se negaban a bautizar si no la percibían. Las recriminaciones de los obispos constan en las sinodales: todavía en 1618 el obispo de Lugo, López Gallo mandaba que "no se pida otra cosa so pena de escomunión mayor y de ducientos maravedís", pero se seguía haciendo[138].

Los gastos de iglesia no terminaban ahí. Las familias tenían que pagar también la cera y los llamados capillos o albas. El capillo simbolizaba la inclusión del bautizado en la comunidad parroquial y por eso se conservaba para su empleo en otros actos litúrgicos. Ahora bien, más allá de que seguramente los feligreses no captasen ese significado, su coste y su uso podían ser motivo de interpretación errónea. El obispo don Juan de San Clemente en el sínodo de Ourense de 1582 mandó

---

[137] Catalán, "El peso de la tradición", 51.

[138] Tamara González López, *El padrinazgo bautismal en la diócesis de Lugo, ss. XVI-XIX* (Santiago de Compostela: Andavira, 2019), 45.

que se adquiriesen "capillos de lienço de buena hechura" que pudieran usarse por mucho tiempo y con ello eliminar las tiras o "pedacitos de lienços". Algo parecido dicen las sinodales de Lugo de 1618, que fijaban que el capillo debía llevarlo la familia para la ceremonia y después se dejaría en la iglesia como paño de cálices; no obstante, también imponían que los mayordomos parroquiales los comprasen, lo que parece contradictorio o complementario.

La reiteración de la retención de esas piezas en el tiempo puede ser que, además de lo dicho, pretendiera evitar el uso de los "pedacitos" en prácticas supersticiosas, como sucedía con las tiras de lienzo empleadas en la confirmación. Antes del Concilio, las sinodales del Norte recogen una serie de prácticas de ese tipo que se valían del agua bendita o de otros elementos empleados en el rito[139]. Después, aunque las referencias se reducen en los sínodos, la Inquisición trató casos de ese tipo: por ejemplo, en una visita a tierras de Ourense en 1579 se constataron ceremonias y usos "de los conversos" que llamaron la atención del inquisidor Licenciado Cantera al respecto de que, naciendo una criatura "la lavan con un poco de agua en su bacín o vasija echando oro y plata diciendo que es bueno para que Dios le haga dichoso". No hemos hallado datos directos a ese respecto en otras fuentes, aunque no está de más mencionar que el 12,3% de las blasfemias perseguidas por la Inquisición de Galicia se referían al sacramento del bautismo[140].

En los sínodos pretridentinos se mencionan trivialidades que podían afectar al rito, pero que se correspondían más con los sectores pudientes. El rico sínodo de Manrique de Lara mandaba a los curas "bautizad con agua elemental e no rosada ni artificial ni mezclada con cosas que mudan la naturaleza del agua, porque entonces no será bautismo". Referencias de este tipo eran frecuentes y son bien conocidas: coinciden en reprimir las extravagancias de los poderosos en sí mismas y,

---

[139] Por ejemplo, los capítulos de Burgos de 1575 con respecto a la pila bautismal, p. 247. Tamara González López "Creencias, asistencia y nacimiento. Dar a luz en el interior de Galicia (ss. XVII-XIX)", *Investigaciones Históricas. Épocas Moderna y Comtemporánea* 40 (2020): 295-314.

[140] Contreras, *El Santo Oficio …*, 503 y 660.

sobre todo, porque solían ser imitadas por los demás sectores. Más extraña es la tardía orden del obispo de Mondoñedo de 1618 en la que se recuerda que el bautismo debía hacerse por aspersión anulando la inmersión que, al parecer, se seguía haciendo.

En lo que atañe a la celebración profana, los sínodos también se dirigen a los grupos de elite, que solían otorgarle mayor importancia que a la religiosa, sobre todo si se trataba del primogénito; quizá era en situaciones así cuando se retrasaba la ceremonia para difundir la noticia, reunir padrinos e invitados y organizar banquetes y agasajos. Como veremos en lo referente a las bodas, la Iglesia apenas podía hacer otra cosa que advertir o amonestar, de modo que la represión correspondía al poder civil, igual o más interesado en controlar esas reuniones por la facilidad con la que derivaban en actos poco edificantes o en abusos. Por esta razón se mantuvo vigente la real provisión de 14 de octubre de 1493 que limitaba la asistencia a los padres y "los compadres i comadres i otras personas, que quieran, hasta seis personas i no más"[141]. Volveremos sobre esto.

La iglesia se preocupó más de la asistencia de los curas a los ritos y fiestas del bautismo por una cuestión de imagen, de modo que los sínodos condenaban su participación de forma general, y sobre todo, que no bautizasen a sus propios hijos o nietos. En el de Manrique de Lara de 1543-44 se ordenaba a los clérigos –los párrocos en especial– que no fuesen a "bodas, baptisterios e missas nuevas", porque "suele aver muertes de hombres y escandalos e alborotos"; es decir, la prohibición afectaba a las situaciones de peligro moral derivadas de actos litúrgicos. Si esa admonición se repetía es porque no se cumplía, aunque las visitas progresivamente dejarán de mencionarlas. En otras fuentes sí se comprueba el incumplimiento, incluso cuando se trataba

[141] Ofelia Rey Castelao, "De la casa a la pila: hábitos y costumbres de bautismo y padrinazgo en Santiago de Compostela, siglos XVII y XVIII", en *Vida cotidiana en la Monarquía hispánica. Tiempos y espacios,* ed. de Inmaculada Arias de Saavedra y Miguel L. López-Guadalupe, (Granada: Universidad, 2015), 195-214. Tamara González López, "Entre el rito y la fiesta: la ceremonia bautismal en los siglos XVI-XIX", *Hispania Sacra* 148 (2021): 445-455.

de criaturas extramatrimoniales: por ejemplo, en la diócesis de Ourense hallamos huellas en procesos judiciales como en uno de 1576 por amancebamiento e incesto de Francisca Fernández con Francisco Carnero, que no ocultaban su relación aun estando él casado, hasta el punto de que él celebró públicamente "al tiempo de su bautizo fue notorio el dicho Francisco Carnero lo bautizara por su hijo… Y al día que le bautizó el dicho hijo del dicho Francisco en los bautisterios dice este testigo comió y bebió con los clérigos y compadres y personas que bautizaron al dicho hijo"[142].

3.2. Padrinazgo y compadrazgo

Los nacimientos y bautismos de Felipe II y de sus descendientes son toda una muestra de lo que podía pasar a cualquier familia y esto afectaba de un modo prioritario a la elección de padrinos y madrinas. Dado que unos se produjeron antes del Concilio de Trento y otros después, nos servirán para observar si respetaban las normas, pero, sobre todo, el interés de hacerlo radica en la verticalidad del ejemplo. Debe tenerse en cuenta que los natalicios reales fueron objeto de alguna publicación, además de que los datos sobre bautizos y padrinos aparecen en las biografías del rey y de sus retoños. Como veremos, definen un modelo que seguramente sería mimetizado por las elites cortesanas y de ahí iría por capilaridad a los demás componentes de del círculo cortesano, incluidos el personal de apoyo y el servicio doméstico. Además, las ciudades festejaban los nacimientos principescos con fiestas religiosas y civiles, que en ocasiones se reflejaban en las imprentas, por lo que el modelo se transmitía más allá de la corte.

En 1527, Felipe, nacido el 21 de mayo, fue bautizado el 5 de junio, un plazo que excedía, pero no mucho, el que decían las normas pre-tridentinas. Fue apadrinado por su tía Leonor de Austria y su padrino y porteador fue el condestable don Iñigo Fernández de Velasco, a quien asistieron los duques de Alba y de Béjar, mientras que las insignias de la condición real del niño eran llevadas por grandes de

---

[142] Archivo del Reino de Galicia (en adelante ARG), *Real Audiencia*, 1548-51.

España. Su hijo Carlos, nacido en 8 de julio de 1545 en Valladolid –cuya madre murió a los cuatro días– fue cristianado el 2 de agosto, sin llegar a un mes, por el obispo de Cartagena y sus padrinos fueron el obispo de León y don Alejo de Meneses, gran maestre de la princesa muerta, actuando como madrina doña Margarita de Mendoza, camarera mayor de la difunta. Por entonces el apadrinamiento por un máximo de dos personas todavía no era obligatorio, pero los dos casos se atuvieron a lo que indicaban los sínodos.

Los bautizos de los hijos del rey que sobrevivieron más o menos tiempo, fruto de Isabel de Valois, fueron posteriores al final del Concilio y las normas ya eran muy precisas sobre el lugar de celebración y sobre el padrinazgo. El de Isabel Clara Eugenia, nacida en el Sitio de Valsaín (diócesis de Segovia) el 12 de agosto de 1566, fue oficiado por el nuncio papal Juan Bautista Castagna y tuvo por padrino a su tío don Juan de Austria y por madrina a su tía doña Juana; su primer nombre era el de su madre, el segundo el del santo del día de su nacimiento y el tercero, al parecer, por haber llegado el cuerpo de la santa desde Saint Denis a Toledo. Catalina Micaela, que vio la luz en Madrid el 19 de octubre de 1567, recibió el suyo de su abuela materna, Catalina de Médicis, y el segundo por haber nacido en la octava de San Miguel Arcángel; fueron sus padrinos el archiduque Rodolfo y la princesa doña Juana, siendo porteada a la pila bautismal por don Juan de Austria.

De los hijos de Felipe II con Ana de Austria, Fernando, nacido en el Alcázar de Madrid el 4 de diciembre de 1571, fue bautizado de inmediato, el día 16, en la parroquial de San Gil, por el obispo de Sigüenza, cardenal Diego de Espinosa, que también era presidente del Consejo de Castilla; fue apadrinado por el archiduque Wenceslao, su tío materno, y por doña Juana de Austria, su tía paterna. Carlos Lorenzo, quien nació de forma accidental en Galapagar el 12 de agosto de 1573, fue bautizado por el nuncio en la parroquial de esa localidad, siendo sus padrinos, de nuevo doña Juana, su tía, y el archiduque Alberto. Diego Félix llegó al mundo el 15 de agosto de 1575 y fue cristianado el 25 en San Gil, ya por entonces convertida en convento, por el cardenal don Gaspar de Quiroga, arzobispo de Toledo, y su padrino, único en este caso, fue el duque de Alba, don Fernando Álvarez de

Toledo; es decir, se empleó la otra opción admitida por la Iglesia, ya que no era obligatorio que hubiese padrino y madrina. El sucesor del rey, el futuro Felipe III, nació en el mismo lugar en 14 de abril de 1578 y el 1 de mayo fue llevado a San Gil donde tuvo el mismo oficiante, siendo padrinos el archiduque Alberto, su tío, y su propia hermana, Isabel Clara Eugenia, mujer del anterior, actuando como ayas doña Ana de Mendoza, mujer de Garci Ramírez de Cárdenas, y doña Juana Jiménez de Cisneros. La última hija del rey, María, nació el 14 de febrero de 1580 y fue bautizada también por el nuncio y apadrinada por su hermana mayor, la mencionada Isabel Clara Eugenia, y por su tío el cardenal-archiduque Alberto.

En todos los casos se siguió la normativa romana en lo referente a la proximidad del bautismo con respecto al nacimiento; a la celebración de la ceremonia en el templo adecuado, es decir, el parroquial, y al número de padrinos. Además, se constatan prácticas que serán habituales entre los vasallos del rey, como recurrir a la parentela más próxima para seleccionar padrinos y madrinas, lo que será muy frecuente incluso en los sectores populares. Así pues, el ejemplo desde arriba tendría algún efecto.

Los sínodos norteños anteriores a Trento –y los de los demás territorios– dan una imagen de falsa diversidad de las prácticas de apadrinamiento, toda vez que, observados de forma conjunta, desde antes de 1500 se desarrollaba un proceso de simplificación y unificación ritual y de reducción del número de padrinos a dos o tres. Por derivación, se modificó también el compadrazgo, ya que el padrinazgo pasó de ser "extensivo", es decir, orientado por el interés social de ampliar las redes de relación fuera de la familia y de la comunidad, a ser "intensivo" -un padrino o una pareja–, de modo que, en teoría, se reforzaba el componente religioso, pero más bien se advierte el interés en minimizar el riesgo del parentesco espiritual con la perspectiva de futuros matrimonios de los hijos e hijas. Volviendo atrás, esto se reflejaba en la obligación de registrar sus nombres junto con los de los padres.

En efecto, las orientaciones y mandatos de los obispos relativos a la reducción del número de padrinos fueron atendidas de un modo casi general, seguramente, ante todo, porque contribuían a limitar los efectos de la endogamia matrimonial. La similitud se comprueba, claramente, con la Bretaña francesa, donde tuvo un éxito rápido el modelo de tres padrinos: dos hombres y una mujer para los niños y dos mujeres y un hombre para las niñas, aunque no siempre se cumplía; la diferencia es que allí, tanto el primer padrino enumerado como la primera madrina eran reconocidos como los verdaderamente relevantes y se les daba el calificativo de "grand" y "grande" respectivamente[143]. Después de Concilio, se pasó al modelo de pareja.

A falta de registros parroquiales, es difícil obtener pruebas sobre las prácticas seguidas en el norte. Ahora bien, los sínodos anteriores, paralelos y posteriores al concilio no dan indicios de que hubiese proliferación de padrinos, de modo que se cumplirían las normas. En los sínodos por lo general también se fijó el límite en tres: por ejemplo, en 1534 el obispo de Mondoñedo, Pedro Pacheco, mandaba "que ningún clérigo reciba en baptisterio de ninguna criatura más de tres personas para compadres, y es a saber: siendo niño el que se bautiza como dos hombres y una mujer y siendo niña dos mujeres y un hombre". El hecho de que ya antes de terminar Trento en algunas sinodales no se mencione el número parece indicar que se había ido ajustando al modelo ternario e incluso al binario. Cuando tenemos registros antes de finalizado el Concilio, aun siendo excepcionales, se demuestra que el modelo de pareja era dominante: en las penínsulas atlánticas gallegas, en concreto en Vilanova de Arousa donde hay un libro de entre 1539 y 1561, solo tres partidas de 95 no responden a esa fórmula; en cambio, en la parroquia de San Clodio, en Ourense, en los años sesenta del XVI, se mantenía el modelo de tres; en este caso, el responsable de la parroquia era un monje, por lo que no sabemos cuál era su referencia normativa.

El Concilio fijó de forma clara en el capítulo 24 de 11 de noviembre de 1563 que habría un padrino o, todo lo más, padrino y madrina. Esa restricción numérica se hacía en beneficio de su calidad y sobre la idea de que la proliferación de padrinos diluía las responsabilidades

---

[143] Pierre-Yves Quémener, "Parrainage et nomination en Bretagne aux XVe et XVIe siècles", *Annales de Démographie Historique* 1 (2017): 145-179.

con respecto a los ahijados[144]; dicho de otra forma, se culminó una transacción entre las bases teológicas del padrinazgo, que exigían un único padrino, y la costumbre popular, tendente a la pluralidad. Ese capítulo dejó claro a quiénes afectaba el parentesco espiritual: se pudo anular ese efecto, pero no se hizo porque lo impedía la tesis del renacimiento espiritual centrado en el sacramento. Se advertía que el vínculo establecido en el bautismo entre el bautizado, sus padres y los padrinos no solamente impedía, sino que dirimía el matrimonio y que, por no quedar registro de los nombres de quienes participaron se habían celebrado y seguían celebrándose muchos matrimonios irregulares o nulos.

En Galicia o en Cantabria el padrinazgo doble, madrina y padrino, se hizo general tanto en ciudades y villas como en el rural, casi sin excepción. En los núcleos urbanos, que marcaban la pauta, está claro que se obedeció la normativa, pero se optó por el modelo más amplio, el de padrino y madrina. Los niños y niñas que eran abandonados en el Real Hospital de Santiago, llevaban también padrinos y madrinas –aunque lo eran de trámite, miembros del personal del centro–, que no tendrían vínculo alguno, ni les darían atención espiritual[145].

Es decir, todo respondía a la preocupación de las autoridades por la dimensión alcanzada por el parentesco espiritual al proliferar los padrinos y madrinas en sociedades que ya de por sí eran muy endogámicas. Como veremos la hablar del matrimonio, ese parentesco repercutía a posteriori en los acuerdos y contratos nupciales y en la aplicación sacramental del matrimonio, por ejemplo, si este parentesco se ocultaba. Tenía también trascendencia fuera del ámbito religioso por cuanto generaba una afinidad que deberían confesar los testigos de los pleitos, ya fueran estos civiles, criminales o eclesiásticos.

---

[144] Guido Alfani, *Fathers and Godfathers. Spiritual kinship in Early Modern Italy*, (Routledge: Burlington, 2009), 31-63

[145] Ofelia Rey Castelao y Baudilio Barreiro Mallón, "Apadrinar a un pobre en la diócesis de Santiago de Compostela, siglos XVII-XIX", en *La respuesta social a la pobreza en la Península Ibérica durante la Edad Moderna*, ed. de en María José Pérez Álvarez y Mª Marta Lobo de Araújo (León: Universidad, 2014), 21.

En niveles populares –y quizá en otros más altos– no era fácil entender el concepto y los sínodos y otros textos indican que, como antes de Trento, había una general confusión sobre quiénes eran padrinos y madrinas y quiénes no, lo que fue preciso aclarar por parte de los obispos en más de una ocasión, sin lograr del todo su objetivo. Si en 1543-1544, Manrique de Lara –no era el primero en hacerlo– dejaba claro que se anotase "el nombre de los padrinos e madrinas "que tuvieren a la pila porque se sepa el parentesco", las sinodales de Oviedo de 1553 señalaban con claridad que eran padrinos de la criatura "solamente a los que así le tuvieren a la pila", siendo testigos los demás; pero en esa misma diócesis, los mandatos de don Juan Álvarez de Caldas, impresos en 1608, recordaban que según lo dispuesto en Trento lo eran solo los que "tengan en la pila baptismal al que se baptizare y le saquen della" y el ministro debería "señalar quien es el padrino o padrinos"[146]. En los capítulos de Burgos de 1575, el arzobispo Pacheco insistió mucho en que se aclarase quiénes actuaban como padrinos, responsabilidad que correspondía al cura: podría serlo un hombre o una mujer o a lo más un hombre y una mujer "y si muchos se allegaren les pregunté cuáles han de ser…" y "quando admitiere dos entrambos tomen el baptizado de la pila porque el que no le tocare no contrae cognación espiritual. Y si más se llegaren a ser padrinos y tocaren a la criatura, no se contrae"[147].

En fin, parece elemental, pero cabe preguntar si acaso los demás presentes y las gentes del común seguían considerando que lo eran a quienes no pasaban de ser testigos o invitados. Así pues, el problema era menos el número de padrinos, que hacer entender a los feligreses el concepto doctrinal y esclarecer quiénes habrían actuado como tales, puesto que solían ser muchos los presentes en cada ceremonia y más de uno los que habrían tocado a la criatura durante el rito, en especial en el momento y acto de sacarla de la pila. Igualmente era necesario que cada uno de los que intervenían, empezando por el cura, fuesen conscientes tanto del hecho en sí como de las consecuencias hacia el

---

[146] Sánchez Diego, "Bautismo y padrinazgo en las sinodales", 337.

[147] Pacheco, *Constituciones sinodales…*, 144.

futuro, de ahí la importancia de las actas. Obviamente, la preocupación de fondo eran la consanguinidad y los matrimonios celebrados sin dispensa, por esto fue importante señalar que solo contaban quienes aparecían anotados en los registros parroquiales.

El sínodo de Pedro Pacheco de Mondoñedo de 1534 introdujo un matiz de interés social al aclarar que los padrinos no solo adquirían esa condición, sino la de compadres, elevando la relación entre padres y padrinos por encima de las establecidas entre bautizados y padrinos, algo que en Europa por aquel entonces todavía no era frecuente. La limitación numérica establecía una ligazón nueva –si no eran parientes antes– o reforzada si lo eran. Por generar afinidad similar a la de la sangre, esa relación contribuía a fijar modelos de sociabilidad y por esto tenía gran trascendencia: es muy importante subrayar que el lazo entre padres y padrinos –el compadrazgo– era más firme de lo que será después entre padrinos y ahijados, puesto que los primeros eran quienes lo establecían en función de sus intereses –reforzados en las fiestas– y también de la edad y, por lo tanto, de la vinculación generacional. Mientras que con el tiempo la relación entre padrinos y ahijados podía olvidarse.

El Concilio no exigió requisitos a los padrinos y su elección correspondía a los padres, que con ello estaban tomando la decisión de incorporar a su familia a nuevos miembros con sus deberes, pero no es de creer que ese fuese el modo de pensar. La reducción progresiva tuvo como resultado la verticalización de la elección social, en la lógica del padrinazgo como instrumento de diferenciación social o de refuerzo de redes clientelares, lo que progresivamente fue sustituido ya antes del siglo XVIII por el modelo intrafamiliar.

En cuanto a la elección de padrinos y madrinas, como en toda Europa se creía que si una embarazada iba de madrina se moriría, pero no hay modo de saber si esto las excluyó en la realidad. Llama la atención que en las pequeñas parroquias de la Galicia occidental en el 54% de los casos el padrino, la madrina o ambos fuesen de parroquias vecinas, limítrofes o no, de lo que se deduce que no buscaban evitar futuros impedimentos, pero también que se primaba la rapidez, dado el elevado nivel de muertes en los primeros días. Se trataba de una elección más social que familiar, ya que la coincidencia de apellidos es de apenas el 4%, localizándose hombres y mujeres que se repiten en esa función, lo que puede indicar que eran personas relevantes en las comunidades. En Cantabria, unos años después, la presencia de parientes superaba el 30%. La práctica del padrinazgo obedece a criterios que denotan la estratificación y la endogamia social, económica, profesional y territorial: Agnès Fine subrayaba precisamente que estaba orientado por la herencia, de ahí que las madrinas fuesen tan importantes cuando no tenía hijos y eran, por ejemplo, hermanas de las madres[148]. Añadimos a ello la sospecha de que se buscó a padrinos y madrinas sin hijos, lo que solo se podría comprobar en estudios locales con reconstrucción de familias: no olvidemos que en la Edad Moderna hasta un quince por ciento de matrimonios no los tenía por dificulta natural y que una proporción muy alta –ignoramos su medida real– los perderían por efecto de la mortalidad, de forma que tendrían que buscar herederos o herederas entre los de los demás y quizá así asegurarse los cuidados en la vejez.

En algunas diócesis se excluyó a los eclesiásticos. En Lugo, entre el siglo XVI y finales del XVII, el recurso a padrinos del clero aumentó –eran considerados vecinos– pero no así en la Galicia occidental, donde apenas aparecen y cuando lo hacen, eran parientes de los padres[149]. La Iglesia temía, no sin razón, que ocultasen la condición de padres de las criaturas. Fernández Zorrilla en 1617 recordaba que "suelen algunos malos clérigos por mas disimular su pecado, doblar la culpa del; y temiendo mas a los hombres que a Dios, hazerse compadres en los bautismos de los hijos de aquellas mugeres con quien tratan o han tratado deshonestamente con lo qual procuran mostrar estar en aquello" inocentes, lo que se castigaría con quince días de

---

[148] Agnès Fine, *Parrains, marraines. La parenté spirituelle en Europe,* (Paris: Fayard, 1994), 112.

[149] Tamara González López, "Eclesiásticos sirviendo de padrinos: el papel del clero en el padrinazgo en la diócesis de Lugo (siglos XVI-XIX)", *Tiempos modernos* 38 (2019): 224-241. http://www.tiemposmodernos.org/tm3/index.php/tm/article/view/4651/834.

reclusión y seis mil maravedis de multa "aunque bien permitimos que bautize a los hijos de la misma muger legitimos o que se tenga por cierto no ser de tal cura".

¿Cuál era la relación posterior con los ahijados? Era solo teoría y buena intención que en muchos sínodos se indicase que los padrinos deberían ocuparse de su formación religiosa. El obispo Manrique de Lara en 1543–1544 ordenaba al cura que señalase a los padrinos qye "enseñen a sus ahijados el credo, paternoster, avemaria e doctrina cristiana[150]. Pero esto era imposible si vivían en lugar diferente que los padres, si es que estaban en condiciones de hacerlo y la voluntad de practicarlo.

En lo que se refiere a otras formas de relación entre padrinos y ahijados, el problema está en que ese vínculo no tiene un reconocimiento en la ley civil, así que es muy difícil encontrar testimonios. En escrituras notariales de la Tierra de Santiago hemos localizado una de 1606 en la que se recoge un apartamiento hecho por Juan de Sivalde, vecino de la compostelana parroquia de Sar, de un pleito que sostenía con Alonso Barcala y Alberta de Sanmartiño, vecinos de Rianxo, sobre los costes que les demandaba por la crianza de una muchacha llamada Petronila, dándose por pago, a su vez, de Juan González, racionero de Sancti Spiritus de la catedral, padrino de la menor, que le entregó una mantilla negra de su propiedad; ahora bien, sospechamos que el padrino era su padre real[151].

Los términos "compadre" y "comadre" aparecen en la documentación pública de un modo esporádico porque no obedecen a ninguna forma legalmente reconocida y cuando aparecen, su significado es ambiguo o polivalente. Por ejemplo, en una concordia firmada en 1570 encontramos a Sanjuan Camina, vecino de Santiago, actuando en nombre de María das Seixas, "su comadre y criada", natural de Velouriz, para realizar un acuerdo con el portugués Antonio Pérez, vecino de Aveiro,

---

[150] Antonio García y otros (eds.), *Synodicon Hispanum* (Madrid: BAC, 1981), 140.

[151] ACS, *Protocolos notariales*, 132, 29-06-1606,

por el cual Sanjuán asentaba a María por un año al servicio de este por seis ducados[152]. Y en 1572, Juan de Herrera, maestro de obras de la catedral compostelana, suscribió una obligación notarial de pagar la dote de casamiento del cantero Gregorio Barba, vecino de Santiago, en su boda con Dominga López, residente en esa ciudad, y comadre del otorgante. Todavía es más raro encontrar el término compadre, que hallamos solo en una escritura de entre miles, aunque es muy interesante, ya que se trata de una obligación hecha en 1586 por Juan Ibáñez de Paz, correo mayor del rey en el reino de Galicia, como principal, y Juan de Valencia, como su fiador, vecinos ambos de Santiago, de pagar al licenciado Dionisio 81 ducados cada uno por una dispensa papal para un matrimonio entre una hermana del primero con un compadre suyo[153].

En síntesis, a mayor número de padrinos en una comunidad cerrada, sumado a la consanguinidad por endogamia, se limitaban futuros matrimonios. Al no haber actas, el conocimiento de quiénes habían sido padrinos o madrinas podía perderse o confundirse su recuerdo y era fácil ocultar el parentesco espiritual para evitar pedir dispensas, y eso es lo que pasó. El acta tenía otro sentido con respecto a los padrinos: el de escribir sus nombres en un libro y declararles el parentesco contraído, para que no pudiesen alegar ignorancia. Volveremos a encontrarnos con este tema al hablar del matrimonio.

3.3. Nombres e identidad

A lo largo de estas páginas insistimos en la tendencia de la bibliografía sobre la Contrarreforma a relacionarlo todo con la práctica religiosa, lo que a su vez ha derivado en que algunos aspectos que a primera vista pueden ser interpretados en esa clave, lo son mucho menos cuando se observan desde otros ángulos. El caso más típico es el de la onomástica, que se ha utilizado como un indicador de las devociones, en especial para ver si el Concilio y su revalorización de

---

[152] ACS, *Protocolos*, 049, 23-09-1570; 056, 7-08-1572.
[153] ACS, *Protocolos*, 095, 16-08-1586.

los santos tuvieron impacto en los nombres de hombres y mujeres[154]. Sin embargo, la historiografía demográfica y social y la antropología han hecho otras consideraciones de índole familiar y de herencia, poniendo el acento en el traspaso de los nombres de los padres y madres a los hijos e hijas, bien visible en las genealogías sin que fuese una práctica solo de los ricos, que significaría el fortalecimiento de los linajes. Al contrario, la repetición derivada de la muerte de un niño o de una niña cuyo nombre se ponía al siguiente –como se ha demostrado a través de la reconstrucción de familias–, implica una subvaloración de la identidad de alguien que podía morirse de inmediato. En todo caso, la acumulación de frecuencias en un solo nombre era un resultado estadístico de si el abuelo, el padre y el hijo se llamaban Juan, y como padrinos daban ese nombre a sus ahijados, y así sucesivamente. Lo que está claro es que hay una inercia al margen de la devoción religiosa.

Además, en lo referente a los territorios del norte, los nombres han sido objeto de estudio de los filólogos, interesados en el proceso de castellanización, lo que tiene su relevancia en espacios como el País Vasco, Galicia o Asturias. No haremos aquí un estado de la cuestión por haberlos ya: baste decir que la onomástica sirve un poco para todo y que el principal problema para llegar a conclusiones firmes es la falta de registros de bautismos, que obliga a recurrir a fuentes que registran a adultos cuya edad se ignora, de modo que el habitual cálculo de frecuencias de nombres puede incluir a dos o más generaciones.

Una línea de fuerza ya antes del Concilio era anular los nombres alejados del ideal cristiano e imponer los que reflejasen virtud. Un mandato reiterado en los sínodos es que los curas impusiesen "los nombres de los sanctos e sanctas que están en el cielo, porque se les deis por abogados, e non Hector ni Roldán ni otros que aveis acostumbrado a les poner"[155], lo que les otorgaba autoridad sobre la elección, cuando se suponía que eran los padres quienes tenían que decidir. Con variantes, estas precisiones aparecen de forma general,

---

[154] Máximo García Fernández, "El recurso al Santoral en Castilla, del Barroco a la Ilustración, 1650-1834". *Hispania Sacra* 101 (1998): 133-173.

[155] Sánchez Diego, "Bautismo y padrinazgo en las sinodales", 337.

inalterable y reiterada, por lo que se deduciría la "resistencia" por parte de los feligreses o, al contrario, la incapacidad de hacerles llegar la relevancia de los argumentos contrarios a las tradiciones populares o familiares. Los propios sínodos contenían el santoral de cada diócesis con gran frecuencia y se fueron imprimiendo otros textos para que los curas tuviesen una panoplia más amplia de referencias, en especial el *Martirologium romanum*. Ahora bien, los nombres literarios de los que hablan los sínodos serían cosa de las clases altas e informadas, ya que no se hallan entre el común.

Es importante señalar que, en las actas de bautismo, los nombres —en general bastante resistentes a los cambios—, aparecen en sus formas castellanas, seguramente porque lo estaban los santos que figuraban en las sinodales y en los cuadernos anuales de las diócesis[156]. Esos eran los modelos que reproducían los curas, contribuyendo a castellanizar nombres, apellidos y topónimos; fue un proceso más lento que en la documentación oficial, pero muy eficaz al modificar la identificación de individuos y familias en los papeles que acreditaban quiénes y de dónde eran.

Cuando contamos ya con algunos registros de bautismos, tanto en el ámbito urbano como en el rural, en el Norte se imponía un único nombre y, salvo excepciones, así fue hasta mediados del siglo XVII, iniciándose desde entonces una carrera por multiplicarlos. Las razones de la selección respondían, en realidad, a un mezcla de factores, empezando por la composición familiar y la organización de la transmisión patrimonial: en la Galicia occidental a fines del XVI y comienzos del XVII, un 18% de los niños llevaban el nombre de su padrino y el 16% de las niñas el de su madrina, pero en los niños era muy importante el nombre del padre y el de la madre en las niñas, sin apenas correlación con los patronos de las parroquias, o los titulares de cofradías y de ermitas. En la diócesis de Lugo la transmisión de los nombres de la familia carnal no era muy alta: a comienzos del XVII, el 6,8% de los padres y el 4,5% de las madres transmitieron los suyos a sus hijos; el

---

[156] Al igual que en Bretaña: Michel Lagrée, *Religion et cultures en Bretagne* (Paris : Fayard, 1992), 107-117.

8% eran nombres de madrinas y otro tanto de padrinos y solo el 5,12% del santo patrón de la parroquia[157].

El santoral se aplicaba de forma más rigurosa a las criaturas abandonadas. Por ejemplo, los que entraban de la casa de expósitos del Hospital de Santiago, eran bautizados de forma inmediata por el capellán de guardia, y lo más práctico era recurrir al santo del día, por lo que dominaba la diversidad y, a veces, el exotismo. A ese nombre se añadía el apellido Rey, lo que pretendía evitar el apelativo común de "expósitos", demasiado evidente. Los nombres de los abandonados en las parroquias rurales no eran muy diferentes a los demás, pero sí el apellido que solía asociarse a los lugares del hallazgo –"de la puerta", "de la iglesia"– etc.

¿Qué nombres se impusieron en el norte? Es una cuestión que nos remitiría a un sinfín de publicaciones que resultan bastante unánimes en los resultados. Stephen Williams, en una conocida síntesis sobre Europa occidental, hizo hincapié en la sorprendente concentración en unos cuantos y en que eran los mismos en Francia o en Inglaterra, de modo que en el siglo XVI había como una especie de bolsa común encabezada por los apóstoles Juan, a la cabeza, Pedro y Santiago, seguidos en Francia por los santos promovidos por los franciscanos[158].

Poco sabemos del País Vasco, aunque se atribuye al Concilio la obligación de bautizar a los recién nacidos con nombres cristianos y la desaparición de los que no lo eran, salvo los que pervivieron como apellidos. La forma eusquérica del santoral cristiano pasó a ser marginal, manteniéndose en la transmisión oral, pero no la documentación oficial, dado que el euskera no era empleado en la administración de la Iglesia. En ese proceso hubo supervivientes, como Íñigo, derivación de Eneko popularizada por la figura de Ignacio de Loyola, y otros nombres tradicionales que se reflejan en la profusión de variantes de uso popular, en especial en el País Vasco septentrional, más conservador a

---

[157] Tamara González López, "Patrimonio inmaterial, comunidade e familia na antroponimia da Galicia interior (ss. XVII-XIX), *Madrygal* 22 (2019): 193-208.

[158] Stephen Williams, *The means of naming. A social and cultural History of personal naming in Western Europe*, (Londres: Routlegde,1998), 185-187.

este respecto[159]. Un ejemplo de cambio es el paso de Jakue por Santiago.

Aprovechamos el pie que nos da ese nombre para plantear la cuestión del rechazo en el espacio rural hacia determinados nombres: Santiago es quizá el más significativo. Hace un tiempo, realizamos un estudio comparativo de los nombres masculinos a partir de la consulta de censos nominativos, listas fiscales y, sobre todo, de los intervinientes en procesos judiciales, para establecer el ranking onomástico en los espacios rurales que nos ocupan y comprobar si la popularidad que Santiago tenía en otros países era la misma que en la Corona de Castilla, de la que era, por una larga tradición, el santo patrono. Su nombre era omnipresente en topónimos urbanos y rurales y en instituciones —Orden de Santiago, conventos, hospitales—, por lo que su modesto lugar como nombre personal es un indicador del poco aprecio que se le tenía debido al pago del Voto de Santiago y, sin duda alguna, a la intensa conflictividad que generó en tiempos de Felipe II y a la política expansiva de esa renta llevada a cabo por el cabildo y los arzobispos compostelanos. Pensemos que cada año, los párrocos tenían que anunciar a sus feligreses el paso del perceptor del Voto y que su impago implicaba excomunión, para lo que el cobrador —que solía ser un arrendatario— llevaba en mano una paulina y una cédula real que le facilitaba las cosas gracias a la amenaza de excomunión[160].

En estas condiciones, Santiago y todas las variantes de este nombre –Diego, Jaime, Jácome, Jacobo–, se sitúan en niveles siempre inferiores a Juan, el más general, seguido de Francisco y Antonio, lo que obedece a la creciente acción de los franciscanos. Si una quinta parte de los franceses se llamaba Santiago en la segunda mitad del XVI, en Castilla y Portugal –donde también se pagaba el Voto– no pasaban de una décima parte. En cuanto a los territorios del norte podría suponerse

---

[159] Mikel Gorrotxategi Nieto, "Evolución del nombre de pila en el País Vasco peninsular", *Fontes linguae vasconum: Studia et documenta* 83 (2000): 151-168.
[160] Ofelia Rey Castelao, "Patronos e identidades en la Monarquía Hispánica en el período de la disputa del patronato de Santiago (1618-1630)", *Hispania* 266 (2020) https://doi.org/10.3989/hispania.2020.021.

a Asturias y a Galicia una mayor afinidad con el Apóstol, pero las cifras que hemos obtenido son diferentes entre los dos territorios:

	Nombres masculinos											
	Oviedo				Galicia				León		Zamora	
	XVI/2		XVII/1		XVI/2		XVII/1		XVI/2		XVI/2	
	N	%	N	%	N	%	N	%	N	%	N	%
Juan	30	16,2	32	17,2	40	20,6	43	22,6	23	18,9	16	10,1
Diego	21	11,4	17	9,1	12	6,2	2	1,0	4	3,3	11	6,9
Pedro	17	9,2	20	10,7	37	19,0	24	12,6	15	12,3	14	8,9
Antonio	2	1,1	10	5,4	9	4,6	18	9,5	6	4,9	24	15,2
Alonso	19	10,3	9	4,8	15	7,7	12	6,3	7	5,7	14	8,9
Francisco	4	2,1	11	5,9	10	5,1	11	5,8	14	11,5	22	13,9
Otros	92	49,7	87	46,8	71	36,6	80	31,6	53	43,4	57	36,1
Total	185	100	186	100	194	100	190	100	122	100	158	100

Asturias, donde no se pagaba el Voto, era el único territorio donde Diego ocupaba el segundo lugar, en parte por el aumento de los santos franciscanos. En Galicia, aun teniendo el sepulcro del Apóstol, el pago de esa renta era general y odiada y eso quizá se traduce en la infrecuencia de Diego o de Jacobo, con tendencia a ir desapareciendo, mientras que era muy alta la presencia de otros dos apóstoles, Juan y Pedro: por ejemplo, en el rural lucense, en tierra de Cervantes, en 1590 era el último de los ocho primeros nombres masculinos, encabezados por Pedro, Juan, Bartolomé, Alonso, Francisco y Domingo. En los otros territorios del norte que pagaban el Voto desde la Edad Media, como León y Zamora, Diego ocupaba el último puesto. Así pues, se puede hablar de una forma indirecta y elemental de rechazo entre el campesinado.

Terminamos este aspecto comparando las ciudades con el campo para ver si había una influencia de los modelos urbanos. Tomemos como ejemplo la ciudad de Ourense donde se ha comprobado que entre 1540 y 1590 hubo cambios rápidos, retrocediendo nombres como Álvaro, Gonzalo, Lopo, Roy, Fernán, etc., pasando a predominar Antonio, Domingo, Francisco, Bartolomé o Miguel entre los hombres y María, Ana, Catalina y Francisca entre ellas; en 1597 los más frecuentes eran Juan (18,8%), Pedro (14,6%), Antonio y Francisco, con algo más del 8% cada uno; Bartolomé y Domingo, casi equiparados, y Gregorio. En el rural, el padrón de la jurisdicción de San Clodio de 1580 da resultado un poco diferente: coinciden en Juan, pero Pedro se le acercaba con el 17,6%, seguido de Alonso y Antonio casi igualados en 5%, y más abajo Gregorio, Bartolomé, Rodrigo, Gonzalo, Jácome, etc, dentro de una gran variedad, ya sin rastro de nombres medievales[161].

En las mismas fuentes y fechas, entre los nombres de mujer se constata el general dominio de los relacionados con la tradición mariana: María se llamaba un 24,7% en la segunda mitad del XVI y 19,2% en la primera del siglo siguiente; Isabel cayó del 13% al 5,9% al igual que otro muy frecuente, Catalina, del 14,2% al 10,4%; Ana se mantuvo (6,2% y 7,4%). Para completar la comparación, mencionemos que en la ciudad de Ourense, María y Catalina iban a la par (14,9% y 13,9%); 5% se llamaban Mariña; Inés (9,9%) y Ana (7,8%), con cerca del 6% estaban Beatriz y Constanza, no siendo irrelevantes Francisca o Leonor. En la jurisdicción de San Clodio, María identifica a una cuarta parte, Catalina al 12,2% e Inés al 7,9%, mientras Margarita y Constanza estaban sobre un 5% y, ya menos, Ana, Marina, Bárbara, Clara, Dominga, Juana, Magdalena o Teresa, estando muy por debajo Isabel o Beatriz; algunas llevaban nombres de sabor medieval, como Sabina, Aldonza, Violante, Leonor, Mencía, Serena, Olinda, Genoveva, Sancha, Úrsula, Ginebra etc., lo que quizá motivó los comentarios de los obispos ourensanos al respecto de la evocación novelesca de varios de ellos[162].

Durante el acto de imponer el sacramento de la confirmación, el obispo podía cambiar el nombre de una persona a petición propia o bien por iniciativa del prelado para modificar aquellos nombres heréticos o frívolos que condenaban, pero no nos consta que se hiciera, aunque sí se practicaba en América. El cambio, en todo caso, podría ser útil a quienes quisieran ganar el olvido de un origen poco claro o adoptar el nombre de una persona con la que se quería establecer una ligazón por interés hereditario.

---

[161] Saavedra, *La vida cotidiana...*, 325.

[162] Francisco Sandoval Verea y Frutos Fernández González, "Juntos en una casa debajo del poderío paternal": la familia en la jurisdicción de San Clodio do Ribeiro de Avia a finales del siglo XVI", *Cuadernos de Estudios Gallegos* 124 (2011): 197-233.

4. El sacramento olvidado: la confirmación

Este sacramento, que imprime carácter y que solo se puede recibir una vez, apenas se ha tratado por parte de la historiografía porque no se le dio la importancia que tenía, con algunas salvedades[163]. En la base está su propio concepto, las ambigüedades que lo rodeaban, la dificultad de explicarlo y la mayor dificultad todavía de aplicarlo. Pero recientemente se ha puesto la atención en él porque para algo estaba ahí y porque constituía una de las principales obligaciones de los obispos y, al mismo tiempo, era un atributo de su poder que, si se sabía utilizar, tenía un impacto popular. Para la iglesia de Trento, la confirmación tenía el sentido de reforzar la fe, de lucha contra la herejía y de convertir a los fieles en soldados de Cristo, simbolismo militar desconcertante por cuanto, paradójicamente el sacramento no distinguía a hombres de mujeres. Además, se tuvo en cuenta el significado e importancia simbólica del rito, ya que solo los obispos podían conferirlo; la ceremonia de la confirmación era parroquial y su liturgia era colectiva y transversal socialmente, de forma que se suponía que era unificadora de la

---

[163] Ofelia Rey Castelao y Rubén Castro, "El sacramento olvidado: la confirmación en la archidiócesis de Santiago, fines del XVI a 1833", *Studia Historica. Historia Moderna* 41-2 (2019): 35-69 https://doi.org/10.14201/shhmo20194123569. Michaël Gasperoni y Vincent Gourdon (eds.) *Le sacrement oublié. Histoire de la confirmation, XVIe-XXe siécle*, (París: Presses Universitaires François Rabelais, 2022). Rafael Pérez García, "Visita pastoral y confirmación en la archidiócesis de Sevilla, 1600-1650". *Historia Instituciones Documentos* 27 (2000): 205-233. Como rito de paso ha sido estudiada por Máximo García Fernández, *Los caminos de la juventud en la Castilla moderna* (Madrid: Sílex, 2019), 55.

comunidad. El problema clave es que no se definió como un sacramento necesario para salvarse, ni siquiera para contraer matrimonio, si no solo para el orden sacerdotal. Además, se dejaron muchas puertas abiertas a su interpretación, de modo que esto explica las diferencias detectadas en su desarrollo en los sínodos y en las disquisiciones de los teólogos, entre las que estaban los de las órdenes religiosas, que hicieron sus adaptaciones al hilo de su propia conveniencia, en especial, los jesuitas.

Fue el arzobispo de Milán, Carlos Borromeo, quien mejor entendió la utilidad que la confirmación tenía para visibilizar el poder de los obispos y quien estableció un modelo de actuación que luego copiarían los prelados en España y en América. Se basaba en realizar confirmaciones frecuentes en las sedes episcopales y en dividir las diócesis por tramos, visitando cada uno un año en el período más adecuado y en cada tramo, fijar puntos de referencia, en especial, las ciudades, a donde tenían que ir los fieles para confirmarse.

La confirmación también fue muy valorada por Felipe II, sin duda el monarca que más incidió en la importancia de este sacramento, quizá por su tonalidad militar, pero sobre todo como instrumento útil para el reforzamiento de la fe y por el carácter mismo de su ritual. De hecho, la confirmación sacramental del futuro Felipe III formó parte de la ceremonia de su reconocimiento como heredero del trono en 1584. Según el relato publicado por Evaristo de San Miguel, se celebró en el convento de los jerónimos de Madrid, como todas las de este estilo, ante toda la corte, antes de la jura y al final de la misa de pontifical. La confirmación fue conferida al niño por el cardenal Gaspar de Quiroga y Vela, arzobispo de Toledo, ayudado por el cardenal Granvela y por el nuncio del papa "concluida esta (la jura), llevaron al príncipe al altar mayor, donde le administró el sacramento de la confirmación el cardenal Granvela"[164].

Aunque era una muestra de respeto a los mandatos conciliares y buscaría servir de ejemplo, lo cierto es que se reunían todas las

---

[164] Evaristo de San Miguel, *Historia de Felipe II, rey de España*, (Madrid: Ignacio Boix, 1847), 4, 82.

irregularidades que el Concilio y los sínodos criticaban: no fue una ceremonia colectiva, ni en la parroquia; el oficiante no era el titular de la diócesis a la que Madrid pertenecía, aunque estaba presente; hubo dos padrinos y el heredero tenía poco más de seis años, por debajo de los siete que era la edad recomendable. Es decir, no se cumplía lo que el propio cardenal Quiroga ordenaba en las sinodales de Toledo de 1583[165], y esto no era irrelevante porque en la ceremonia estaban presentes las elites civiles y eclesiásticas, primeras receptoras de la importancia que el rey daba a la confirmación, y de que todo era adaptable para mantener la diferenciación social. La pirámide del ejemplo funcionaba mal ya desde arriba en este caso.

Más allá de ese significativo gesto, Felipe II otorgó mucha más importancia al cumplimiento de este sacramento en América que en la metrópoli, quizá porque captó su utilidad para reforzar la condición cristiana de la población local, pero sin duda más para obligar a los obispos a hacer frecuentes las visitas y, a través de todo ello, disminuir el poder de las órdenes religiosas, dado que los miembros de estas no podían confirmar. Igual de importante era para el control de las minorías religiosas, como se demostró en los siglos posteriores de la colonia, y fue un arma contra los practicantes de las antiguas religiones. Las poblaciones nativas asistían con entusiasmo a las ceremonias de confirmación, al menos en las zonas rurales, ya que, sin comprender el rito, era una oportunidad de ver en persona a un príncipe de la Iglesia y a su corte y a la gente importante que los rodeaba. Lo que no parece que se diese en el norte peninsular, salvo en las sedes episcopales.

Para conocer el cumplimiento de este sacramento en tiempos de Felipe II, lo primero son los sínodos diocesanos que, como veremos, fueron poco homogéneos al explicarlo. Contienen información al respecto las visitas *ad limina*, en las que los prelados debían explicar si cumplían esta obligación; hay referencias en algunas oraciones fúnebres y sobre todo en las biografías de obispos, si bien su carácter laudatorio e incluso hagiográfico tiende a retocar la realidad hablando de

---

[165] *Constituciones sinodales hechas por ... don Gaspar de Quiroga...* (Madrid: Francisco Sánchez, 1583), 8 y 25.

la frecuencia, extensión e intensidad de las visitas pastorales y del éxito de la confirmación –expresado en números, por cierto–, así como a exagerar los problemas y dificultades de ir por los pueblos confirmando. La comprobación del cumplimiento tendría que venir de los libros de confirmados, que, si los hubo, no se conservan; más frecuentes son las listas, que por su fungibilidad son raras en los archivos parroquiales, aunque se incluían en los libros de bautismos, dado que su anotación correspondía a los párrocos. Así, por ejemplo, el arzobispo de Burgos, Pacheco, en sus constituciones de 1575 mandaba que los confirmados se asentasen al final del libro indicando "el que le tuvo a la confirmación y el padre y madre del confirmado con día mes y año"[166]. Salvo que estuviesen así, corrieron la misma suerte que los demás registros parroquiales.

En cuanto a la normativa, los concilios provinciales recogieron al pie de la letra lo dictado por Trento sobre la confirmación, lo que explica que muchos obispos se limitaran a lo mismo o a dar breves indicaciones en sus sínodos, y hasta el siglo XVIII no se publicaron instrucciones específicas. Unos textos y otros, tanto los paralelos como los posteriores a Trento, son claros en cuanto a la programación, la organización y, sobre todo, la liturgia y la ceremonia. Pero, dado que era preciso hacer entender un sacramento que no era necesario para la salvación y que no aportaba indulgencias o beneficios que el pueblo pudiera entender, los concilios provinciales y los sínodos tendrían que haber sido claros. Por otra parte, las ambigüedades o los aspectos confusos de las definiciones emanadas de Trento justifican que haya diferencias según las diócesis. No era fácil exponer la parte doctrinal de modo que la entendiesen los párrocos, que a su vez eran los responsables de hacerla entender a los feligreses, si es que ellos mismos la comprendían; ni que decir tiene que la comprensión del sacramento sería muy difícil para las gentes del común y más todavía si se les explicaba en castellano cuando ese no era su idioma.

Llama la atención en los sínodos del período de Felipe II que unos hayan sido muy escuetos en este punto y otros muy prolijos, y

---

[166] Pacheco, *Constituciones Synodales...*, 20 y 248.

que no todos fuesen igual de expresivos o dedicaran más o menos espacio a este sacramento. Es más, consideramos que los menos cuidadosos lo fueron adrede y para restarle importancia por parte de unos obispos que sabían de antemano que tendrían dificultades para impartirlo o poca voluntad de hacerlo. Por ejemplo, el sínodo de Ourense de Manrique de Lara de 1544 se limitó a dejar claro el sacramento y así se mantuvo en esa diócesis hasta 1622. Las sinodales de Calahorra de 1553 se corresponden con el sínodo de Juan Bernal de Luco[167] y las de 1601 de don Pedro Manso apenas dicen nada, salvo insistir en que se predicase la doctrina en vasco a las zonas afectadas. Solo en el capítulo quinto se dice que el sacramento aporta la gracia y la perfección del Espíritu Santo y que los curas tendrían que avisar tres veces al año –en domingo de cuaresma, San Pedro y Virgen de setiembre– de la importancia de recibirlo, así como de la cognación espiritual que contraían los padrinos. El sínodo indicaba que, si no había obispo en su pueblo –lo que en esa diócesis como en las otras, sería difícil–, los curas tenían que mandar a los confirmandos a donde lo hubiese o a otro obispado, volviendo con un escrito que lo certificase; el cura tenía que anotarlos en un "libro que ha de tener", pagando cien maravedíes de pena si no avisase. Es casi lo mismo que dicen las constituciones de 1575 de Burgos del arzobispo Pacheco, en las que se subraya que pecaban mortalmente quienes no recibían en sacramento "por hacerle poco caso"[168], y estas, a su vez, son casi las mismas palabras del obispo de Astorga.

En la diócesis de Santiago, la normativa es muy sucinta, tanto porque lo dictado en Trento se recogió tal cual en el concilio provincial de Salamanca de 1565, como porque se dejó todo a criterio de los arzobispos. Las primeras constituciones sinodales pos-tridentinas, las de 1575 de Francisco Blanco[169], ordenan a los rectores que, cuando supieran que los prelados iban a visitar sus iglesias, amonestasen a sus

---

[167] Juan Bernal, *Constituciones sinodales del obispado de Calahorra y La Calzada* (Lyon: s.i., 1555).

[168] Pacheco, *Constituciones Synodales...*, 20.

[169] Francisco Blanco de Salcedo, *Constituciones Sinodales del Arzobispado de Santiago* (Santiago de Compostela: Luis de Paz, 1601), 14.

feligreses adultos para recibir el sacramento y que para esto procurasen "estar confesados o al menos contritos de sus pecados", consciente de "lo mucho que le deven estimar y la piedad y religión con que a él se han de allegar y la culpa que incurrirán los que en esto fueran negligentes"; además de recibirlo dignamente, llevando limpias las vendas que se usarían en el rito. Los sínodos posteriores se limitaron a corroborarlo, sin más.

Muy diferentes son las constituciones del obispado de Astorga dictadas por fray Pedro de Roxas en 1592, muy prolijas y apoyadas en citas teológicas que incluyen referencias a los sínodos de Braga[170]. El prelado es muy específico en la organización de las visitas, en las que se habría que comprobar el estado de los libros de confirmados, dejando claro que "el ministro era siempre el obispo en su diócesis". Pero luego se mezclan cosas, en especial sobre el parentesco, señalando que el Concilio lo había reducido a que "solo se contrae entre quien bautiza y confirma, y el bautizado y confirmado y sus padres, y entre los padrinos y el confirmado y bautizado y sus padres", incluso para quienes ya estaban confirmados antes de la publicación del Concilio. Podían ser padrinos marido y mujer "sin contraer entre sí impedimento alguno; ni siendo los confirmados y bautizados hijos propios". Para alguien del común no era fácil entender esta fórmula, que se añadía a las afectaban al matrimonio.

En cuanto al rito, con casi seguridad era igual de desconcertante. Pedro de Roxas explica con cuidado que su materia es el "chrisma, ungüento hecho de aceite" que "significa el olor de la buena fama" y tenía que "ser verdadero y puro de olivas", aunque no necesariamente bálsamo de Siria, siendo "gravísima culpa no hacer el Sacramento con el Chrisma" bendecido por el obispo. Se explicitan las palabras en latín que correspondía decir, acompañadas por la señal de la Cruz en la frente del confirmado "y luego se le da un bofetón y la señal de la Cruz encima de los ojos, que es el lugar de la vergüenza, significa, que jamas por vergüenza se ha de dexar de confesar los misterios de la Cruz". Por si no quedaba claro, el prelado matiza que "el bofetón se le da en

---

[170] Rojas, *Constituciones sinodales…*, 23.

memoria del que recibió el Señor, y por quitarle el miedo de todas las afrentas, que se le ofrecieren por Dios en aquesta vida, de suerte que la vergüenza ni el miedo no ha de ser parte, para que el que recibiere este Sacramento, no sea valiente soldado de Christo". Además, era necesario que los confirmandos "traigan todos vendas de lienzo limpias, y los que fueren negligentes en esto, serán castigados".

Para convencer de su importancia, Rojas afirmaba que el sacramento servía "para cobrar fuerzas cada día" y "se peca mortalmente si no se recibía por menosprecio, teniendo oportunidad", además de ser obligatorio para "el que recibiere órdenes a sabiendas cometería sacrilegio, aunque no incurriría en censura ni irregularidad", y para los niños en caso de peligro de muerte. Los curas tenían que avisar a sus feligreses después del ofertorio de la misa una vez en cada año –el primer domingo de cuaresma– para que los vecinos mandasen a sus hijos y criados a confirmar, y los párrocos los registrarían en libros *ad hoc*, con los nombres de los confirmados y de sus padrinos. Sin embargo, ordenaba también a los curas que avisasen al obispo "cuando haya necesidad del Sacramento de la Confirmación", lo que no se sabe qué quiere decir, aunque todo indica la falta de voluntad de recorrer la diócesis en busca de los posibles confirmandos.

Es precisamente el grado de incumplimiento lo que nos interesa más. En 1586 Andrés Cabrera y Bovadilla, obispo de Segovia y electo arzobispo de Zaragoza, afirmaba al respecto de este sacramento que la "negligencia de los Perlados en adminiftrarle no carece de graue culpación"[171], a pesar de lo cual, nunca un obispo fue castigado por no hacerlo y, salvo algunas amonestaciones verbales o por escrito, no hubo acciones de corrección. Así pues, el incumplimiento era casi sistemático en el norte peninsular, como en América. La causa fundamental era que solo los obispos podían impartirlo en sus diócesis y esto los limitaba a hacerlo de forma asidua solo en sus sedes, de modo que en el resto de sus territorios confirmaban durante las visitas pastorales. Y ahí estaba el problema, ya que muchos no las practicaban o las hicieron

---

[171] Rey Castelao y Castro, "El sacramento olvidado", 35.

mediante delegados o visitadores que no podían confirmar por no ser obispos.

Esa realidad llegó a conocimiento del papa y las reconvenciones de este a Felipe II se contienen en la carta de 1594 que comentamos en otras páginas, donde se dice expresamente que los obispos "no ejercitaban la confirmación ni visitaban la diócesis" y, por lo tanto, eran acusados por Roma de que "muchas ovejas jamás han visto a su Pastor". Las visitas fueron el punto neurálgico y más problemático de la aplicación de Trento, y al no realizarlas en persona, las confirmaciones se espaciaban hasta tal punto que muchos fieles morían sin haberla recibido. Entre quienes respondieron a aquella carta estuvo el arzobispo de Santiago don Juan de San Clemente, quien se justificó –y justificó a los obispos gallegos– por las condiciones naturales del país, el enorme número de parroquias de cada diócesis, su pequeñez y ubicación, el clima y la dificultad de los caminos y comunicaciones, así como por problemas logísticos, de alojamiento y transporte, además de pretextar la edad, las otras obligaciones episcopales, etc. Tengamos en cuenta también lo que ya hemos dicho: la existencia de enclaves alejados de la matriz diocesana y numerosas excepciones que generaban problemas de organización.

Ahora bien, sobre el papel, el obispo actuaba como un padre simbólico que reforzaba la fe de sus fieles, dándoles ejemplo a través del sacrificio que evidenciaba desplazándose por los difíciles paisajes de su diócesis, impartiendo doctrina y predicando, a la par que repartía limosnas. Por eso la confirmación tendrá un notable espacio en las biografías de los prelados, tanto peninsulares como de América. Si todo eso era cierto, también lo era la desidia de los prelados, por un lado, y los problemas de gobierno que suponían las ausencias prolongadas de la capital de la diócesis, por no recordar las dificultades y trabas que se oponían a las visitas pastorales por parte de monasterios, encomiendas de órdenes, señores, etc.

Un factor que mencionan varias de las respuestas a la carta de Felipe II es la edad. Cuando don Juan de San Clemente llegó a Santiago tenía 61 años y tanto sus antecesores como sus sucesores, eran de edad avanzada debido a que era una diócesis de fin de carrera y en muchos casos su estado físico les dificultaba los viajes. Por otra parte, la breve duración de los mandatos en tiempos de Felipe II hizo imposible que recorriesen sus diócesis completas y todavía menos que repitieran la visita, y los períodos de sede vacante aumentaban los lapsos entre dos confirmaciones. En las diócesis grandes era imposible llevar el ritmo de las más pequeñas.

Una solución provisional aceptada por Roma era delegar en algún obispo en tránsito, lo que no era fácil en los territorios del norte, alejados de las grandes rutas de viaje. No obstante, hay noticias de algunos casos de delegación en obispos foráneos que estaban de paso por Cantabria, donde en una confirmación celebrada en Isla figura haberla hecho en 1588 un monje irlandés[172]. La otra fórmula, más resolutiva, era nombrar obispos auxiliares, pero era un asunto muy delicado. Felipe II se negó a la propuesta del virrey de Perú, Francisco de Toledo, en 1570 para que fuesen designados obispos de anillo encargados de confirmar durante las largas vacantes que se producían en América, pero el rey fue insistente en que lo hiciesen los titulares, dado que por experiencia dudaba de la moralidad de esos que él llamaba "obispos mercenarios", cuyos excesos, abusos y faltas morales habían generado "simonías y desafueros"[173]. En sentido contrario, el papa negó a Felipe II la creación de un obispo titular que pudiese ordenar y confirmar en los territorios de la Orden de Santiago, o bien a los priores de León, que gobernaban territorios *nullius* con plena jurisdicción espiritual, pero para confirmar y ordenar tenían que recurrir a los obispos titulares. Así fue en los territorios del norte, lo que hemos documentado en la diócesis de Tui, donde los obispos confirmaron a los feligreses de las encomiendas.

En todo caso, algún auxiliar hubo, como sucedió en Santiago en tiempos de don Francisco Blanco, donde lo fue don Bernardino Carmona, que quizá se encargó de ir a confirmar hasta ser nombrado arzobispo de Zaragoza. Don Juan de San Clemente tuvo como auxiliar a Thomas Strong (1597-1601), de origen irlandés, pero nunca lo mandó

[172] Fonseca, *El clero en Cantabria…*, 185.

[173] Fernández Terricabras, *Felipe II y el clero…*, 237.

a confirmar en el rural, quizá para evitar problemas de comunicación verbal.

Siendo los obispos los únicos encargados, para saber de su grado cumplimiento necesitaríamos que se conservase la documentación de base, ya que solo hay datos sueltos y poco sistemáticos. En 1575, el obispo de Mondoñedo don José del Yermo afirmaba en su visita *ad limina* haber ido a "trecientas y ochenta iglesias de su obispado, visitándolas personalmente"[174]; no eran todas ni mucho menos, pero de ser cierto, está claro que se había esforzado. En Cantabria consta que hubo confirmaciones en 1588 en determinados pueblos (Isla, Noja); en 1593 el arzobispo de Burgos, don Cristóbal de Vela confirmó en Laredo y en 1601 lo hizo don Antonio Zapata. En Ourense hubo confirmaciones en 1561, 1565, 1577, 1585, 1587, 1588, 1591, 1598, etc.[175]. En todos los casos se hacían en lugares determinados y eran los feligreses los que debían ir a recibirlo.

Sería muy interesante seguir las trayectorias de los prelados a través de las distintas sedes ocupadas por ellos para saber si su comportamiento varió. Como ejemplo, recurrimos de nuevo a dos prelados compostelanos fundamentales en el impulso pos-tridentino. El primero, Francisco Blanco, en sus escritos se mostró como un gran defensor de las visitas pastorales y según sus biógrafos, las practicó, pero por lo que sabemos, mientras fue obispo de Ourense lo haría en solo en 1561 y quizá 1565 y cuando ascendió a la mitra compostelana (1574-1581), parece que visitó algunos pueblos de la costa, pero todo indica que no lo hizo en el resto del territorio prácticamente nunca[176].

El otro es don Juan de San Clemente, con fama de haber sido diligente al respecto. Su biógrafo del siglo XVIII, Sanz del Castillo, insistió mucho en que visitó toda la diócesis de Ourense casi dos veces, algo difícil de creer, dado que tenía más de seiscientas parroquias. Lo

---

[174] Pazos, *El episcopado gallego...*, 3.

[175] Fonseca, *El clero en Cantabria...*, 185. Carnicero y González, "Los sínodos de don Juan de San Clemente", 160.

[176] Rey Castelao, "¿Biografía o hagiografía?", 89.

cierto es que 1582, 1583 y 1586 nombró visitadores y son estos quienes figuran en los libros parroquiales; por sí mismo estuvo en 1581 en San Nicolás de Novás, en 1583 en Prexigueiró, en 1586 Novas y Xinzo de Limia, es decir, en puntos concretos de la diócesis. Cuando fue requerido al respecto, estando ya en Santiago, el prelado respondió en su visita *ad limina* de 1595 que llevaba ocho años en la diócesis y que, a pesar de visitar dos veces por año una parte de su territorio, no había podido completarla "por ser muy grande y constar de más de 1100 parroquias"; añadía la aspereza del terreno y las lluvias continuas, además de su edad y las incursiones de los "herejes ingleses"[177]. No exageraba: la inseguridad de la costa era real, por los ataques de Drake (1589) y los de piratas berberiscos a A Coruña y otras villas. Su mandato en Santiago se inició en 1587 y se conservan algunas listas: en 1591 y 1593 estuvo en Salnés, en 1598 y 1601 en la villa de Noia, en 1599 en Cerveiro, etc., todos lugares situados en la costa, e incluso visitó y confirmó en la vicaría de Alba y Aliste en 1592 y 1594. Se puede obtener la impresión de que fue cuidadoso en Ourense, diócesis de entrada y de ascenso, donde mostró su celo pastoral, y mucho menos activo en Santiago, de donde tenía difícil ascender.

Lo que es más cierto es que los obispos solían celebrar varios actos de confirmación a lo largo del año en las capitales diocesanas, en las catedrales u otros templos, a los que acudían los confirmandos de la ciudad y de parroquias vecinas, incluidos los hospicianos. Se procuraba que las ceremonias fueran socialmente transversales y los obispos no perdían la ocasión para mostrar su superioridad sobre los cabildos y para hacerse visibles al pueblo. Así sucedía en Santiago, cuya frecuencia era mucho mayor que en el rural; dado que en esa diócesis había otras ciudades importantes, en especial A Coruña, donde tenían su sede el Gobernador y la Real Audiencia de Galicia, los arzobispos las visitaban al iniciar sus mandatos impartiendo confirmación a esa elite.

Siguiendo un modelo similar al de Borromeo, los recorridos de los obispos, al igual que las visitas, se organizaron a partir del mapa eclesiástico, potenciando el papel de los arciprestazgos. Lo más

---

[177] Pazos, *El episcopado gallego...*, 1, 108.

práctico era ir cada año en los meses mejores –de abril a octubre o noviembre– a un grupo de arciprestazgos limítrofes entre sí, fijando puntos de referencia a los que se convocaba a los confirmandos de varias parroquias. Este método tenía la ventaja de que así funcionaba el sistema de información. Dado que en casi todas las diócesis era muy elevada la proporción de parroquias anejas, en la práctica se reducía el número a visitar, al servir las matrices como anfitrionas.

Si se llevaba a cabo, no hay duda de que la confirmación era el rito más importante y vistoso de las visitas, pero su logística era cara ¿quién asumía los gastos? Los prelados no iban solos sino acompañados por séquitos que era preciso alojar, alimentar y agasajar. Los encargados de prepararlo todo eran los párrocos. Tenían que avisar con antelación suficiente de la visita; supervisar que los confirmandos cumplían las condiciones de serlo, asegurarse de que la recibieran y, si era en otra localidad, controlar de que se hiciera efectiva si ellos no estaban presentes. Cuando se confirmaban fuera, se constata que los curas de las parroquias receptoras se desentendían de cualquier control. La iglesia parroquial era el escenario prioritario, por lo que el cura debía tenerla limpia y adaptada a la entrada de muchas personas, y facilitar a los feligreses la información sobre lo que tenía que llevar cada confirmando, es decir, una banda de tela de lino y una vela, pagados por los padres, claro está.

De todo eso, lo más importante era que los curas debían formar, informar e instruir a sus fieles y servirles de guía espiritual sobre el sentido del sacramento. ¿Pero ellos mismos entendían las condiciones para recibir la confirmación y sus contenidos? Los curas recurrirían a lo que los sínodos dijeran, ya que los textos canónicos estaban en latín y no se tradujeron hasta el siglo XVIII. Con ese instrumental tenían que explicar conceptos abstractos y, en amplios territorios, quienes los escuchaban eran en su mayoría iletrados y hablaban una lengua diferente.

Siendo un sacramento socialmente transversal, las ceremonias, en teoría, tenían que ser colectivas y eso podía limitar o cercenar el valor propagandístico de la ceremonia sacramental. Las diferencias sociales se impusieron por causas de honor, imagen o simbolismo, de tal modo que hubo confirmaciones individuales en espacios privados. Las elites preferían las ceremonias particulares, en el oratorio del obispo o en los suyos propios, capillas, conventos, etc., en días sucesivos y con diferentes padrinos.

El último componente de este sacramento es el padrinazgo. Trento estableció en 1563 que en la confirmación tendría que haber un padrino que, simbólicamente, tocaba a los apadrinados durante la ceremonia y por ello generaba el mismo parentesco espiritual que el padrinazgo de bautismo, afectando "al confirmado, al padre y madre de este, y a la persona que le tenga", sin precisar más. Así pues, en los siguientes años se debatió sobre su número y personalidad; si tenían que estar confirmados; quién los elegía; qué obligaciones contraían, etc., y esto quedó reflejado en los sínodos, no siempre unánimes al respecto.

¿Era preciso estar confirmado para ser padrino o madrina de la confirmación? Sí, pero podía serlo en la misma ceremonia, unos minutos antes; un joven no podría apadrinar a una persona de mayor edad; podían serlo hermanos y hermanas entre sí. Sin embargo, no había acuerdo sobre si podían serlo los padrinos de bautizo, lo que resulta contradictorio con lo anterior. En el catecismo de Pío V se encomendaba a los padrinos la formación de sus apadrinados "porque si los luchadores necesitan de alguno que con arte y destreza les enseñe en qué manera podrán herir y matar al contrario, salvándose a sí mismo, ¿cuánto mayor necesidad de maestro y director tendrán los fieles?"[178]. ¿En el rural del norte, después de todo lo dicho, esto era verosímil?

Ese parentesco seguramente fue, junto con lo ya dicho, algo muy difícil de entender para la población y más todavía en el rural, por más que los sínodos insistieran en ello. En el de Santiago de 1576 se indica a los párrocos que debían informar al padrino de que contraía parentesco y el obispo de Astorga en sus sinodales de 1592 dice que los padrinos, cuyos nombres debían asentarse en los libros de confirmados, contraían parentesco "que impide el matrimonio, aunque no el de los mismos padrinos" y "por eso nos parece saludable consejo, que los

---

[178] Rey Castelao y Castro, "El sacramento olvidado", 35.

vecinos de los lugares no sean padrinos, por los peligros de los impedimentos que puede haber y por los gastos de las dispensaciones sino que lo sean los mismos Curas o nuestros Capellanes ó criados"[179].

Un nuevo parentesco afectaría sobre todo a las comunidades reducidas o aisladas y muy endogámicas o bien a sectores y grupos sociales que por riqueza, familia o linaje practicaban una endogamia frecuente para eludir a otros grupos sociales. De ahí el interés de las autoridades eclesiásticas en precisar el nuevo vínculo, toda vez que provocaba una multiplicación de lazos y la obligación de solicitar licencia para casarse. Es decir, más padrinos y madrinas limitaban un mercado matrimonial muy afectado ya por la consanguinidad y el padrinazgo de bautismo. No era nada fácil controlar estos lazos espirituales ya que, al no haber un reconocimiento oficial, en muchos casos esta podía olvidarse si no había registros, lo que era lo más frecuente.

Para solventar el problema, se recomendaba y así solía hacerse, que fuesen clérigos de las localidades visitadas. Hubo excepciones, claro está, y, así, por ejemplo, en la ceremonia de 25 de marzo de 1605, celebrada por el arzobispo don Maximiliano de Austria, cada confirmando llevaba un padrino, el mismo para cada grupo de hermanos y podía serlo de otros; en total se confirmaron 57 niños y niñas –varios con tratamiento de don o doña, pero también varios de padres desconocidos– y entre los padrinos aparecen el licenciado Ortega Torquemada, el canónigo Salinas, el cardenal Calle, don Diego de la Rúa, etc., es decir, miembros del clero catedralicio.

No podemos dar cifras de confirmados, algo que sería esencial como develador del triunfo de la fe o más bien el poder del obispo, de ahí que en las biografías de los obispos, como ya se dijo, se den números elevadísimos que entraron a formar parte de la imagen de los prelados. El cálculo de cuántos eran los susceptibles de ser confirmados, es una cuestión estadística complicada. En las diócesis del norte, el bautismo era administrado por un párroco por feligresía y en una que tuviera cien vecinos, serían unos 25 o 30 bautizos al año, mientras que

---

[179] Rojas, *Constituciones sinodales...*, 67.

en la confirmación era un único oficiante para cientos de parroquias en las que cada año nacían cientos de niños y niñas, si bien la mortalidad infantil-juvenil reducía la cifra y lo mismo hacía la emigración precoz. Siendo realistas, dado el efecto de la mortalidad hasta los siete a doce años –edades canónicas de la confirmación–, lo recomendable sería ir a confirmar mediando ese plazo para que se reuniera un número alto de candidatos. Pero esto no se cumplía y, salvo en períodos concretos, podían pasar muchos años entre dos confirmaciones.

Además de la falta de campañas de confirmación, en el período que nos ocupa y mucho después, llama la atención que el descuido en la aplicación de este sacramento se refleja en la deficiente calidad de las listas. Carecen de un formato común y es evidente que se hacían con retraso si se celebraba en parroquia ajena, en cuyo caso los curas derivaban la responsabilidad a los padres de que los informasen de la confirmación de sus hijos. Al comienzo de las listas solía anotarse a los confirmados de más relieve social en la comunidad, cuando no fueron confirmados en privado. La presencia de familias completas evidencia la tardanza en la visita.

¿Acudían todos pudiendo hacerlo? Precisamente, que los obispos confirmasen sin mirar la edad ni la condición de los candidatos, indica que lo hacían de forma "preventiva", por cuanto no se sabía cuándo sería la siguiente ocasión. Así pues, se aceptaba una situación de hecho –en este caso, la mortalidad infantil– y confirmaban a niños y niñas de brazo. Desde el punto de vista de los fieles urbanos y rurales, no hay testimonios de cómo recibían la confirmación, sino solo la percepción por parte de las autoridades eclesiásticas sobre una indiferencia generalizada. La causa de esta sería la falta de compensación por recibir ese sacramento en términos de salvación o de un beneficio religioso visible o, al menos comprensible, y seguramente también por la falta de un sistema de punición de su incumplimiento. Quizá la prolongada incomparecencia de los obispos sin que la falta de confirmación tuviera consecuencias en los feligreses, relajaría posibles temores de estos, a lo que colaboraba la desidia del clero. Otro síntoma era el absentismo cuando las ceremonias se celebraban fuera de las respectivas parroquias y exigían un traslado y una inversión de tiempo; numerosas personas, e incluso familias, que no acudían aun celebrándose en el propio lugar de residencia. El hecho de que en el ámbito rural las visitas de los prelados se produjeran en los meses con mayor carga de trabajo y de desplazamientos temporeros contribuyó a esas ausencias.

5. *El sacramento complicado: el matrimonio*

Con rotundidad podemos empezar diciendo que antes y después de Trento, antes y después de Felipe II, este sacramento y lo que lo rodeaba fueron un quebradero de cabeza para ambos poderes en esta cuestión crucial al afectar al epicentro mismo de la organización social, la familia, o al menos lo era para unos obispos elegidos por el propio rey. Desde las Leyes de Toro de 1505, que apenas fueron tocadas por Carlos V, hasta la Recopilación de Felipe II (1567), la monarquía supervisaba las cuestiones relativas al matrimonio, de forma distinta a la Iglesia, pero en colaboración con los obispos y sin proponer nunca un control legal del matrimonio, al contrario que en Francia, aunque sí fijando disposiciones relevantes[180].

Otra cosa es que el acuerdo tuviese flancos débiles[181], y no pocos, el primero de los cuales sería la difícil convivencia entre las competencias concedidas a la Inquisición que afectaban directamente al matrimonio y a la moral sexual –bigamia, proposiciones– y las de los obispos, en quienes recaía gestionar la normalidad y localizar y castigar todo lo demás. En teoría, el marco ideológico de las leyes civiles y eclesiásticas se vio reforzado por una abundante literatura sobre la familia y el papel de las mujeres, pero, más allá de que era reiterativa y

---

[180] Fernández Terricabras, *Felipe II y el clero…*, 242. Ofelia Rey Castelao, "Femmes et héritage en Espagne au XVIIe siècle: stabilité légale et changements réels", *Dix-septième siècle* 3 (2009): 244-265. Antonio Irigoyen López, "Estado, Iglesia y familia. La complejidad de los cambios legislativos y socioculturales", en *Familias. Historia de la sociedad*, ed. de Francisco Chacón y Joan Bestard (Madrid: Cátedra, 2011), 569.

[181] Margarita Torremocha Hernández, coord. *Matrimonio, estrategia y conflicto:* (ss. XVI-XIX), (Salamanca: Ediciones de la Universidad, 2020).

moralizadora, en el espacio que nos ocupa apenas hemos detectado ese tipo de textos, que quizá no los conocían ni siquiera las personas letradas, salvo que hubieran sido obra de obispos o autores locales, y que, en cualquier caso, no llegaron al resto de la sociedad, menos todavía a la rural[182].

No hay duda de que el despliegue normativo fue notable, pero entre las normas y su cumplimiento existía una barrera firme, la intimidad personal y las puertas de la casa: lo que pasaba dentro pertenecía al foro privado, por muy precario que este fuese, y se mostró difícilmente penetrable. Sobre todo en las zonas rurales, en las que, más de un siglo después, se mantenían muchas prácticas que se daban por desterradas. Para valorar el impacto de las normas eclesiásticas, no solo de las emanadas del Concilio, y de las dictadas por la monarquía para aplicarlas, de nuevo no es suficiente ni apropiado utilizar solo fuentes de origen eclesiástico, ni tener como único ángulo de observación el religioso.

Es decir, nuestra observación debería estar más atenta a la dimensión familiar y social –cuyo gozne era el matrimonio–, e incluso a la económica. Es preciso, además, afinar en las diferencias zonales porque las circunstancias de cada territorio explican la diversidad de comportamientos y de la aceptación o no de los preceptos de Trento y de la monarquía, que dependía de la capacidad de reacción, de resistencia e incluso de asunción, si convenía. Dicho de otro modo, al observar las actitudes ante el matrimonio –único marco legal y moral para la práctica del sexo– se comprueba que para la sociedad eran menos importantes las normas eclesiásticas que las disposiciones civiles y el incumplimiento de aquellas no se puede medir solo mediante lo que se ve, sino de lo poco visible o en los renglones ocultos, sin duda los indicadores reales de la resistencia a la imposición de valores ajenos cuando se trataba de gestionar la familia y sus intereses sociales y económicos.

---

[182] Ofelia Rey Castelao, "Literatura y tratadistas de la familia en la Europa de la Edad Moderna", en *Familia y organización social en Europa y América, siglos XV-XX*, ed. de Francisco Chacón y otros (Murcia: Universidad, 2009), 211-231.

Así pues, es necesario ir más allá de la documentación normativa, la inquisitorial y de los tribunales eclesiásticos, porque la respuesta está fuera, en los archivos parroquiales –incluso si no los había, como veremos–, en las escrituras notariales –apartamientos, convenios, concordias, dotes, contratos matrimoniales, poderes para pleitos, etc.– y en los procesos de la justicia ordinaria local y de los tribunales de la Corona, en todos sus niveles, ya que la mayor parte de los casos de contravención de las normas fueron a estos y no a los eclesiásticos. Previamente hay que tener en mente el esquema judicial y los ámbitos de competencia de cada jurisdicción con respecto a cada delito o pecado en esta materia y los cambios que introdujo Felipe II para reforzar la capacidad de control de la monarquía; la superposición legal –derecho real, legislación de la Iglesia, costumbres locales–, y la diversidad jurisdiccional –de ahí la importancia de los análisis territoriales– ya que por cualquier resquicio podía irse de nuestro control todo tipo de incumplimientos y trasgresiones. La Iglesia no podía interferir en cuestiones de herencia o de la economía del matrimonio, reguladas por las leyes de la monarquía y por el aparato judicial, mediante el cual supervisaba la validez del matrimonio y sus alteraciones.

El matrimonio se establecía en régimen de bienes gananciales, cuya administración por el marido se reafirmó en la Recopilación, como también la reparación si el matrimonio se disolvía, o la gestión en caso de ausencias del cónyuge, tan frecuentes ya por entonces, como hemos dicho; y la no confiscación de los bienes de un esposo si el otro era acusado de un crimen, como sucedería en los casos judiciales que luego veremos. También se facilitaron las segundas nupcias de las viudas si aseguraban la herencia de sus hijos, lo que era una respuesta a la realidad de que eran más de la décima parte de los jefes de familia según el censo de 1591, y muchas más en zonas concretas del norte. En cuanto a la dote, se podía ceder por esta vía entre un quinto y un tercio del patrimonio de los padres, lo que daba ocasión a abusos y a excesos en las cuantías, por lo que la corona puso restricciones en 1534 y 1575 para evitar el incumplimiento de compromisos y el endeudamiento de las familias sin otra intención que la ostentación engañosa.

Por lo que respecta a la herencia, respondía a la partición igualitaria entre hijos e hijas, pero se respetaban los fueros y costumbres y se permitía mejorar a uno o a una, lo que era el modelo dominante y, con lo anterior, constituyó una fuente constante de litigios. Los hijos "naturales" podían heredar si no había hijos legítimos, algo relevante en el contexto territorial del que hablamos, además de que veremos casos que los implicaban. La ley preveía que, si un hijo o una hija se casaban sin permiso o sin la edad legal, podían ser desheredados, lo que se reafirmó en 1563, en especial si se trataba de un matrimonio clandestino, sobre el cual la Iglesia y la monarquía coincidieron en poner el foco para su erradicación. Sin embargo, es raro encontrar casos de exclusión de la herencia, por cuanto había que justificarlos muy bien: como ejemplo, en 1589 el escribano de Ourense Fernán Pérez de Lemos desheredó a su hija María porque en 1583 pretendió hacerlo sin su licencia ni la de su segunda mujer, forzando ella la situación al convivir con el presunto novio, Pedro López Mosquera[183], pero el problema fue a pleito.

En sentido contrario, el poder civil castigaba los excesos de autoridad de los padres en cuanto a la falta de libertad o de voluntad de los hijos a la hora de casarse, que estaba en la base de muchos desacuerdos, de prácticas extramatrimoniales –amancebamiento, adulterio– e incluso de la bigamia. Ahora bien, tanto si se trataba de mayores como de menores de edad, la fórmula más elemental de eludir esa autoridad era irse de casa y buscar la vida en otros espacios, lo que también incluía a los hombres casados que dejaban una relación que no les gustaba[184].

A ese marco pertenecía el norte peninsular, pero debemos señalar que una parte considerable de la población era hidalga en País Vasco, Cantabria, Asturias e incluso en la Galicia oriental, y podía utilizar su fuero especial para defender un concepto de la familia que sobrepasaba

---

[183] Citado en Gallego, *Historia da muller...*, 66.

[184] Ofelia Rey Castelao, "Movilidad y migraciones como formas encubiertas de emancipación y de resistencia en la Edad Moderna. Una reflexión", *Vínculos de Historia*, en prensa.

al de la familia biológica y, si eran familias ricas y poderosas, sus comportamientos y hábitos transmigraban al resto de la sociedad rural. Eso no significa que, en el dominante modelo rural de familias en pequeñas explotaciones campesinas, las decisiones sobre la herencia y el matrimonio tuvieran menos repercusión.

La migración –de la que ya hemos hablado y que afectaba sobre todo a hombres solteros– no solo tenía una causalidad económica, sino de resistencia e incluso de desobediencia frente a decisiones paternas que desagradaban. A veces era suficiente desaparecer por una temporada, para lo que era útil ir a las siegas y a tareas agrícolas, o pasar a trabajar en ciudades y villas, sobre todo de Castilla. En otros casos, lo más prudente era irse sin retorno. Es llamativo que ninguna norma religiosa hiciese referencia a esa movilidad, que estaba en la base de los abandonos de hogar, los amancebamientos, la bigamia y otras irregularidades y que, además, era la vía para la emulación de hábitos ajenos, en especial cuando el destino eran las ciudades. Es decir, en los sínodos no se condena la causa de fondo, como ya dijimos, por cuanto la Iglesia no podía coartar el movimiento de personas.

Para quienes no se iban, el desacuerdo con las decisiones familiares era atendido por los tribunales de la Corona, que revelan que las reglas del juego se rompían y derivaban en conflictos familiares o intracomunitarios diluyentes de la teórica estabilidad de la familia. Salvo las separaciones matrimoniales y la bigamia, todo lo demás iba a los tribunales ordinarios y en apelación, aunque también en primera instancia, a la Real Chancillería de Valladolid o, en Galicia, a la Real Audiencia. La escalada de los pleitos de tipo familiar registrada en ese juzgado en la segunda mitad del siglo XVI es indesligable de los efectos de una regularización del matrimonio mal digerida: baste decir que entre 1563-1600 se registraron 154 procedentes de la Galicia oriental y 220 de la occidental, en gran parte por dotes[185], que eran solo el extremo visible.

---

[185] Isidro Dubert, *Historia de la familia en Galicia durante la Época moderna: 1550-1830,* (Sada: O Castro, 1992), 326.

Así pues, es preciso tener en cuenta la realidad de las familias y sus particulares intereses y circunstancias, que siempre se anteponían a cualquier limitación legal y eclesiástica, esquivándolas con bastante facilidad. El cumplimiento o no de las normas respondía también al nivel de riqueza y de propiedad, o de si se tenía alguna condición privilegiada –hidalguía, clero– y de quien tenía el poder en la familia, y este dependía del modelo familiar. Aunque los datos son pocos y tardíos, en Cantabria de 1578 a 1607, la talla media de la familia oscilaba entre 3,29 y 3,82 componentes; el 57,25% eran nucleares, 13% extensas y una décima parte, múltiples, llamando la atención que el 9,2% fuesen hogares de solitarios y otro tanto careciese de estructura. Conviene, además, señalar que en algunas localidades hasta una quinta parte de las familias disponía de criados o criadas, es decir, personas ajenas que formaban parte de la convivencia diaria y de cuya supervisión moral eran responsables los amos y amas. En el interior de Galicia –antigua provincia de Lugo– había amplias zonas de familia troncal, pero el modelo dominante era la familia nuclear y de talla pequeña – entre 3,6 y 4,5 personas–; por ejemplo, el mencionado padrón de San Clodio de 1580, lo demuestra con claridad, ya que el 76% de las familias eran nucleares y el 14,2% de los hogares eran unipersonales[186].

Si para las familias mejor situadas era importante mantener su patrimonio unido, igual de importante o más lo era para las otras, dada la pequeñez de las explotaciones campesinas, para lo que se empleó la opción de mejorar a un miembro de la prole y, como veremos, la consanguinidad y otras fórmulas endogámicas menos visibles. Así pues, era clave también el número de hijos –en general menos de cuatro por pareja– y los efectos de la mortalidad infantil, que podían cambiar las estrategias de las familias al reducir el número de herederos posibles. La elevada edad nupcial explica que la natalidad fuese baja, al mismo tiempo que era una de las formas de control de la sucesión, junto con el elevado número de solteros definitivos. No es baladí comentar que el período de Felipe II coincidió con un fuerte crecimiento

---

[186] Lanza, *Miseria, cambio…* 73 y 355. Fernández González, *O padrón de San Clodio…*, citado.

demográfico en este territorio, que desembocó hacia 1580 en una ralentización y en la fortísima crisis de los años finales XVI, cuando los contagios pestíferos trastocaron el comportamiento vital de las poblaciones rurales y urbanas, sin respetar las jerarquías sociales.

En el epicentro, como en todas partes, estaba el matrimonio, sobre el que estaba casi todo dicho en los sínodos anteriores a Trento, se mantuvo en los sínodos paralelos y se confirmó en los concilios de las provincias eclesiásticas y en los sínodos posteriores. Lo que no aseguró resultados incluso muchos años después, empezando por lo más simple, que era el registro de los matrimonios. Siempre se ha interpretado la falta de libros parroquiales por la desidia de los párrocos y su absentismo, pero hay otros factores, uno de los cuales es estadístico: el enorme número de parroquias difuminaba el control por parte de las autoridades eclesiásticas y, además, al ser en su mayoría muy pequeñas, el número de bodas era muy corto, de modo que podía ser que no las hubiera en algún año.

En Cantabria pocos registros se iniciaron en tiempos de Felipe II: solo había libros de casados anteriores a 1575 en el 2,24% de las parroquias; el 4,3% de 1575 a 1600 y el 11,72% de 1600 a 1625, de forma que el 70,86% es posterior a 1650, un siglo después de Trento[187]. Lo mismo sucedía en los demás territorios del Norte –como en la Francia occidental[188]–, siempre más tardíos que los de bautismos, que a su vez eran fundamentales por contener el nombre de los padrinos y para precaver casos de parentesco espiritual o de matrimonios clandestinos o sin dispensa de consanguinidad. Esto se ve claramente en el registro de bautismos de Motrico (Guipúzcoa) cuando el cura anotó en el acta de bautismo de Mari Joan, nacida en 1567, hija de Sancho Davil y Pascuala de la Herrería que "fuimos todos convidados al bateo en su casa del dicho Sancho donde los casamos a los dichos Sancho y Pascuala por virtud de la dispensación apostólica absolviéndoles primeramente de la excomunión en que habían incurrido por haberse casado

[187] Lanza, *La población y el crecimiento...*, 43.

[188] Croix, *La Bretagne...*, 80.

clandestinamente" por tener cuarto grado consanguinidad "y la bula queda en los dichos"[189].

La falta de anotación facilitaba todo tipo de incumplimientos al no generarse un documento acreditativo del sacramento, como se constata en los casos de bigamia. Según los sínodos desde mucho antes de Trento, tenía que hacerse un acta con los nombres de los contrayentes y de los testigos y la firma del sacerdote oficiante para acreditar la validez del enlace: al no haberlas, la impunidad estaba asegurada. Dado que los curas eran en su mayoría de presentación por parte de casas poderosas –las primeras interesadas en la opacidad documental–, habría algo más que desidia. Además, contradiciendo las reiteradas órdenes de los obispos, los párrocos participaban en ceremonias irregulares –matrimonios clandestinos o sin dispensas–, o bien casaban a sus propios hijos, a sus nietos o a sus barraganas. ¿De verdad tenían interés en registrarlos?

Para asegurar la validez de un matrimonio –voluntad de contraerlo, libertad de hacerlo, existencia de compromisos, promesas o bodas anteriores–, la clave estaba en las amonestaciones en tres domingos para que los posibles impedimentos fuesen denunciados por los vecinos. Si la pareja no era de su parroquia, el cura tenía que pedir permiso a los otros párrocos y preguntarles si algo impedía la boda. Las familias debían declarar si había consanguinidad, parentesco espiritual o compromisos –no digamos ya si había la sospecha de un matrimonio previo– porque se temían consecuencias –problemas de herencia, autoridad paterna, desigualdad económica, bigamia, separaciones– y el desorden social que podían generar en la comunidad. Sin embargo, se eludían con gran frecuencia, tanto por connivencia de vecinos y parientes, como porque los párrocos no cumplían la misa dominical –apenas la había cada dos o tres semanas en muchas parroquias de la diócesis de Santiago[190]– y los fieles tampoco acudían con asiduidad. Contaba también el mal ejemplo de los poderosos, que obtenían con facilidad dispensas de amonestarse. Lo más fácil era eludir las parroquias de

---

[189] Mikelarena y Valverde, "Ilegitimidad y exposición", 271.

[190] Barreiro, "La diócesis de Santiago", 186.

residencia de los novios, para evitar a quienes los conocían a ellos y a sus circunstancias, de modo que el sínodo compostelano de 1576 denunciaba que, al haber párrocos que ponían impedimentos para casar "se suelen pasar a vivir a otras feligresías donde no se sabe del dicho impedimento" por lo que se mandó, bajo pena de ocho ducados, que los rectores no casaran "a los que de poco tiempo atrás hubieren venido a sus feligresías sin que primero se hagan las amonestaciones en las parroquias a donde ante vivían firmadas por el rector que las hizo"[191].

Las normas también fijaban la dimensión lúdica de las bodas; la interpretación de las ceremonias; los tiempos litúrgicos; quién podía oficiarlas; el número y las condiciones de los testigos y la presencia de los padres o tutores, facetas relevantes porque podían dar lugar a incumplimientos, distorsiones y conflictos, como sucedía de forma constante. Los testigos tenían especial importancia: en Galicia solían ser vecinos cercanos, o sacristanes y mayordomos de las parroquias, salvo si se trataba de clases acomodadas. En todas partes eran importantes porque podían ser llamados a declarar en cualquier conflicto que pudiese surgir a posteriori –separaciones, divorcios, anulaciones–, para dar cuenta de la validez de los matrimonios, por lo que sus nombres tendrían que figurar en las actas de casamientos. El sínodo de Burgos de 1533 especificó que los testigos en causas matrimoniales debían ser mayores de edad y ser examinados por vicarios diocesanos, jueces u hombres de letras, para evitar posibles daños espirituales y materiales. Se castigaba la presencia de testigos –consciente o no– en matrimonios sin dispensa, secretos o sin amonestaciones, por lo que se les condenaba con la excomunión con todas sus consecuencias, como dice el sínodo de Ourense de 1543-44[192].

Las ceremonias debían hacerse de día, *in facie ecclesia,* a toque de campana y en los tiempos en que las bendiciones no estuvieran prohibidas y siempre en la parroquia de la novia, no en ermitas o monasterios, casas y propiedades privadas (Oviedo y Astorga, 1553). En algunas diócesis era el cura de la novia quien debía oficiar y en todas

---

[191] Contreras, *El Santo Oficio...*, 646.

[192] *Synodicon Hispanum...*, 240.

era así, si la pareja no era de su parroquia; el oficiante tenía que pedir permiso a los otros párrocos y preguntarles si había impedimentos para celebrar la boda. Sin embargo, las clases poderosas a las que correspondía dar ejemplo, no obedecían las normas para preservar su diferenciación: por ejemplo, el 14 de mayo de 1562, Catalina de la Cámara y el licenciado Álvaro Rodríguez de Araujo se casaron en Ourense "un domingo al caer la noche", en su casa y con asistencia de varios canónigos de la catedral, escribanos y bachilleres en condición de testigos[193]. Es decir, en nada se respetó la normativa por parte de los primeros obligados a cumplirla.

5.1. Las contravenciones prenupciales de la moral sexual

Inquisidores y tribunales episcopales se preocuparon menos de los actos que de las ideas subyacentes, es decir, importaba menos la práctica del sexo fuera del matrimonio que inculcar un sentido de pecado y evitar que la libertad de pensamiento condujese a acciones heterodoxas y esa función la asumió la Inquisición. Así pues, la mayoría de los procesados lo fueron por hacer afirmaciones desviadas del dogma, pero hasta pasados los años centrales del XVI no se aprecia que se persiguieran, de modo que, por ejemplo, el tribunal de Calahorra apenas juzgó casos hasta 1560. Fue clave la carta acordada remitida por la Suprema en 1573 dando instrucciones a los tribunales locales para que tratasen como herejes a quienes creían que la fornicación simple no era pecado mortal, atribuyéndose así la jurisdicción sobre un ámbito que tradicionalmente no había estado bajo control inquisitorial; al año siguiente, esa indicación se incluyó en los edictos de fe de las visitas. Activado ese renglón, el máximo se alcanzó en los años ochenta y noventa con 141 y 96 casos respectivamente en el caso de Logroño[194]. En el tribunal de Santiago, la mayoría de las condenas lo fue también por proposiciones (56,3%). Como escribió el inquisidor

[193] Gallego, *Historia da muller...*, 65.

[194] Bombín, *La inquisición en el País Vasco...*, 165.

Montoya en 1586 la gente "es tan rústica que hay muchos fornicarios y renegados y por ser tantos sería cosa posible ni extendiese a darles mayor pena"[195]. Años después, los inquisidores seguían denunciando esa actitud.

Los procesos revelan lo mismo que otras fuentes, es decir, la falta de sentido de que las relaciones sexuales fuera del matrimonio fuesen pecado, lo que las autoridades eclesiásticas y la Inquisición atribuían a la ignorancia de la doctrina y a la no interiorización de las normas que regulaban la vida privada[196]. El tribunal compostelano no actuó de modo diferente a otros y se centró en las opiniones expresadas en público, ya que se acercaban a la herejía, pero apenas persiguió las prácticas, quizá por las escandalosas faltas a la moral sexual de su propio personal tanto civil, como familiares e incluso algunos comisarios. La falta de instrucción de los campesinos era alegada por los inquisidores para justificar la relativa blandura de los castigos a las manifestaciones sobre la simple fornicación, de modo que entre 1574 y 1600 solo juzgó a 131 hombres, solteros en el 52,6%, 22% casados y 9,1% viudos, y 9,1% clérigos, y a 43 mujeres, solteras el 60,4%, casadas el 1,7% y viudas el 23,2%, unos y otras de entre veinte y treinta años. La mayoría lo fue después de la carta acordada de 1573. Llama la atención el elevado porcentaje de clero con faltas de moral, en especial por proposiciones y un 4,1% por solicitación. En fin, según informaban los inquisidores a Madrid en 1585 no quedaba otra opción que la tolerancia porque

"entendemos por experiencia y estamos persuadidos que los más que pretendemos de los naturales de estos reinos en donde hay mucha falta

---

[195] Contreras, *El Santo Oficio...*, 506.

[196] Jean-Pierre Dedieu, "El modelo sexual: la defensa del matrimonio cristiano", en *Inquisición española: poder político y control social*, ed. de Bartolomé Bennassar (Barcelona: Crítica, 1984), 270-283. Stuart B. Schwartz, "Pecar en colonias: mentalidades populares, Inquisición y actitudes hacia la fornicación simple en España, Portugal y las colonias americanas", *Cuadernos de Historia Moderna* 18 (1997): 51-67.

de doctrina especialmente entre labradores y rústicos dicen a tontas y sin saber lo que dicen y por ignorancia que el tener acceso carnal un soltero y una soltera no es pecado y no con ánimo de heretical y como de ordinario las justicias de este reino disimulan con los tales y no los castigan aunque estén amancebados como debieran piensan que el acceso carnal como no tenga circunstancia que agrave no es pecado"[197].

Prometían endurecer el castigo, pero las cosas no cambiaron. Entre los reos hallamos los efectos de la migración del campo a la ciudad, entre las mujeres en especial: solían ser criadas muy seguras de que fornicar no era pecado en sus aldeas, sin que en esto se diferenciasen de otros territorios, por lo que no repetimos los casos ya publicados, salvo el de Leonor Varela, de Lousada (Ourense), quien decía de sí misma que "buena estaría yo si tres hijos que tengo los he habido de tres mancebos solteros si hubiera hecho un pecado mortal con cada uno de ellos, habría estado toda mi vida en pecado"[198]. Sin duda procedían de donde la libertad sexual era más amplia y con más opciones para su práctica, y desconocían o no compartían los valores de una sociedad que les era ajena[199]. Más eran los hombres que se pronunciaron a este respecto y que fueron detectados por la Inquisición, al estilo de lo que le pasó en 1590 al tabernero Alonso de Masive, de 32 años, vecino de Sorbeira, diócesis de Astorga, condenado a pagar cuatro mil maravedís por decir que "amancebarse no era pecado ni ninguna fornicación si no era con mujer casada o con parienta"[200].

Relacionado con esto se añadía la incomprensión de la virginidad de María. Inés Rodríguez, conversando con unas vecinas, decía que "nuestra señora había sido madre como todas las mujeres" y en 1601 Gregorio Rodríguez, un labrador de 52 años, manifestó ante su párroco que "antes de parir estaría Virgen pero después quedaría corrompida", repitiéndolo tras ser regañado por el cura y por ello fue excomulgado

---

[197] Contreras, *El Santo Oficio...*, 628.

[198] Contreras, *El Santo Oficio...*, 633-638.

[199] Gallego, *Historia da muller...*, 98.

[200] Garcia Tato, "La diócesis de Astorga", 133-356.

y procesado en Santiago[201]. Es decir, las proposiciones reflejaban el desconocimiento o la no aceptación de mensajes que encajaban mal en la lógica mental del rural.

Esto nos lleva a la trascendencia real de lo que se decía muchas veces sin más, es decir a aquellos síntomas menos punibles como la convivencia entre solteros. Si compartían una relación sexual y mesa y manteles de forma pública y a vista de los vecinos, era calificada como amancebamiento. Su frecuencia, por todas partes y, en especial en los territorios del Norte, se basaba en la laxitud de la opinión al respecto y en la debilidad del castigo, que solo era aplicable si derivaba en escándalo y en reincidencia, o si el hombre mantenía o vestía a su compañera. En todo caso, plantean la cuestión subsidiaria de cuál era la actitud de las familias, dado que a la hora del matrimonio la afinidad "por fornicación agora solamente impide y dirime al matrimonio dentro del segundo grado", como recogen, por ejemplo, las sinodales de Astorga de 1592[202].

Con respecto a la permisividad de los párrocos, en realidad, solo podrían castigar a la pareja con un apercibimiento público. No obstante, el arzobispo Pacheco de Burgos era contundente en sus capítulos de 1575 sobre que no se podía permitir el amancebamiento de solteros, si es que así se entendía por parte de los fieles, porque solo el de clérigos y de casados estaba explícitamente condenado en las "leyes civiles y de estos reynos", ya que "decir que no es pecado, sería heregía". Según este prelado, era frecuente en los territorios de su diócesis que "muchos que están amancebados por vivir con mas libertad en su pecado y amancebamiento se van a vivir de unos lugares a otros donde dicen y afirman estar casados en uno y con solo decirlo ellos los consienten vivir y cohabitar juntos", es decir, condenaba el consentimiento social. Como medidas de prevención impuso a los curas en 1575 que

[201] Contreras, *El Santo Oficio…*, 504 y 670.

[202] Rojas, *Constituciones sinodales…*, 45.

no los admitiesen en los actos litúrgicos de la iglesia hasta que probasen estar casados, lo que debían hacer en un plazo de quince días[203].

Que no le faltaba razón al arzobispo lo demuestra un caso registrado en Galicia de un matrimonio fingido, muy revelador de lo que la movilidad permitía: se trata de una causa iniciada por una mujer que, tras una larga convivencia con un hombre, con quien protagonizó un verdadero periplo migratorio, no pudo probar que se hubiese casado con ella, de modo que acabó demandándolo por impago de servicios. El 6 de diciembre de 1569 María Álvarez interpuso una demanda contra Juan Saavedra Prego, vecino de Baiona, ante el provisor eclesiástico de Ourense, diciendo que "como marido y mujer se trataron y vivieron en la ciudad de Sevilla por nueve o diez años y luego habían pasado a vivir a la villa de Redondela", cercana a Vigo, durante tres meses y hacía otros dos "a esta parte había venido a esta ciudad e mudado el nombre e hábito que no quería reconocerle por su legítima mujer ni hacer vida maridable con ella". María, que no sabía firmar, solicitó al provisor que le tomase confesión y lo compeliese a vivir con ella o lo llevasen a prisión, además de pedir un procurador de oficio en atención a ser mujer pobre. Se les tomó declaración a los dos y a él se le dio la ciudad por cárcel, volviendo a la prisión episcopal cuando fuese requerido. María declaró más tarde que "yo serví once años a Juan de Saavedra que por otro nombre se llama Juan Álvarez en aquello que le mandaba y una mujer honrada podía servir" y que él no quería pagarle el trabajo que ella valoró en diez ducados anuales "porque le crié sus hijos y anduve con él muchas tierras en Sevilla y en Málaga y en Bayona, Salamanca, Valladolid, Medina del Campo y en este reino de Galicia y llevé sus hijos en mis brazos y goberné su casa"; pedía también cincuenta ducados que él le había cobrado de unos vestidos. Sin embargo, a él se le levantó la prisión porque no había tal vínculo, de lo que María apeló a la Real Audiencia de Galicia. Este tribunal dio auto a su favor y Juan fue llevado a la cárcel, decisión que recurrió; en 28 de febrero de 1570 dio un poder –que no supo firmar– para que los procuradores de la Audiencia atendiesen su petición,

_____

[203] Pacheco, *Constituciones Synodales…*, 134 y 290.

negando que María lo hubiera servido y que él le debiese dinero, aunque sí le había criado un hijo que murió[204]. Fijémonos en que, como en otros casos, él cambió su nombre.

Los casos que fueron a parar a la justicia civil partían de denuncias por otros motivos. Por ejemplo, cuando en 1572 Juan de Castro, de 20 años, e Inés de Lugo, de 30, fueron llevados a la cárcel de la jurisdicción de Pobra do Brollón (Ourense), su denunciador era el párroco de la villa, Juan Díaz, de quien Inés era criada, después de haberlos encontrado "acostados en la cama cuando él volvía de haber ido a podar sus viñas y hallándolos así llamó la justicia y los hizo aprender"[205]. Dos testigos, Margarita de San Vicente y su hijo Juan los había visto "besar y retozar y que el clérigo los halló en la cama y que es grande bellaquería". La cuestión de fondo era si los dos eran criados del cura. Los demás testigos, todos hombres, vecinos de parroquias cercanas y analfabetos, repitieron lo mismo, salvo Juan Besteiro, quien aseguró que Inés había parido dos veces, no sabía de quién. La Audiencia se limitó a dar provisión y a nombrar un tutor a Juan por cuanto uno de los testigos aseguró que era de poca edad y entendimiento. Por los mismos años, en la causa inquisitorial contra María Alfonso, de 19 años, casada, ella reconoció haber estado amancebada de soltera durante un año y medio, sin ser castigada, pero que lo fue tras afirmar que mejor estar así que mal casada ya que "entonces estaba en servicio de Dios y que dende que se casara estaba en servicio del diablo"[206].

Ilegitimidad, concepciones prenupciales y abandono y exposición de niños son indicadores de una realidad mucho más profunda que todo eso. En las sociedades del norte se calificaba de ilegítimos a todos los nacidos fuera del matrimonio canónico. Aunque no hay cifras hasta el siglo XVII, es muy significativo que en Durango (Vizcaya) entre 1601 y 1620 la ilegitimidad fuese del 12,03% y del 9,97% entre 1631 y 1650, bajando solamente desde los años sesenta; en los valles cantábricos y meridionales vascos, en 1630-39 era del 9,5%, y del 9,9% en

204 ARG, *Real Audiencia*, 23673-40.
205 ARG, *Real Audiencia*, 25113-41.
206 Contreras, *El Santo Oficio...*, 641.

la década siguiente, sin descenso a menos del 8% pasado ya 1680, al contrario que en Navarra, en cuya mitad occidental el porcentaje era muy bajo[207]. En el otro extremo, en las penínsulas atlánticas de Galicia, entre 1592 y 1599 en la feligresía de Armenteira, sede de un monasterio cisterciense, eran ilegítimos el 9,8% de los nacidos; en la década siguiente el 10,3% y en 1610-19 el 14,7%, sin ser menos de 10% hasta mediado el XVII; ampliando la muestra a diez feligresías, en 1610-19 la media fue de 7,45%, y en los años veinte de casi el 10%[208].

Empleando otros indicadores se constata lo mismo. Por ejemplo, en el padrón de la jurisdicción de San Clodio, en Ourense, en 1580, en el 8,6% de 443 grupos familiares había uno o varios hijos naturales o ilegítimos que vivían con sus padres o madres o residían en casa ajena; había hombres solteros que tenían a los suyos; 21 matrimonios con hijos anteriores a casarse; y más había en casas con sus madres solteras o viudas[209]. En los expedientes de candidatos nativos del País Vasco a órdenes militares en tiempos de Felipe III, más de la quinta parte eran hijos de parejas sin haberse casado y el 81% de los ilegítimos eran fruto de uniones prematrimoniales –muy por encima de la media–, predominando los hijos naturales; quienes pasaron a América siguieron el mismo comportamiento[210].

Es decir, en el norte, la Iglesia tuvo que adaptarse a la realidad y el concubinato se mantuvo con fuerza, sin que generase rechazo social. El celibato femenino, muy alto debido a la emigración de hombres jóvenes, favorecía la ilegitimidad. Más allá de consideraciones morales, esos hijos eran fuerza de trabajo, no lo olvidemos, y en territorios como

---

[207] Mikelarena y Valverde, "Ilegitimidad y exposición", 283-292. Iñaki Bazán Díaz, *Delincuencia y criminalidad en el País Vasco en la transición de la Edad Media a la Moderna* (Vitoria-Gasteiz: Departamento de Interior, 1995), 276, nota 389.

[208] José Manuel Pérez García, *Un modelo de sociedad rural en la Galicia costera* (Santiago de Compostela: Universidad, 1979) tabla 4-09 del apéndice.

[209] Sandoval y Fernández, "Juntos en una casa", 199.

[210] Ernesto García Fernández, *Religiosidad y sociedad en el País Vasco (s. XIV-XVI),* (UPV: 1994), 56.

el vasco, por su sistema de herencia, se trataba con frecuencia de hijos de relaciones adúlteras de hombres casados que buscaban un heredero varón[211]. En Cantabria, la soltería definitiva estaba asentada y a fines del siglo XVI era extraordinario el número de mozas solteras registradas en los padrones; las normas preventivas y coercitivas de los concejos las inducían a incorporarse al servicio doméstico y, por lo tanto, a una familia[212]. La emigración de los hombres, en especial los excluidos de la herencia, redujo el mercado matrimonial al irse jóvenes que en muchos casos se casaron en los lugares de llegada, no retornaron o fallecieron, si bien las ausencias masculinas dieron a las mujeres más oportunidades para heredar.

Aunque, por defecto de registro, sabemos muy poco al respecto, es importante señalar que por entonces ya eran un problema los niños y niñas abandonados. Al menos en Galicia, se intuye la importancia de este hecho por cuanto desde 1524 estaba asentada la casa de expósitos creada en el Hospital Real de Santiago.

Otro síntoma que no se puede soslayar sobre las faltas morales es la rápida expansión de las enfermedades de transmisión sexual, en especial de la sífilis, que afectaban a personas de cualquier condición social y que revelan el efecto combinado del incumplimiento de las normas y de la movilidad territorial; por ejemplo, en un pleito de 1593-97, Marina Uriondo, de Miravalles, fue acusada de ser manceba del bachiller y clérigo de Hernani Hortuño Rotalde, ser mujer de mala vida y costumbres, desmandada de lengua y estar "perdida de buva", mal "del que ha contagiado a personas que por su honestidad no se dudará"[213]. La proliferación de casos obligó a abrir hospitales especializados. En 1574 el arzobispo don Francisco Blanco creó en Compostela un hospital para su tratamiento, como ya hiciera en sus gobiernos en Ourense y Málaga. La responsabilidad se puso en las mujeres y en la prostitución, pero ya a fines del XVI la proporción de mujeres casadas y de

---

[211] Bazán, *Delincuencia...*, 282.

[212] Lanza, *La población y el crecimiento...* 56.

[213] ARCHV, *Sala de Vizcaya*, caja 195-5.

niños contagiados induce a afirmar que eran ellos los transmisores, al margen de toda prudencia y de toda condena religiosa[214].

5.2. La falta de libertad y sus derivaciones

La laxitud social a la hora de legitimar uniones, a la que colaboraron los clérigos, implicó la validación de matrimonios forzados por los padres e incluso por quienes podían tener interés en el patrimonio de dos personas. Nada garantizaba la libertad al casarse –en especial la de las mujeres–, empezando por la edad de matrimonio. En los sínodos paralelos al Concilio ya estaban prohibidas las bodas de menores de siete años, pero solo algunos señalaban la edad mínima, catorce años ellos y doce ellas. No obstante, la mayoría legal era 25 años, lo que implicaba un amplio margen para organizar estrategias familiares. En general, la edad nupcial se situaba en torno a esa cifra, desde la frontera con Portugal –25 años en Galicia– y la de Francia –26 en el País Vasco–, pasando por Asturias (23,6), lo que diferenciaba estos territorios de los modelos precoces meridionales. En teoría, la voluntad dependía también de que se conociera la doctrina –lo que era dudoso–, que contenía explícitamente el consentimiento de los contrayentes, lo que no se respetaba. Es llamativo que este punto sea muy débil en todos los sínodos y su poca incidencia en la formación religiosa: es decir, imperaban la preocupación moral y la formalidad litúrgica.

Los matrimonios de menores, como otras irregularidades, aparecen de modo fortuito en la documentación y es preciso tener cautela al interpretar, por ejemplo, el mandato contenido en los capítulos de la archidiócesis de Burgos de 1575 cuando el cardenal Pacheco afirmaba que "andando por las montañas hemos visto escándalos sobre aver desposado los niños menores de seys años", lo que condenaba recordando que la edad mínima de las niñas era de siete, sin decir nada de los niños,

---

[214] Ofelia Rey Castelao y Baudilio Barreiro Mallón, *Pobres, enfermos y peregrinos. La red asistencial gallega en el Antiguo Régimen* (Vigo: Nigratrea, 1998), 91-120.

por cierto[215]. Por otra parte, cuando el matrimonio era temprano, podía ser que la convivencia se retrasase posponiendo las relaciones físicas durante varios años; es de suponer que era una de las prácticas más propias de las familias hidalgas y con patrimonio que de las demás, y que dependería de las fórmulas de transmisión de la herencia.

Salvo casos muy obvios, la falta de registros parroquiales traspasaba todo el control a los vecinos y a los clérigos que estuvieran dispuestos a denunciar esas situaciones, ya que difícilmente lo harían los propios interesados que, además de menores, necesitarían el permiso de padres o tutores para hacerlo. Los problemas derivados de la edad insuficiente fueron atendidos por los tribunales civiles. Por ejemplo, en 1560, Felipe de Alba, representando a Catalina da Mariña, "su menor", denunció ante la Audiencia de Galicia a Gabriel Fernández por las amenazas y solicitudes de este para que la joven se casase con su hijo y en 1593, Juan de Aguiar pleiteó con Teresa Álvarez, para que diese libertad a una nieta suya con el objetivo de "deliberar su casamiento[216]. La falta de voluntad por edad podía ser alegada en causas de separación, anulación o divorcio, e incluso, para argumentar la no validez de un matrimonio previo en procesos por bigamia, como veremos.

Las dispensas por minoridad, como las de consanguinidad, o las dos al mismo tiempo, ocultaban intereses fuertes entre los hidalgos, como los Vilamarín de Ourense, hábiles en arreglar bodas. Una de estas estuvo precedida por la necesidad de una dispensa para Antonia, nacida en 1579, hija de don Julián de Villamarín, señor y dueño del mayorazgo, y de Aldonza de Cadórniga. Al morir su hermano, Antonia fue la heredera de su padre, muerto en 1581, y quedó bajo la tutela de su madre, pero al cumplir diez años, la tutoría fue pretendida por un tío suyo, don Juan de Novoa, arcediano y tesorero de la catedral, para casarla con Pedro Pardo de Vilamarín, su sobrino y tío de Antonia, lo que se produjo en Sevilla en 1589, previas dispensas de consanguinidad. El matrimonio tuvo una hija, pero él la maltrataba y tenía una relación con Justa de Puga. En 1597, con 18 años, Antonia pidió la nulidad por

---

[215] Pacheco, *Constituciones Synodales...*, 288.

[216] ARG, *Real Audiencia*, 19012-18 y 4286-6.

defecto de edad y por relación falsa ante el provisor de Ourense, un proceso en el que fue desacreditada por ir a "fiestas de cañas, sortijas y toros y a bodas y a regocijos de la ciudad" de Ourense, lo que era impropio de su estado de casada, pero en 1600 se dictó que el matrimonio era válido y ella se recogió en el convento de clarisas de Santiago hasta conseguir una bula en el obispado de Tui, casándose luego con don García de Camba y Ozores[217].

La enorme frecuencia del incumplimiento de promesas de matrimonio, expresiva de la falta de voluntad real de casarse, está bien estudiada y no nos detendremos. La mayor parte se resolvieron por vía de acuerdo, de forma que los casos llegados a los tribunales eran solo la parte visible de un problema que implicaba un cuestionamiento de la honra de una joven y de la fama de su familia, sobre todo si había un embarazo de por medio, pero solía sustanciarse con una compensación económica. Más de un caso se resolvió con la migración del considerado responsable: en el País Vasco, tanto en esta cuestión como en otras más graves, esa fue una táctica habitual[218].

Como ejemplo, Juan de Anido y Roy, su hijo, ausente, vecinos de Agualada, litigaron ante el juez de Bergantiños (A Coruña) con Gonzalo Díaz, de Cebreiro, y sus hijos por lo que les condenaron a pagar seis ducados y otros bienes, sentencia de la que solicitaron revocación. Había habido un compromiso entre familias, que se copia en el proceso, y que era en realidad una sentencia arbitraria ante el chantre Juan Dopazo y escribano del rey, que luego fue apelado a la Audiencia de Galicia. Por el acuerdo sabemos que Gonzalo, como padre de Teresa, había denunciado a Roy porque "engañó e inducido se revolvió a la dicha mi hija para que con él tuviese parte e accesión carnal y la

---

[217] ARCHV, *Pl. Civiles,* Pérez Alonso (F), caja 345-1.

[218] Milagros Álvarez Urcelay, *Transgresiones a la moral sexual y su castigo en Gipuzkoa durante los siglos XVI, XVII y XVII* (UPV, 2010), https://www.educacion.gob.es/teseo/imprimirFicheroTesis.do?idFichero=Utwwuo8NfVU%3D. También, de la misma autora, "Iglesia, moralidad y justicia en Guipúzcoa, siglos XVI-XVIII", en *Entre el fervor y la violencia. Estudios sobre los vascos y la Iglesia (siglos XVI-XVIII)*, coord. de Rosario Porres (UPV: 2005), 99-132.

había preñado de un hijo de que ahora está parida" y que Roy se había de casar con ella por palabras de presente y "dándole casamiento según costumbre de esta tierra y había de criar al niño según la costumbre". Juan, por el contrario, negaba que su hijo estuviera obligado porque no había tenido acceso con ella, sino que "ella los tuvo con otras muchas personas y estuvo a su cargo de ellas". Para tener paz, se había nombrado a tres "hombres buenos" que en 18 de marzo de 1566 comparecieron ante la justicia ordinaria y mandaron a Juan y a Roy que pagasen a la otra parte "dos almayos o seis ducados, y una vaca con su cría y ocho rogelos, de ovejas o cabras o su valor de 26 reales por cada una y dos ducados de costas"; ninguno supo firmar. Se notificó la escritura a Juan de Anido, que no aceptó la decisión por ser nula e injusta, y negó la capacitación de los hombres buenos y que hubiesen guardado las formas "antes se confrontaron con el dicho Gonzalo", por lo que se negó a pagar, apelando la Audiencia. Esta dio entrada a la demanda en 23 de julio y emitió un auto por el cual el regente y los oidores ordenaron hacer la probanza previa al proceso[219].

Los matrimonios clandestinos también han tenido una notable fortuna historiográfica[220], si bien era una práctica más propia de grupos acomodados. Como vemos, había otras más extendidas y expresivas. Ese tipo de enlaces estaban considerados de modo idéntico en las normas de la monarquía y de la Iglesia ya antes de Felipe II y del Concilio, y los sínodos pos–tridentinos subrayan la necesidad de su represión[221], lo que incluía el derecho de los padres de desheredar a los hijos casados así y la reiterada prohibición y castigo –que ya venía del siglo XV– de

---

[219] ARG, *Real Audiencia,* 27141-11.

[220] Jesús María Usunáriz Garayoa, "El matrimonio como ejercicio de la libertad en la España del Siglo de Oro", en *El matrimonio en Europa y el mundo hispánico (siglos XVI y XVII)*, ed. de Jesús Mª Usunáriz Garayoa e Ignacio Arellano Ayuso (Pamplona: Visor, 2005), 172. María del Juncal Campo Guinea, "Evolución del matrimonio en Navarra en los siglos XVI y XVII: el matrimonio clandestino", ib., 197-210.

[221] Fernández Terricabras, *Felipe II y el clero...,* 165.

la presencia de eclesiásticos en tales bodas, por resultar escandalosa, más todavía si eran de hijos o hijas suyos.

La clandestinidad era distinta de la discreción, concedida por los obispos en el caso de matrimonios entre viudos u ocasiones excepcionales, pero Iglesia y monarquía concordaban en condenar las bodas clandestinas porque podían ocultar –voluntaria o involuntariamente– los impedimentos ya mencionados y acarrear las mismas consecuencias. La mayoría de los casos detectados, aunque las jurisdicciones civiles y eclesiásticas se disputaran el control, fueron atendidos por tribunales eclesiásticos. Detrás de la acción de la corona estaba sin duda la presión de las oligarquías, registrada en las protestas de las Cortes hasta 1598, no más allá. En nuestra opinión, quienes temían y denunciaban los matrimonios clandestinos eran los sectores que más los practicaban. Las investigaciones sobre documentación de archivo revelan que eran menos frecuentes de lo que los diputados indicaban – 10% de los procesos en tribunales eclesiásticos de Zamora y el 2% en Pamplona–[222]. Como su propia definición sugiere, la clandestinidad tenía su antídoto en dar publicidad a los enlaces ante la comunidad. Su falta, eludiendo las amonestaciones, desmiente que fuesen bodas movidas por sentimientos entre jóvenes, toda vez que las familias solían estar detrás y lo que se ocultaba muchas veces era una irregularidad de fondo, como la carencia de una dispensa por consanguinidad, algo tan frecuente entre las elites como entre los sectores populares.

Mucho más frecuentes eran las prácticas endogámicas. Fernández Terricabras ha insistido en la prevención de los obispos sobre las dispensas matrimoniales solicitadas a Roma y su deseo de disponer del control por medio de los tribunales diocesanos[223]. Además de este problema institucional, el coste de las dispensas era un argumento

---

[222] Francisco J. Lorenzo Pinar, "El Tribunal diocesano y los matrimonios "de presente" y clandestinos en Zamora durante el siglo XVI", *Studia Zamorensia* 2 (1995): 49-61. Campo Guinea, "El matrimonio clandestino: procesos ante el Tribunal eclesiástico en el Archivo Diocesano de Pamplona (siglos XVI-XVII)", *Príncipe de Viana* 231 (2004): 205-222.

[223] Fernández Terricabras, *Felipe II y el clero...*, 99 y 165.

poderoso para no declarar parentescos, seguramente con la complicidad del vecindario, habida cuenta de la fuerte endogamia matrimonial que acreditan los estudios demográficos, en especial entre el campesinado. Era así no solo por la proximidad de las casas, sino por un mutuo y calculado conocimiento de los patrimonios. La exogamia, apoyada por Trento al limitar las bodas consanguíneas, se contradecía con una realidad social que obligaba a organizar la sucesión según las necesidades de cada familia y las circunstancias de cada espacio y, por la repetición de esa práctica generación tras generación, era cada vez más difícil evitarla.

A pesar de la opacidad de las fuentes, sabemos que en la primera parte del seiscientos la consanguinidad era una práctica muy potente: por ejemplo, afectaba al 15-20 % de los matrimonios en Cantabria en XVII –el 11,2% en Castilla La Nueva, zona de hábitat concentrado–[224], cálculos en los que no entran el parentesco por padrinazgo, ni la consanguinidad oculta, es decir, de parientes sin saberlo. Era frecuente que los novios que esperaban el documento de dispensa –que podía tardar muchos meses– se considerasen en circunstancias de mantener relaciones sexuales; de hecho, el número de ilegítimos y de embarazos prenupciales era más alto que entre los demás matrimonios[225]. Sínodos como el de Calahorra de 1553 denunciaban que se festejaba la concesión de la dispensa de consanguinidad o la firma del contrato nupcial, y que los novios ya habían iniciado su vida en común, por lo que se prohibieron bajo amenaza de excomunión, sin éxito, obviamente.

Así se ve en la querella por estupro presentada en 1577 por María Vázquez Rivadeneira, como madre de doña Teresa, "que es doncella", contra Fernán Diaz de Rivadeneira. La demandante relató que entre ellos había parentesco y que estaba pendiente la obtención de dispensa

---

[224] Lanza, *Miseria, cambio…*, 382.

[225] Isidro Dubert, "Estudio histórico del parentesco a través de las dispensas de matrimonio y de los archivos parroquiales en la Galicia del Antiguo Régimen: primera aproximación", en *Parentesco, familia y matrimonio en la historia de Galicia*, ed. de José C. Bermejo (Santiago de Compostela: Tórculo, 1988), 176-191.

para casarse pero, mientras, él la sedujo y "la empreñó y hacían vida maridable en casa de él y ahora volvió a estar preñada pero una vez llegada la licencia papal él la echó de casa y la maltrató y amenazó con matarla". La madre pedía una dote seis mil ducados porque "el es persona poderosa y que vive en su propia jurisdicción". Se hizo pesquisa secreta y se comprobó que Teresa no estaba en casa de Fernán y que este estaba en paradero desconocido, pero al menos se embargaron sus bienes. En 1581 el defensor del acusado, Sebastián García, acabó renunciado a su defensa al descubrir la existencia de otra demanda por bienes dotales, pretextando que lo litigado superaba los tres mil ducados y ser él "labrador que no sabe leer ni escribir en la tierra que es de hidalgos y personas entendidas que pueden ser parte"[226].

Las normas eclesiásticas sobre los grados de parentesco requerían solicitar una dispensa, algo que los obispos, con el acuerdo de Felipe II, quisieron controlar desde los tribunales diocesanos[227]. Las restricciones se contradecían con una realidad social que obligaba a organizar la sucesión según las necesidades de las familias, pero si las más ricas podrían pagar los gastos de las dispensas, no así las otras, y todo indica que no se declaraban esos impedimentos. Claro está, hablamos de parentescos conocidos; en los procesos judiciales de tipo penal en los que los testigos debían declarar su relación con demandantes y demandados, aflora una tasa de parentesco de casi el 20%, lo que supera con mucho al conocido y, además, en esos procesos y en los de otros fueros, emergían vínculos desconocidos o que los vecinos no habían delatado en las amonestaciones: hijos ilegítimos, amancebamientos, adulterios, etc.[228].

Como muestra de las redes de la consanguinidad oculta en el rural, reproducimos la declaración de Catalina de Penela, viuda de 30

[226] ARG, *Real Audiencia*, 18726-25.

[227] Fernández Terricabras, *Felipe II y el clero…*, 99 y 165.

[228] Ofelia Rey Castelao, "Palabras de mujeres: testimonios judiciales en Galicia a fines de la Edad Moderna", en *Guardianas del tiempo: Mujeres, Historia, Testimonio (ss.XVI-XX)*, ed. de Manuela Á. García Garrido, Ofelia Rey Castelao y Sylvie Hanicot-Bourdier (Gijón: Nigratrea, 2025) en prensa.

años, que en 1576 fue llamada a testificar en un proceso por amancebamiento en el que Francisco Carnero, casado con María de Covelas,
y Francisca Fernández, estaban acusados, además, de incesto, por parentesco extramatrimonial entre esas dos mujeres. Un testigo de parte
de Francisco, Alonso de Covelas, de 37 años, había declarado que no
había tal parentesco, y lo sabía por haber oído a Inés da Penela a su
marido ya difunto, Sebastián da Penela, padre de María, "mira marido
si aquellas mozas son vuestras hijas como dicen mandárselas dexaré
alguna cosa cual le decía por la dicha Francisca Fernández y otra su
hermana y él volviera por respuesta e dixo mujer déjame no me que-
mes mala sangre porque ellas no son mis hijas ni en ellas tengo ninguna
cosa". Catalina tenía que aclarar ese parentesco oculto y lo hizo de este
modo:

> Y que era público que Inés da Riva, madre de Francisca Fernán-
> dez, que la Francisca Fernández su hija lo era de Sebastián de Penela,
> difunto, y que si ella es hija de Sebastián da penela, que este y el abuelo
> de la testigo eran entre ambos hermanos enteros y la madre de la testigo
> y la dicha Francisca eran primas, hijas de hermanos y Francisca Fernán-
> dez era tía de la testigo, hija de su prima, la testigo y la mujer del dicho
> Francisco Carnero es hija de esta testigo y sobrina de dicha Francisca
> Fernández siendo hija del Sebastián de Penela y se le dio por padre según
> lo vio y lo oyó a la dicha de su madre de la Francisca Fernández, empero
> que siendo vivo el abuelo de la testigo que era hermano del dicho Sebas-
> tián Penela y se llamaba Gonzalo de Penela, viviendo esta testigo en su
> casa el dicho abuelo la envió un día a llamar al dicho Sebastián de Penela
> su hermano"[229].

Toda vez que el objetivo último era mantener unidos los patrimonios, se podía recurrir al matrimonio a trueque, que no tenía contra-
indicaciones legales ni religiosas, aunque respondía a arreglos familiares que no contaban con la voluntad de los contrayentes, al menos
cuando eran menores de edad. Si eran mayores, podemos suponer que
entraron en esa dinámica porque les convenía o por respeto a la autoridad paterna o materna. Nada se podía hacer con respecto a esta

---

[229] ARG, *Real Audiencia*, 1548-51.

fórmula de endogamia extrema por la que dos hermanos se casaban con dos hermanas u otras combinaciones, de modo que en algunas comarcas de Galicia occidental llegaron ser el 27,8% de los casamientos en la primera mitad del siglo XVII; en Cantabria eran el 7,45 % de las uniones en 1600-1630 y en el País Vasco, el sistema de heredero único hacía que esta práctica fuese frecuente para prevenir dispersión del patrimonio[230].

Tampoco causaban problemas los matrimonios de viudos y de viudas, que superaban la cuarta parte de las bodas por efecto de la elevada mortalidad; no solo eran la solución para los hombres –y algunas mujeres– con hijos, sino un modo de reorganizar la herencia y una especie de rescate de solteras con pocas opciones de casarse. Por ejemplo, en el mencionado padrón de San Clodio de 1580, llama la atención la frecuencia de hombres y mujeres casados segundas o terceras veces, que afectaba al 12,2% de las unidades; por lo mismo, sorprende la frecuencia de menores tutelados por sus madres o por parientes y vecinos[231].

5.3. Festejando la boda

Autoridades y moralistas condenaban las celebraciones nupciales, que podían durar varios días o repetirse en cada una de las ceremonias, lo que multiplicaba los costes y los riesgos de actos poco adecuados. La participación de allegados, parientes, vecinos y amigos era un modo de expresar el éxito de un acuerdo y para ciertas familias, para exhibir su poder social y económico. Pero la costumbre de hacer fiestas y comidas daba lugar a excesos y conflictos con presencia de clérigos,

---

[230] Ofelia Rey Castelao, "Mecanismos reguladores de la nupcialidad en la Galicia atlántica. El matrimonio a trueque", en *Obradoiro de Historia Moderna*, ed. de Baudilio Barreiro y otros (Santiago de Compostela: Universidad, 1990), 247-268. Lanza, *La población y el crecimiento...*, 55.
[231] Dubert, "Los comportamientos sexuales", 117.

por lo que la Iglesia y la monarquía también los vigilaban, aunque no era mucho lo que pudieran hacer.

Más allá de la necesaria presencia de un cura, novios, padres y testigos, los sínodos nada dicen de las otras personas presentes, a pesar de que podían ser llamadas a testificar en los tipos de causas que ya hemos aludido; sí se preveía la exclusión por motivos religiosos y raciales -judíos, moriscos–, que no hemos constatado en nuestro caso, y, sobre todo, condenaban, por ser contraria a la moral y negativa para su imagen, la presencia de los clérigos en las celebraciones. Era este un hábito muy extendido en el norte, en especial si eran padres de uno de los contrayentes; paradójicamente, esa prohibición se contradecía con la obligatoria presencia de los progenitores que proclamaba la normativa eclesiástica. Los sínodos de Oviedo y de Astorga de 1553 impedían a los clérigos bailar y cantar en las fiestas nupciales o que anunciasen banalidades y superficialidades en las ceremonias y los de Galicia prohibían que hiciesen "ruegas" o colectas de dinero para las bodas, bautizos y misas nuevas o que asistiesen a las celebraciones. Los curas podían ir a las bodas de los parientes hasta el cuarto grado, pero pagarían una multa de seis ducados si los novios pasaban ese grado o no eran sus parientes; el obispo de Mondoñedo (1547) les dejaba que asistieran a las de sus feligreses y si la boda se hacía en su parroquia[232].

En Cantabria y País Vasco los obispos temían que estuviesen en las bodas por el peligro de conflictos entre bandos[233]. La publicidad de las amonestaciones en varios domingos daba tiempo a las familias para reunir invitados de lejos, pero también los enemigos lo ganaban para organizar actos violentos. Este peligro era contradictorio con el castigo por no anunciar la boda, que en algunas diócesis llegaba a la excomunión. A veces, la fiesta ya estaba en marcha cuando se pagaba las arras o la dote. En Santander, por ejemplo, la dote se entregaba treinta días antes de la boda y las arras solían pagarse a la vista de la comunidad. A continuación, tenía lugar la unión de los recién casados –que recibían

---

[232] *Synodicon Hispanum*…, 368-370, 440-458.
[233] Iñaki Reguera, "Violencia y clero en la sociedad vasca de la Edad Moderna", en *Entre el fervor*…, 131-186.

la bendición nupcial ante testigos y padrinos– y la comida o banquete al que asistían parientes y criados "según costumbre de los nobles de la Montaña". Los gastos corrían a cargo de los padres de las novias y muchos tenían que pedir dinero prestado para cubrir los gastos, lo que podía dar lugar a pleitos y disputas[234].

Si los obispos no podían hacer nada con respecto al control de los convidados, este era un tema que preocupaba a la corona, porque su número podía motivar gastos excesivos y estos llevar al endeudamiento, y porque, vistas ciertas costumbres del norte, se sospechaba que la presencia no siempre era voluntaria y que muchos regalos habían sido hechos a los novios bajo presión. Y sobre todo porque se temían las acciones violentas. La monarquía intervino para prever actos contra quienes se presentaban en las celebraciones nupciales para crear un conflicto, haciéndolo por medio de los jueces y a demanda de parte. La prohibición por ley de las bodas multitudinarias imponía un máximo de seis asistentes, pudiendo ser más si no se quedaban a comer y cenar, y los parientes no podían prolongar a celebración más de un día "y esto a costa de los que combidaren", bajo pena de diez mil maravedís y destierro del reino por dos años a cada participante[235]. Pero eso era lo que contenía el papel.

El control preveía la delación o la intervención de las autoridades judiciales. El problema de los alborotos violentos era crónico en el País Vasco y en Cantabria entre los invitados y entre estos y los no convidados, jóvenes, es de suponer. La causa estaba en las disputas de facciones nobles y las bodas eran ocasión de lucir poder económico y el éxito en el fortalecimiento de los linajes. La monarquía prohibía a los nobles formar partidos, pero no tenía poder para imponer sus órdenes

---

[234] Jesús Á. Solórzano Telechea, *Santander en la Edad Media: patrimonio, parentesco y poder* (Santander: Universidad de Cantabria, 2002), 412-413.

[235] Ofelia Rey Castelao, "Normes et pratiques de la cérémonie du mariage dans le Nord de l'Espagne avant le Concile de Trente", *Bulletin de correspondance hellénique moderne et contemporain* 1, (2019), 1., s.p, s.p. https://journals.openedition.org/bchmc/.

y el miedo a esa violencia es evidente en las normas en torno a un hecho pacífico como lo era un acuerdo nupcial[236].

En Galicia había una práctica que implicaba otro tipo de violencia: la ruega o colecta de dinero u objetos que hacían los parientes y amigos de la pareja, incluidos vecinos o vasallos, a veces utilizando la coacción o la fuerza. Los obispos prohibieron a los párrocos que las anunciasen y que se hiciesen en sus feligresías. En su sínodo de Ourense de 1543-44, Manrique de Lara argumentaba que "en los matrimonios, bautismos y misas nuevas, según nuestra experiencia, suele haber muertes de hombres, escándalos y desórdenes, de modo que sobrevienen grandes daños tanto a las personas como a los bienes de nuestros súbditos" y en consecuencia ordenó que no se hicieran colectas y que se excomulgase a quienes participaban, so pena de doscientos maravedís a la cámara episcopal, si eran vasallos del obispo, y dos reales si lo eran de otros señores; la misma pena se imponía al párroco que oficiase tales matrimonios[237]. La monarquía había dado órdenes al respecto desde los Reyes Católicos, lo que reiteró Carlos I en 1536 en una cédula remitida al Gobernador y a la Audiencia y a los jueces señoriales de Galicia, después de que el Consejo Real recibiese quejas de las coacciones de los poderosos en las ruegas y colectas, que duraban varios días, yendo los colectores por villas y aldeas sin que las autoridades se lo impidieran o que solo se les impusiese multas leves. También se sabía que los oidores de la Audiencia y otras autoridades participaban en esas bodas, de modo que la solución no era fácil, salvo repetir las órdenes y reforzar las penas pecuniarias y la suspensión temporal del ejercicio de cargos cada vez que se permitieran[238].

Los incumplimientos sobre el número de asistentes, que propiciaban situaciones de conflicto, eran atendidos por las justicias locales

---

[236] Solórzano, *Santander en la Edad Media...*, 314-315, 368-408. Josué Fonseca Montes, *Religión, muerte y sexualidad en los siglos XVI-XVIII* (Santander: Universidad de Cantabria, 2014), 486.

[237] *Synodicon Hispanum...*, 224.

[238] *Ordenanzas de la Real Audiencia del Reino de Galicia* (La Coruña: Antonio Fráiz, 1679).

y en más de un caso llegaron a la Audiencia. En 1558 se procedió contra Bartolomé de Castro y Pedro Ramos y otros por haber concurrido "muchas gentes" a una boda en la villa de Arzúa; en 1575 Pedro de Armesto recurrió la pena impuesta por el merino del coto de Cebreiro por haber contravenido la pragmática real de "ayuntamiento de gentes para bodas" y en 1587 Rodrigo Álvarez de Quindós litigó con Alonso López de Barros por una "ordinaria de bodas"[239]. En 1582 sucedió algo parecido en el coto de Pousada (Sobrado dos Monxes) cuando el juez dictó auto de oficio contra Jácome da Graña, de 26 años, por los excesos en su boda con María Rodríguez. El joven fue puesto en prisión durante varios meses y se le condenó a pagar las penas previstas por la ley, de lo que apeló a la Audiencia, y esta ordenó averiguar si "se hizo boda o si solo comieron y bebieron ocho o nueve hombres y mujeres que habían acompañado a la desposada y los había traído la madre de ella, teniendo él en su casa varios parientes en cuarto grado". Los testigos, todos hombres presentes en los festejos, relataron que hubo dos actos, la boda en la iglesia y la entrega de la novia al novio en casa de ella. Él y su familia fueron a la iglesia y todos juntos pasaron a casa del padre de ella y "les dieron de veber"; tres días después se impusieron "pano e tocas" a la novia y se hizo otra fiesta. Un testigo afirmó que había veinte personas o más y que se les "dio de comer y beber mucho pan y carne". La Audiencia revocó la sentencia del juez[240].

Los sínodos, finalmente, reflejan el temor a que los festejos propiciaran la unión física de los contrayentes, antes de que la ceremonia matrimonial definitiva autorizara su consumación. En Cantabria a principios del siglo XVII los visitadores comenzaron a condenar a las parejas que no esperaban las velaciones para consumar el matrimonio o que ni siquiera las celebraban; en Sama en 1618, se denunció el abuso intolerable de que "tratándose algunas personas de se desposar luego debajo de este trato y antes de hacer las amonestaciones y bendiciones duermen juntos como marido y mujer y como tales consuman la cópula, lo cual es gran deservicio de nuestro señor", por lo que se los

---

[239] ARG, *Real Audiencia*, 966-62, 18833-70, 18953-20.
[240] ARG, *Real Audiencia*, 2833-72.

multaba con viente mil maravedís, pero así se siguió hasta el siglo XVIII[241]. Nada se podía hacer y la evidencia está en las concepciones prenupciales que en Galicia suponían del 7% al 20% de los matrimonios en el XVII[242].

El ciclo nupcial remataba con el rito obligatorio de las velaciones, por el que los casados, antes de vivir juntos, intercambiaban su consentimiento ante el cura de la parroquia de la novia. La falta de verdadero sentido de esta última ceremonia y su difícil comprensión popular, dejaban la puerta abierta a que las parejas tuvieran relaciones sin esperar, y también a la idea de que sin cumplirlo no estaba completo el matrimonio. Eso fue alegado por algunos acusados de bígamos por la Inquisición y hallamos ese pretexto en algunos casos de amancebamiento ante la Audiencia de Galicia. Así lo hizo en 1577 Francisco Carnero, quien declaró estar casado "por la Iglesia de que no es velado" con María de Covelas para desmentir la acusación de amancebamiento e incesto con Francisca Fernández[243]. Las velaciones se empleaban unas veces para negar la validez de un matrimonio y otras para confirmarla, como sucedía en general con otras facetas de la liturgia que daban lugar a errores de interpretación o a interpretaciones de conveniencia.

5.4. Las contravenciones posnupciales de la moral sexual

El matrimonio no anulaba las transgresiones, más bien al contrario, la falta de libertad para contraerlo estaría en la base de su proliferación. La más castigada era la bigamia, contra la cual en 1548 se aumentó la pena de cinco años de destierro a cinco de galeras, que serían diez por resolución de Felipe II. Todo indica que el control se reforzó

---

[241] Lanza, *La población y el crecimiento…*, 60.

[242] Isidro Dubert, "Los comportamientos sexuales premaritales en la sociedad gallega del Antiguo Régimen", *Studia Histórica. Historia moderna* 9 (1991): 117-142.

[243] ARG, *Real Audiencia*, 1548-51.

debido sobre todo a las normas de Trento. Esa tarea correspondía a los tribunales de la Inquisición, aunque no solo, de modo que los conflictos de competencias fueron constantes en esta cuestión. Ahora bien, la vigilancia dependía de los obispos y la intervención de estos no era infrecuente, lo que derivaba de la mala relación con la Inquisición. En todo caso, en 1571 se ordenó a esta que, para probar la bigamia, se constatase con rigor la certeza de que habían celebrado dos matrimonios válidos, ya que si había sospecha de que uno no lo era, era obligatorio remitirlo al ordinario[244].

Técnicamente, todo dependía de los párrocos. En los sínodos anteriores a Trento en el área que nos ocupa, los prelados les mandaban verificar la disolución del matrimonio anterior, si lo hubiere, o la muerte del cónyuge (Astorga y Oviedo, 1553). Pero, como hemos dicho, no había libros de matrimonios y menos todavía de defunciones, más tardíos en todas partes. La efectividad del control dependía, además, de que los contrayentes que habían estado fuera un tiempo, presentasen pruebas de soltería para poder casarse lo que, en el norte, dada la intensa movilidad temporera, tenía una especial relevancia. Pero un papel podía falsificarse y el cura podía ser fácilmente engañado.

Muchos migrantes eran hombres casados y eso explica el elevado número de casos de bigamia que atendieron los tribunales inquisitoriales norteños. Si antes ya de 1563 había un elevado impacto relacionado con la regularización de la normativa del matrimonio, en otros territorios es evidente su relación con la movilidad hacia América[245], donde muchos duplicaron sus relaciones, lo que se comprueba en los casos juzgados inquisitoriales de Ultramar entre 1560 y principios del XVII, tanto en Lima como en México. En los de la metrópoli supusieron en el 5,9% de los casos en ese período, lo que no es mucho si se compara con otros delitos, pero la distribución territorial es muy diversa, destacando de forma especial Galicia, en cuyo tribunal entre 1574 y 1600 se registraron 198 casos, el 18,8% del total, muy por encima del 10% del

[244] Contreras, *El Santo Oficio…*, 536.

[245] Jean-Pierre Dedieu, *L' administration de la foi l'Inquisition de Tolède XVIe-XVIIIe siècles*, (Madrid: Casa de Velázquez, 1992), 240.

tribunal de Sevilla, y de la media general, aunque no hay datos del tribunal de Valladolid[246].

Ahora bien, es preciso completar esas cifras en los tribunales de los destinos migratorios. Por ejemplo, en el tribunal inquisitorial de Llerena, donde los hombres procesados por bigamia eran el 71% –mujeres el resto– eran gallegos el 26%, 17% portugueses y el 46% del resto de Castilla[247]. En el de Logroño, en 154 casos concentrados entre 1571 y 1580, la mayor parte eran intrapeninsulares: el 37% de Navarra, 26% de la Rioja y 10% de Vizcaya, territorios con alta movilidad, y una parte importante eran urbanos –también en Galicia–[248]. Y en Cantabria, en una visita inquisitorial realizada a 86 pueblos de Trasmiera, 25 personas fueron denunciadas por bigamia, cifra elevada con respecto al espacio afectado[249].

La facilidad relativa con la que se descubrieron se debía, en realidad, a que muchos casos se produjeron en distancias cortas o medias. Los capítulos de 1575 del arzobispo Pacheco para Burgos no hacen referencia a destinos lejanos, sino a esa movilidad cuando condenaban a quienes "andan vagando y no tienen moradas ni habitaciones ciertas en ningún lugar y son de tan mala conciencia que estando casados en sus tierras, en otras se casan una y mas veces viviendo la primera mujer...", prohibiendo a los curas que, sin averiguar antes la verdadera situación de los contrayentes, no iniciasen el proceso de las

---

[246] Francisco Béthencourt, *La Inquisición en la Época Moderna* (Madrid: Akal, 1997).

[247] Isabel Testón Núñez y Mª Ángeles Hernández Bermejo, "La sexualidad prohibida y el tribunal de la Inquisición de Llerena", *Revista de Estudios Extremeños* (1988): 623-660.

[248] Bombín, *La inquisición en el País Vasco...*, 157. Beatriz Tanco Martínez, "La bigamia en el Tribunal Inquisitorial de Logroño: siglos XVI y XVII", en *Grupos sociales en la historia de Navarra, relaciones y derechos,* ed. de Carmen Erro e Íñigo Mugueta (Pamplona: Eunate, 2002) 1, 333.

[249] Reguera, *La Inquisición española...*, 175.

amonestaciones, a lo que se añadía que esto era aplicable a las personas extranjeras[250].

Las noticias sobre el paradero de los infractores eran aportadas por compañeros de viaje o se averiguaban de forma accidental por parte de quienes iban en campañas posteriores. Y esto podía suceder tanto en los lugares de partida, a donde llegaban rumores o denuncias que las familias asumían, como en los destinos; si un papel de libertad podía falsificarse, siempre algún conocido podía alertar a los párrocos o a las autoridades locales y se procedía a perseguir al sospechoso. Esto era muy propio del norte. Todo indica que los hombres norteños aprovechaban la lejanía de sus casas y el anonimato para casarse con mujeres más jóvenes, habida cuenta de que la edad nupcial de sus tierras de origen era mucho más alta, además de que podían querer desprenderse de un matrimonio concertado por sus familias o insatisfactorio por lo que fuese. Así pues, la bigamia no era ajena a las prácticas familiares y a los sistemas de herencia y, por lo tanto, los bígamos calcularían si les salía o no a cuenta establecer otra familia, dado que el castigo era tan duro.

Dada la frecuencia e intensidad de las ausencias masculinas, los casos protagonizados por mujeres casadas fueron muy pocos –en el tribunal de Galicia, eran el 15,2%–, pero fueron siempre muy escandalosos y por eso han llamado la atención. Se trataba de una anomalía derivada con frecuencia de la falta de información, habiéndose casado de nuevo la mayoría de ellas sin saber si los maridos seguían vivos, o desconociendo su paradero. Por ejemplo, Margarita de Ogando dijo ante la Inquisición de Santiago que al volver de Castilla, unos hombres le habían dicho que Juan Martín, su marido, había muerto y otra encausada afirmó que unos mercaderes de Castilla le habían informado que el suyo había muerto en un hospital de Sevilla, mientras ella hacía vida maridable con Pedro de Deza. Cuando eran ellos los bígamos, sucedía lo mismo: por ejemplo, "unos gallegos" testificaron que Pedro Conde, casado en Armariz con María do Barrio, con la que tuvo cinco hijos, la había dejado tras diez años de convivencia, emigrando a

---

[250] Pacheco, *Constituciones Synodales…*, 287.

Toledo, donde trabajó en una herrería y allí conoció a Ana García con quien acabó casándose[251].

Muchos casos revelan una falta de comprensión de los ritos del matrimonio por parte de las denunciantes o su credulidad. Ese fue el caso de Inés Fariña, quien en 1562 acusó de bigamia ante el provisor a Pedro Loureiro, de cincuenta años. Este hombre había trabajado para una viuda que tenía un hijo y una hija doncella, Inés, a la que Pedro cortejó, al parecer con el consentimiento de la madre, e hicieron vida maridable por dos o tres años, situación de amancebamiento de la que la joven parió una hija. Alguien les habló de casarse y un clérigo –el reo no recordaba quién los unió tomándolos de las manos; muerta la madre, la pareja convivió hasta que Pedro decidió poner tierra por medio. Varios años después Inés lo acusó de bígamo, pero el provisor dictaminó que no había caso porque el matrimonio no era válido al no cumplir los requisitos previstos por la Iglesia. De hecho, la intervención de la Inquisición se debió a que el reo había ofrecido dinero a Inés para que, ante notario, se apartase de la causa[252].

En otro proceso, un hombre de 46 alegó en su defensa que era solo un adolescente cuando se casó con María Pérez: en realidad había dado las manos a "cierta moza por vía de casamiento aunque no se acordaba qué palabras habían pasado porque no tenía seso para reparar en ello" y después habían hecho vida marital en casa de una abuela y allí un día "cierto clérigo" les había tomado las manos, de modo que tanto él como los familiares lo tomaron como matrimonio, tras lo cual vivió dos años con ella. También Lorenzo Vázquez afirmó que lo habían casado con siete u ocho años ante un clérigo, por palabras de presente, y que él después se había ido a vivir a Árbol (Tui) sin haber tenido nunca acceso carnal con su mujer. La falta de voluntad de casarse fue argumentada por Gonzalo Fornelos, quien dijo haber sido

---

[251] Los diferentes casos en: Allyson B. Poska, "When bigamy is the charge. Gallegan women and the Holy Office", en *Women in the Inquisition: Spain and the New World*, ed. por Mari E. Giles (Johns Hopkins U. Press, 1999), 189; Contreras, *El Santo Oficio...*, 323.

[252] Contreras, *El Santo Oficio...*, 536.

obligado bajo amenazas de los parientes de su primera mujer porque ella había parido de él. Es casi lo mismo que afirmó Juan Rodríguez, al asegurar que se había casado por fuerza porque habían tenido un hijo y luego un clérigo les había tomado las manos, aunque él mismo consideraba que no creía estar casado. En cuanto a Pedro do Palacio había tenido que aceptar a Dominga Vázquez como esposa tras haberse acostado con ella en casa de un cura y habiéndolos oído este y la madre de la chica y una criada, el clérigo les tomó las manos[253].

Otros acusados se escudaron en un supuesto déficit de honradez de sus mujeres. Por ejemplo, Gregorio López Pardo confesó que hacía catorce o quince años que se había casado con Ana García y vivió con ella durante siete y, al saber que ella vivía deshonestamente, se había ido a vivir a San Mamed de Grou, donde se cambió el nombre pasando a llamarse Juan Pardo, y se casó con Dominga Fernández. Juan Ferro justificaba su separación porque su mujer era persona "de ruin fama" y Gaspar de Chávez había abandonado a la suya, solo después de seis meses, porque era "mujer liviana", yéndose el a vivir a Rivadavia.

Los casos que se descubrieron eran, obviamente, solo el extremo visible, y quedarían impunes muchos otros bígamos. Entre los hombres fue una práctica bastante extendida perjudicando a sus familias y convirtiendo a sus mujeres en víctimas de una situación de indefinición e indefensión jurídicas. No era un problema moral, sino legal y social porque desarticulaba a dos o más familias. Las esposas pasaban a una situación de incertidumbre sobre su estado y en la gestión del patrimonio, los gananciales y la herencia, más todavía si tenían hijos, en cuyo caso podía haber un problema de tutela. Sucedía lo mismo con la segunda esposa, que perdería su condición de casada y se vería en los mismos problemas, pasando ella y sus hijos a un limbo legal o a ser ilegítimos. Ahora bien, se comprueba que con frecuencia los bígamos no vivían lejos de donde lo hacían sus primeras esposas, por lo que parece poco verosímil que ellas lo desconociesen. Por otra parte, no deja de ser paradójico que, en el fondo, la bigamia comportaba una alta

---

[253] Contreras, *El Santo Oficio…*, 538.

valoración del matrimonio para legitimar una segunda relación, como también para blindar el patrimonio de la nueva pareja.

El descenso brusco de los procesos inquisitoriales por bigamia a fines del siglo XVI quizá se debió a un menor rigor en la persecución, pero sobre todo fue el resultado del creciente recurso a la cohabitación, menos penalizada por la ley y admitida por la complicidad general, de modo que los amancebamientos de casados o no eran denunciados o lo eran, en su mayoría, por otros motivos. El tema no nos interesa en sí mismo, sino su tratamiento, si fue la iglesia la que se ocupó o la justicia civil y, por otro lado, el ejemplo social, no solo el del clero –que tratamos más adelante–, sino de otros privilegiados. Tampoco nos interesan las penas impuestas a los culpados –siempre inferiores a las de los bígamos–, sino constatar la importancia del hecho y su persistencia a pesar de las admoniciones de la Iglesia y de la gravedad del pecado. De hecho, la Inquisición atendió pocos casos de amancebados, al menos en el Norte, sin duda por la movilidad espacial, que diluía hilos familiares y constricciones morales, en especial las migraciones de tipo temporal, ya fuese estacional o polianual.

Era condición para abrir un proceso por parte de la justicia que una mujer estuviese amancebada y que no hubiera estado recogida, casta y honesta durante tres años, aunque los acusadores o los jueces solían indagar posibles antecedentes. Se buscaba el ánimo lujurioso, que el hombre la mantuviera o la sirviera de algún modo, o que lo tuvieran por costumbre y hubiera rumor entre los vecinos. En todo caso, la pena de destierro temporal estaba prevista en la ley para la mujer. Si eran párrocos o clérigos los denunciantes o la justicia ordinaria actuaba de oficio, la situación solía venir de lejos y que hubiese de por medio hijos o embarazos avanzados, sin ocultación posible si, por ejemplo, pasaban un visitador eclesiástico o un juez de residencia. Sin embargo, la poca frecuencia de estos casos en los tribunales sugiere que la familia consentía o ignoraba esas situaciones. Como ejemplo de connivencia nos vale que en 1570 la Audiencia de Galicia dio una provisión a pedimento de un representante de fray Fernando de Medina, abad del monasterio compostelano Pinario, a favor de Diego de Benavente Maldonado, alcalde mayor del monasterio, en razón de una condena de seis ducados y otras cosas por estar amancebado con María Álvarez, mujer soltera[254].

Del amancebamiento, como ya hemos señalado, se ocupó sobre todo la justicia local. De 1565 es una sentencia de Antonio Cornexo, juez de residencia en el coto de Camanzo, contra María Gómez, presa en la cárcel por estar amancebada con su vecino Fernando de Albixou, casado, condenándola a no encontrarse con él bajo techo o en lugar sospechoso, a riesgo de una pena de doscientos azotes y a pagar un marco de plata[255] y en 1570, Mayor de Alonso, en la prisión de Ponte-deume, apeló a la Audiencia la sentencia del alcalde mayor del marqués de Sarria que la condenó a un marco de plata y destierro por su relación con Lorenzo Fernández[256]. A los tribunales de la monarquía iban los que tenían detrás algún problema e incluso algún pleito o causa criminal que animase a alguien a delatar a los amancebados. En la Audiencia de Galicia hemos localizado 43 procesos de entre 1554 y 1598: parecen pocos, pero es una quinta parte de los atendidos antes de 1834. Se refieren a hombres casados de niveles socio-económicos positivos o a poderosos locales; implicaban el abandono de las esposas, procedían de toda Galicia y eran muy similares entre sí.

La peor parte la llevaban las mujeres solteras mayores de 25 años que eran reincidentes o no se apartaban de sus compañeros. En 1572, un juez de residencia que actuaba en el coto de Pastor llevó a prisión a Teresa de Callobre, delatada por su vecino y pariente Juan Pego porque hacía doce o trece meses era manceba en casa de Pedro de Aponte "de mano de dicho Pedro Pego", casado. María Pérez, pariente de Teresa, había sido testigo de los reproches de la esposa engañada, y otro testigo había visto a la pareja en ferias y compartir comida y bebida en público, incluso retirarse a un pajar una vez y otra a un molino. La inculpada confesó estar soltera y tener 24 años, y que su padre la había puesto en casa de Pedro de Aponte a aprender el oficio de tejedora, además de

---

[254] ACS, *Protocolos,* 050, f. 485.

[255] ACS, *Protocolos,* 037, f. 443.

[256] ARG, *Real Audiencia,* 14770-38.

ser "mujer muy honrada", pero acabó fugándose de la cárcel ayudada por un hijo de aquel[257].

Más complejo es un proceso de 1558 en el que hay amancebamientos cruzados. Alonso de Alcobre y Juana, su mujer, presos en la cárcel del coto de Piloño, denunciaron a Lope Verdes y la suya ante la Audiencia por injurias y amancebamiento. Parece que ellas se insultaron porque Lope había estado amancebado con una tal Dominga, con quien tuvo un hijo, y se había acostado con otras muchas, una de las cuales era hija de Juan Verdes. Un testigo confirmó la situación de Lope, pero añadió que Juan tenía relación con la misma Dominga, y que Lope una noche "había renegado de Dios" que le había de pegar. Según otro testigo, pariente de Juana, padre e hijo estuvieron amancebados con Dominga y el padre tuvo un hijo con ella y su hijo, una hija[258].

A la Chancillería de Valladolid llegaron casos de todos los territorios de los que hablamos aquí, casi siempre por demanda de mujeres que fueron acusadas de oficio por el fiscal o habían sido condenadas por las justicias locales[259]. A veces se trataba de pagos de fianza para

---

[257] ARG, *Real Audiencia*, 4262-58.

[258] ARG, *Real Audiencia*, 3259-29.

[259] Por ejemplo, varios casos de Cantabria: en 1554 Elvira Carera, de Cabezón de Liébana, con Gonzalo Ruiz de la Canal, vecino de Potes, ARCHV, *Registro de Ejecutorias,* caja 797-37. En 1585, Juana de la Sierra, del Valle de Otañes por estar amancebada con Juan de Talledo, casado (caja 1537-45); en 1591 Catalina García, de La Veguilla contra Antonio López, alguacil en los valles de Asturias y Santillana por haberla acusado de amancebada (caja 1809-40) y en el mismo año, el fiscal con Pedro Gutiérrez de Somoconcha, casado, de Pesquera, sobre reincidencia con su vecina, la viuda Juana González, viuda, de la que tuvo un hijo (caja 1705-83). O de León: en 1556 Catalina de Solís, vecina de Molinaseca, con el fiscal (caja 856-32); en 1561, la justicia de Valencia de Don Juan y el fiscal real con Ana de Valderas y con Pedro de Obelar, de la misma vecindad (caja 993-21); de esa localidad eran Pedro de Lorenzana y Catalina Hernández, acusados de lo mismo en 1581 (caja 1445-13); en 1566 Isabel de Astorga, vecina de Astorga, presa en la cárcel pública de Zamora, con el fiscal (caja 1092-55), etc.

salir de prisión[260], o de casos en donde los acusados cuentan con cola-boración[261] o, al contrario, mujeres agredidas físicamente o verbal-mente por estar amancebadas[262]. En muchas ocasiones, ellas estaban ligadas a clérigos, como veremos.

Algunas veces en esos procesos se interfirió una denuncia por incesto, lo que no sería difícil dado el nivel de endogamia ya señalado, aunque se trataba de incestos impropios. Cuando aparece, suele ser subsidiario de casos de amancebamiento o de adulterio. Por ejemplo, en 1590 en la causa en la que estaban implicados Diego Costilla de Avila, de Bembibre, Juan Ballestero e Inés Hernández, los dos de Pa-rada, pueblos de León[263]. En otro atendido por la Audiencia de Galicia, iniciado en 1576, hallamos un verdadero muestrario de las consecuen-cias de la endogamia, toda vez que se descubrió –aunque no se igno-raba– que el padre de una de las protagonistas tenía dos hijas extrama-trimoniales, por lo que había un parentesco oculto. En aquel año, ante Vasco Colmenero, juez de Baltar nombrado por el conde de

---

[260] En 1557, Pedro Rodríguez, vecino de Matachana, León, con Catalina de Solís, vecina de Molinaseca, sobre la devolución de dinero que él le prestó para pagar la condena por amancebamiento (ARCHV, *Registro de Ejecutorias,* caja 890-7). En 1571, Toribio de Amusco y su hija María, vecinos de Torrelavega (Cantabria) con Francisco García y Ruy Sánchez, su fiador, vecinos de Viérnoles sobre idén-tica causa (caja 1205-21).

[261] En 1582 hubo un pleito litigado por Antonio de Pantigoso, alcalde y justicia de Gordoncillo (Léon) con Juan Díez y Benito Fierro, de la misma vecindad, so-bre desacato y resistencia a la autoridad al tratar de impedir que arrestasen a Her-nando Díez y por amancebamiento, ARCHV, *Ejecutorias,* caja 1463-56.

[262] De 1571 es el pleito litigado por el fiscal con Luis Fernández de Holgueras, juez del concejo de Salas (Asturias) y Pedro Álvarez de Linares, escribano de ese concejo, y otros vecinos, por malos tratos dados a María de Vallejón que había sido acusada de amancebada (ARCHV, *Ejecutorias,* caja 1203-47). En 1588 Magdalena de Balanza, vecina de la Junta de Cudeyo (Cantabria) por amanceba-miento con el zapatero Alonso Bueno, casado, pleito al que se acumuló otro in-terpuesto por Magdalena contra Juan de Salinas, vecino del mismo por injurias contra su persona (caja 1619-1).

[263] ARCHV, *Ejecutorias,* caja 1284-6.

Monterrey, se presentó Vasco Colmenero el mozo, alguacil e hijo del juez, para denunciar a Francisca Fernández, soltera, y a Francisco Carnero, casado con María de Covelas, vecinos de Tejos, amancebados desde hacía cuatro o cinco años y padres de un hijo, sin haber sido castigados "lo cual siendo como era prohibido por leyes y pragmáticas de su majestad era fecho en gran deservicio de Dios nuestro señor y menosprecio de la justicia y a la República y de ello se da mal ejemplo". Peor era que "la dicha Francisca era parienta de la mujer del dicho Francisco en tercer grado y habían cometido incesto uno con otro" e "incurrido en grandes penas", por lo que se pedía prisión para ambos.

Las defensas se basaron en que la relación era anterior al matrimonio entre Francisco y María, en mutuas acusaciones de calumnia, en las amenazas del alguacil a Francisca y en su promesa de que recibiría una buena dote si confesaba contra su amante. Ella solicitó su libertad y prometió una fianza de diez mil maravedíes, pero fue condenada a un año de destierro, pago de costas y una multa de un marco de plata, un tercio del cual sería para el denunciador y dos tercios para la cámara del conde. Francisco, de quien ya vimos que decía estar casado, pero no velado, aseguró no saber si Francisca era soltera "porque ella va a las segadas y vendimias y a otras partes" o si era parienta de su mujer, porque hacía poco que vivía en Tejos; según él, no había incesto ya que durante la relación con Francisca solo estaba comprometido "por amonestaciones a casarse con María", y por eso "no tiene deudo alguno" con la encausada. En el proceso, que llegó a la Audiencia en 1577, todos los testigos eran parientes en algún grado de los acusados y ninguno de ellos supo firmar su declaración[264].

En cuanto al adulterio de mujer casada con soltero o casado precisaba que el marido la acusase para que la justicia pudiese calificar así una relación. Su castigo no era grave si era honesta, rústica y menor de veinticinco años; se tenía en cuenta también la dependencia marital y el temor hacia el marido. La Inquisición intervino en las situaciones de escándalo que le afectaban directamente: por ejemplo, en 1569 el inquisidor Manrique conoció la comisión de delitos de adulterio y rapto

---

[264] ARG, *Real Audiencia*, 1548-51.

contra la esposa de Sebastián Arenzano, familiar del Santo Oficio de Logroño, por parte otros miembros del propio tribunal, ante lo que reaccionó con rapidez condenando a todos ellos a penas bastante duras[265].

En uno de los peores casos que hemos visto en los tribunales civiles, el esposo intentó denunciar a su mujer ante la justicia ordinaria acusándola de adúltera, acusación que no prosperó porque se contradecía con la insistencia de él al respecto de la edad y mal estado físico de ella, al mismo tiempo que era de dominio público que pretendía casarse con su amante. Sucedió en Bangueses (Ourense), en 1558 y fue atendido por la Audiencia de Galicia en un proceso complejo contra Alonso de Gojinnde, el escribano Alonso Álvarez de Goginde y otros, acusados de "injurias reales" a Ana González, habiéndola llevado fuera del concejo para maltratarla y matarla y que su marido pudiera casarse con otra y heredar su dote. Los acusados habían huido. En la causa ante la Audiencia se personó Benita González, mujer de Esteban Rodríguez, con licencia de este, contra Alonso Álvarez, por haber "escaldado" y quemado a Ana, acusando a Benita de ser alcahueta, además de infamarla a ella y a su marido. Isabel Álvarez, mujer de Juan Prieto, madre de Ana, dio un poder idéntico para actuar contra Alonso Álvarez, "hombre de mal vivir" que había quemado a su mujer con un hierro, la había maltratado cada día y la había acusado de adulterio. Un testigo presentado por la madre, Benito González, labrador, de cincuenta años, declaró que hacía cuatro o cinco meses, estando en casa de Juan Goginde, hermano de Alonso, vio a Ana llorando y diciendo que su marido la quería matar "porque él decía que ella se echaba con Álvaro Martínez", ante lo cual ella "dio muchas voces y apellidos para que la ayudaran y varios hombres y mujeres fueron a ayudarla, pero las puertas de la casa estaban cerradas por dentro". Este testigo oyó que el marido la había pringado con tocino y le había puesto una espada desnuda a la garganta, con la colaboración de sus hermanos y otros hombres, yendo por la aldea diciendo que mataría al supuesto amante de su mujer; y que la llevó a casa de Alonso de Villanueva en donde

---

[265] Bombín, *La inquisición en el País Vasco…*, 35.

estuvo encerrada en una cámara sin contacto con nadie, añadiendo que se decía que los hermanos de Goginde habían matado a un hombre en Portugal hacía ocho o nueve años.

El motivo de fondo era que Ana "era vieja y cansada y no podía andar" y estaba muy maltratada, mientras que Benita González estaba parida de hacía ocho o nueve semanas. Los otros dos testigos dijeron lo mismo y ninguno de los tres supo firmar. La Audiencia dio orden para abrir el proceso y en sus folios leemos que Ana llevaba casada 18 años y desde hacía cuatro, por no tener hijos, él quería casarse con otra vez y quedarse con los bienes de ella y por eso había dado en maltratarla. El proceso fue muy extenso y un alabardero de la Audiencia procedió al embargo de los bienes de los acusados. Al final todos fueron declarados culpables, pero desaparecieron[266].

En un caso de 1593 publicado por Pedro Ortego, María Martínez Vigueira, casada, fue acusada por la justicia local de estar amancebada con Lope Pernas, pero no lo fue por su marido, por lo que no era adulterio. Esto no le restaba escándalo a pesar de que la relación tenía más de ocho años. Fueron encarcelados el matrimonio y el amante. En los testimonios salió que un hermano de Lope, Miguel, clérigo, había tenido también relaciones con María. Todos negaron el delito, en especial el incesto, entre protestas de respeto a los preceptos religiosos, en que para probarlo "hera necesario otra e más cablidades aver concurrido en los dichos efetos que no ai en la sumaria ynformación e ansí no es despantar que la sobredicha fuese e biniese a mi casa pues cesava toda sospecha e más la presunçión por el ynpedimiento de la afinidad que dizen tienen conmigo". María achacaba al juez haberla acusado de adulterio "contra las leis reales", en no haber sido acusada por el marido y en negar el incesto por falta de pruebas[267].

---

[266] ARG, *Real Audiencia*, 1116-49.

[267] Pedro Ortego Gil, "Condenas a mujeres en la Edad Moderna: aspectos jurídicos básicos para su comprensión", *Historia et Ius* 9 (2016) https://www.historiaetius.eu/uploads/5/9/4/8/5948821/ortego_gil_9.pdf .

No se puede descartar cierto consentimiento por parte de los maridos, al menos entre los sectores más bajos, como sugiere Iñaki Bazán para el País Vasco[268]. En Galicia hemos detectado ese mismo comportamiento en casos judiciales del siglo XVIII y en comentarios de jueces de la Audiencia, así que no es descartable. Ahora bien, no fue eso lo que vivieron otras mujeres, como Bárbara Pérez, denunciada en 1572 por su marido, Luis de Villamarín, quien en 1568 había sido juez de la ciudad de Ourense. Se habían casado en 1553, tras un acuerdo en el que ella recibió una sustanciosa dote y bienes de su padre, el canónigo Pedro de Barreiros, que la llamaba su sobrina; en 1559 y ante testigos de los desposorios –canónigos y racioneros de la catedral, algún artesano notable– el clérigo modificó el contrato en favor de los Villamarín y luego hubo varios episodios de herencias hasta la denuncia contra Bárbara por sus relaciones con Pedro Gómez, criado del secretario Arias González; ambos fueron encarcelados por orden del corregidor. En 1586 estaba casado con la hija de un abogado[269]. Es decir, la condena lo había favorecido. Hasta la Chancillería de Valladolid llegó un caso iniciado en 1573: Mendo da Cervela actuó contra Pedro Vázquez, merino de Camba y otras personas por haber puesto en libertad al escribano Juan de Sá, preso por delitos de adulterio; en 1580 Mendo actuó contra Leonor Gómez, su mujer y en 1585 se seguía la causa que terminó por muerte de ella sin haber recibido la resolución del tribunal vallisoletano[270].

El más dramático de los que conocemos sucedió también en Ourense. El canónigo Luis de Carranza en 1556 dotó con 1150 ducados a su sobrina Bárbara –su hija, en realidad– para casar con Alonso de Piñeiro, de A Coruña; el contrato incluía que si ella muriese sin hijos, el marido solo podría disponer de un tercio, retornando el resto al canónigo, mientras el novio le daba en arras la décima parte de sus bienes. La boda por todo lo alto tuvo por testigos a un abogado de la Real Audiencia, a un regidor de A Coruña y a un alcalde de Santiago. En 1558,

[268] Bazán, *Delincuencia...*, 287.
[269] Gallego, *Historia da muller...*, 94.
[270] ARG, *Real Audiencia*, 15486-31 y 15487-53.

un abuelo de la novia, Gabriel Damea, rector del beneficio curado Villaseco, reforzó el patrimonio de Bárbara con bienes muy notables, ante un procurador, y diversos criados del canónigo. En 1570 Bárbara fue acusada de adulterio con un tal Villafranca y se los condenó a muerte a ejecutar en la plaza mayor de Ourense, pero antes de que el verdugo interviniese, el marido los mató con su espada, en presencia del solicitador del conde de Monterrey, de un canónigo de la catedral, de varios franciscanos y de los alguaciles de la Audiencia. Acto seguido Alonso de Piñeiro fue llevado a prisión[271].

La historia de Iseo Álvarez de Gayoso se corresponde también con una familia poderosa implicada en el arriendo de rentas eclesiásticas y vinculada con otros grupos de poder civil y clerical. Era hija del regidor Fernán López de Gayoso y de Susana Álvarez de Cadórniga. Una vez viuda, Susana en 22 de junio de 1557, cedió la tutela de Iseo, de solo nueve años, a su propia madre para casarse con Jerónimo de Novoa, señor de Armariz, de solo 25 años, beneficiario de una rica herencia. La boda de Iseo se concertó cuando ella tenía 21 años con Antonio de Novoa, sucesor de la casa de Armariz hacia 1570 y la relación fue por mal camino, de modo que en 1575 Iseo fue denunciada por su marido de adulterio con Fernando de Sousa; ambos fueron presos por un auto del justicia del coto de Seixalbo, del señorío del obispo, y en el proceso declararon como testigos del ofendido varios miembros del cabildo catedralicio, párrocos de curatos ricos y notables de Ourense – algunos con el apellido Novoa–, de modo que ella se vio obligada a firmar un documento sobre el buen trato que Antonio le daba y aceptó entrar en un convento. Detrás de esto se constatan complejos intereses a favor de una hermanastra de Iseo, a la que irían a parar sus bienes, mientras la dote quedaba en poder del marido. No obstante, ella acudió a la Audiencia basándose en que había sido una donación forzada, estando ella en prisión y por el temor de que la matase su marido, a lo que él cedió y le devolvió todo salvo 1500 ducados y las joyas. El litigio se eternizó y todavía en octubre de 1587 Iseo solicitaba la relajación del juramento de la donación, que el provisor le concedió. La

---

[271] Gallego, *Historia da muller...*, 84.

muerte de Antonio en 1591 permitió a la viuda denunciar que él era hombre arrebatado, "poderoso y con señorío sobre muchos vasallos y jurisdicciones, lo que la había puesto siempre en inferioridad"[272].

No podemos terminar sin mencionar las separaciones y divorcios, procesos caros y complicados, en los que afloraban adulterios, desfalcos de las dotes y malos tratos, como en los casos ya mencionados y otros muchos referidos a familias poderosas, las mismas que a lo largo de estas páginas aparecen como contraventoras de las normas. En Navarra hubo 1.556 juicios de familia entre 1590 y 1700, de los que el 11% fueron separaciones y el 3,8% nulidades, sobre todo en zonas rurales, ya que no era fácil ocultar los problemas en el campo[273]. Pero carecemos de referencias para los territorios que nos ocupan.

El mal ejemplo en casi todo venía desde arriba, ya que entre la hidalguía urbana y rural se constata que esos comportamientos eran habituales y lo hacían a la vista de las gentes del común. Por ejemplo, en 1575, el rico regidor don Pedro de Ribadeneira tenía consigo un hijo natural tenido en Nápoles, que convivía con sus hijos legítimos y a quien dejó parte de su herencia, además de tener otra hija con Inés Afonso a la que dejó 300 ducados. Más significativo es que Alonso Méndez Montoto, alguacil mayor de Galicia, tuviese cinco hijos con diferentes mujeres solteras, uno de los cuales heredó su mayorazgo y el resto hizo carrera en la abogacía o en el clero, y las hijas en ricos conventos. O bien don Pedro Yáñez de Novoa, prototipo de hidalgo que en su viudez se rodeó de criadas que le dieron varios hijos, alguno de los cuales prosperó mucho[274].

---

[272] Gallego, *Historia da muller...*, 74.

[273] Campo Guinea, "El matrimonio clandestino", 205.

[274] Gallego, *Historia da muller...*, 44 y 112-117.

6. El sacramento indeleble: el orden sacerdotal

Quizá hubiera sido más adecuado situar este capítulo antes de los referidos a los otros sacramentos, por cuanto los curas eran los responsables últimos de impartirlos, directamente o solo colaborando. Pero lo que pretendemos es ver cuántos eran los que atendieron a las parroquias del Norte, sus circunstancias, capacidades y hábitos vitales para ver si cumplían lo que se esperaba de quienes accedían al sacerdocio a través de un sacramento que, con su carácter indeleble, marcaba a un hombre cuando apenas era un adolescente. Sin duda es un sector clerical del que se sabe mucho, pero, como venimos insistiendo, más a través de la normativa pre y pos-tridentina que de otra documentación ajena a la eclesiástica que arroje luz sobre la realidad.

El modelo ideal del clérigo, en especial, del párroco, estaba bien definido ya en la normativa romana y en las sinodales de los obispados del Norte anteriores a Trento y se consolidó en las posteriores. No vamos a repetir aquí su unánime monotonía, pero sí subrayamos que la reiteración indica su incumplimiento y que los obispos en algunos casos incluyeron indicaciones específicas sobre problemas de su propio clero. Ahora bien, al ser textos preventivos, podían estar exagerándolos. En líneas generales, tenían que acomodarse a su condición de hombres "de derecho muy privilegiado", que los obligaba a ser reconocidos por la tonsura y por el vestido, tanto en el templo como, sobre todo, fuera y en la vida diaria. Tenían que rechazar el amancebamiento –el suyo y el de sus feligreses–; ser pacíficos y no ser usureros; celebrar la misa respetando la liturgia y rezar las horas canónicas, siguiendo el breviario; conocer sus deberes y los de sus parroquianos, enseñándoles y haciendo que entendieran la doctrina[275]. Obviamente, los incumplimientos de todos y cada uno de estos renglones, solo mitigados a lo largo del tiempo, o subsumidos en el silencio de las fuentes, es lo que nos interesa en este capítulo, en especial aquellos que afectaban al foro privado del propio clero.

6.2. El número y los recursos del bajo clero

El número de clérigos por diócesis en tiempos de Felipe II es muy difícil de conocer porque no se hizo un registro sistemático. En general se emplean las cifras del recuento de 1591, que adolece de dos problemas graves: se hizo por provincias civiles y no por diócesis y no se sabe si se incluyó a los tonsurados sin parroquia o si se contabilizaron los regulares que ejercían como párrocos allí donde estaban los propios monasterios o sus prioratos. Por otra parte, los números ocultan que muchos clérigos residían en villas y ciudades –sobre todo en las capitales diocesanas–, en especial los que no tenían parroquias ni beneficios, porque en esos núcleos aspiraban a obtener recursos y, en todo caso, porque les atraía más la sociabilidad urbana; un ejemplo nos basta: en la pequeñísima villa de Alariz en Ourense a fines del XVI, tenía cuatro parroquias y allí vivían veinte eclesiásticos seculares sin apenas ocupación.

En 1591 habría en toda Galicia 3.090 clérigos seculares, menos que parroquias por cuanto una parte importante eran anejas, atendiendo a 122.183 vecinos, es decir, unos cuarenta por clérigo, media superada en Ourense y Tui. En la diócesis de Santiago los datos de una visita de 1546-47 dan una media de 20,9 vecinos, por lo que el crecimiento demográfico añadió feligreses. En Asturias la relación era de 41,5; en Astorga 43,6 y 47,3 en Ponferrada, muy por encima de León, donde eran 34,4; Oviedo, unos 25, y Burgos no alcanzaba los veinte; 22,3

---

[275] Baudilio Barreiro Mallón, "La diócesis de Ourense en la Edad Moderna", *Lugo, Mondoñedo-Ferrol y Orense. Historia de las diócesis españolas,* ed. de José García Oro (Madrid: BAC, 2003), 488.

eran en Tierras del Condestable, mientras que en la cántabra Trasmiera había 35[276]. Al coincidir diócesis y provincia, los datos de Tui permiten ver que tenía un clérigo por cada 191 habitantes –unos 53 vecinos–, pero de los 355 eclesiásticos recontados, un tercio no tenía función alguna. Si comparamos con Bretaña, por entonces, la población clerical era mucho más abundante; por ejemplo, en 1563, en 26 parroquias de la región de Nantes había 270, más de diez por parroquia, naturales de donde residían, no en vano en su mayor parte eran capellanes y ordenados de menores sin cura de almas y que solo eran clérigos para aprovechar los privilegios de su condición mientras que, entre los párrocos, el absentismo estaba generalizado[277].

En efecto, no puede decirse si eran pocos o muchos por lo dicho de su tendencia a vivir en espacios urbanos y, en realidad, resulta indiferente cualquier valoración basada en cifras dado que el absentismo era un problema general y persistente y porque si su comportamiento era inadecuado y daba mal ejemplo, mejor era que no residiesen en sus parroquias[278]. El problema estaba en los que carecían de función y eran de control muy difícil. Por ejemplo, en Ourense en 1591 la media de vecinos por eclesiástico secular era muy elevada, sin embargo de lo cual el obispo don Juan de San Clemente se quejaba en sus sínodos de 1584, 1585 y 1587 del excesivo número con respecto al de piezas eclesiásticas o de beneficios disponibles; una parte eran ordenados a título de patrimonio, cometiendo fraude al declararlo al incluir más bienes de los necesarios –que era un modo de ponerlos al margen de la fiscalidad– y más rendimientos de los reales para asegurarse la obtención de órdenes. El prelado buscó limitar el acceso a las órdenes por esa vía, ajustándolo a los casos de necesidad y procurando convertir en beneficiados al mayor número de ellos (1584), pero era una medida poco

---

[276] Calculados a partir de las cifras publicadas en "Demografía eclesiástica", *Diccionario de Historia Eclesiástica*, 2, 690.

[277] Brumont, "Le clergé diocésain", 231.

[278] Sobre el conjunto del clero en Galicia: Pegerto Saavedra, "Entre la teología y la labranza: el clero rural galiciano en los siglos XVI-XIX", *Cuadernos de Historia Moderna*, 46, 2 (2021): 441-486. DOI: https://doi.org/10.5209/chmo.78378.

efectiva por cuanto podían ordenarse en otras diócesis[279], incluso pasando a las del Norte de Portugal.

Planteamos aquí la cuestión del absentismo por cuanto era el correctivo indeseado del número excesivo de clérigos y quizá uno de los defectos generalizados en las diócesis del norte. Recordemos que había un tipo de ausencias estructural, las que afectaban a las parroquias anejas y a otras que tenían como titulares a miembros de instituciones, por lo que lo eran solo de nombre: por ejemplo, en la diócesis de Santiago cerca de un tercio eran componentes del cabildo catedralicio o de otras catedrales de colegiatas, o bien racioneros o capellanes del Hospital Real, entre otras situaciones que eran comunes a las demás diócesis.

Para medir el otro absentismo más grave, el de los párrocos, solo contamos con cifras para la diócesis compostelana: en la visita de 1546-1547, en 155 parroquias solo estaban presentes el 18,7% de los rectores y estaban ausentes el 74,8%, dudándose de los demás. El resultado es que no celebraban misa todos los domingos: en el 82% solo la había cada quince días y todavía más carecían de Santísimo, aunque a veces se justificaba por la dificultad de custodiarlo. A partir de mil maravedíes de ingresos el cura estaba obligado por las constituciones a decir una misa cada ocho días, aun si el número de vecinos no llegase a veinte, por lo que, en caso contrario se mantenía la situación anterior. En lugar de los titulares actuaban sustitutos que pasaban por las parroquias cada dos semanas y de los cuales una parte, el 15%, eran extranjeros. El problema de los sustitutos preocupó a todos los prelados. El arzobispo de Santiago, don Gaspar de Ávalos, en 1543 se dirigió a los arcedianos y vicarios informándolos de que sabía que muchos beneficios estaban cubiertos por personas carentes de virtudes, no dignas, ni hábiles y a veces sin ordenar, por lo que se infringían graves daños a los feligreses, ignorantes de lo que concernía a su salvación. Así pues, les exigía que lo informaran de esos nombramientos, pero recibió una respuesta negativa que terminó en un pleito ante la Audiencia de Galicia, cuya sentencia dio la razón a los apelantes –entre los que estaban varios de los rectores absentistas– basándose en sus derechos

---

[279] Carnicero y González, "Los sínodos de don Juan de San Clemente", 160-211.

históricos. Todo siguió como estaba y los visitadores –cuando iban, que era pocas veces– se limitaban a registrar la situación[280].

En 1558, don Francisco Blanco, siendo obispo de Ourense, envió una misiva a su clero a través de los arciprestes en la que recordaba a todos los beneficiados que debían residir en sus lugares y "tener continua habitación en ellos" o serían privados de sus beneficios si no lo cumplían antes de dos meses; todos debían presentar sus títulos beneficiales al provisor. Parte del remedio estaba en que tuvieran casas donde habitar, de modo que se quedasen sin el pretexto de vivir en las suyas atendiendo sus intereses particulares y desplazándose solo de vez en cuando a las parroquias. Para eso, el obispo de Mondoñedo don José de Yermo mandó en 1575, tras una visita a la diócesis, "que hagan casas (los curas) junto a las parroquias y los feligreses les ayuden para el edificar, porque ellos hagan mejor su oficio". Este mandato se repetirá hasta mucho tiempo después porque no era fácil conseguir que se construyeran esos edificios por falta de recursos de las parroquias y porque el clero absentista no tendría gran interés en promoverlas.

Además del número excesivo, se suele dar la pobreza como causa de los defectos del bajo clero secular: como conclusión, unos ingresos dignos conllevarían una dignificación social y una mayor responsabilidad. Entre quienes pensaban así estaban los jesuitas que en 1568 informaban sobre la situación de la diócesis de Oviedo, al afirmar que "los clérigos y curas de ordinario son idiotas porque los beneficios son muy tenues y así tiene esta tierra casi extrema necesidad de sí labrar de buenos obreros". Lo mismo opinaban el inquisidor Diego González, quien en carta de 20 de agosto de 1572 achacaba las deficiencias del pueblo y del clero de Galicia a que los "beneficios tan tenues y pobres que por esto no hay clérigos suficientes para poder hacer los oficios de curas ni se puede tener esperanza de que los haya en la gente común", y el obispo Diego de Aponte del clero de la diócesis ovetense después

---

[280] Barreiro, "La diócesis de Santiago", 186.

de hacer una visita en 1590 y ver que los presenteros se llevaban una parte importante de los ingresos de los curas[281].

Fuera de las recomendaciones y admoniciones de los obispos para que los curas leyesen y se formasen, apenas hay datos sobre su realidad. La idea de mejora constante del clero no se sabe muy bien de dónde sale, ya que no hay datos objetivos medibles, sino solo opiniones. De forma excepcional, en las valoraciones hechas por los visitadores de la archidiócesis de Santiago, se ha podido calcular que los conocimientos de los párrocos se consideraron "bien" en el 61,6%, regular el 26,7% y mal el 11,6%, lo que entre los clérigos mercenarios empeoraba, de modo que el 51,4% obtenía un "bien", 20% regular y 28,5% mal[282], pero no sabemos qué conocimientos se controlaron.

Por otra parte, no se puede comprobar que un factor tirase del otro: incluso puede asegurarse que los curatos ricos facilitaron el absentismo, al poder sus titulares delegar en sustitutos a cambio de parte de sus rentas. Los ingresos reducidos encajarían con los patrimonistas, pero sus familias habían inflado sus declaraciones para alcanzar la congrua y la pobreza que aducían se contradecía con las rentas declaradas. El obispo de Ourense en respuesta a una carta de Felipe II en 1590 decía que "hay clérigos muy pobres y que los patrimonios los han gastado aunque se ordenaron con ellos y son diferentes los patrimonios considerando la riqueza de cada tierra y que hay muchos beneficios capellanías servicios de anejos que no valen veinte ducados"[283]. Es decir, una vez que lo habían conseguido, tenían problemas económicos y vendían o enajenaban aquellos bienes, además de que nada hacían en las iglesias a las que estaban adscritos.

Pero, sobre todo, aunque suene demagógico, en general los ingresos y recursos de los párrocos estarían por encima de la mayoría de sus parroquianos y no por ello dejaban de cobrarles todos y cada uno

---

[281] Tuñón, "Reforma tridentina", 242. Contreras, *El oficio de la Inquisición…*, 318.

[282] Barreiro, "La diócesis de Santiago", 251.

[283] Fernández Cortizo, "Las Indias de estas partes", 78.

de los actos litúrgicos, ni las rentas, diezmos y primicias, lo que seguramente no ayudaba a su buena imagen. En el norte, el clero parroquial era el destinatario de la mayor parte del diezmo[284]. Si en Asturias o Cantabria esa participación era escasa debido a la pervivencia de los derechos de patronato laical, no sucedía así en Zamora, donde se llevaban el 55% o en Burgos (41%). Todavía más en León, donde dos tercios del diezmo iban al clero parroquial; el 65% del clero local percibía la totalidad de los diezmos mayores y todos los menores, y existía allí una estrecha relación entre el poder concejil, y su control sobre la parroquia, y el nivel de participación de los curatos en los diezmos[285].

En el País Vasco no había homogeneidad. En las parroquias que pertenecían a la diócesis de Calahorra, al no estar del todo integradas en la estructura diocesana, no contribuían a sostener a su jerarquía y en el resto, donde la cura de almas era atendida por el beneficiado más antiguo, este se llevaba un sexto del diezmo que tocase al beneficio. La pervivencia de derechos señoriales explica las diferencias en los ingresos del clero: mientras en Guipúzcoa los patronos se quedaban algo más de un tercio de los diezmos, en Vizcaya percibían cerca de la mitad. Dicho de otro modo, ya perteneciesen a la diócesis de Burgos o a la de Calahorra, los mejores ingresos eran los de aquellos clérigos que no estaban sometidos al régimen laical, llevándose en torno a un cuarenta por cien de lo diezmado[286].

En la archidiócesis de Santiago, el clero parroquial era el beneficiario de casi el 60% de los diezmos. Gracias a la encuesta para la imposición del excusado en 1573, se ha calculado que, para cada párroco, el diezmo suponía el 70% de sus ingresos y el resto procedía del cobro de otras rentas anuales como las primicias (10%) y las oblatas (9,5%);

---

[284] Elena Catalán Martínez "El diezmo como base del sistema beneficial", en *El delme com a font per a la història rural*, ed. por Elena Catalán, Gabriel J. Avellá y Enrique Llopis (2020), 49DOI: https://doi.org/10.33115/b/9788499845401.

[285] Laureano Rubio Pérez, "Párrocos, parroquias y concejo: el modelo parroquial leonés de las comunidades rurales concejiles durante la Edad Moderna", *Obradoiro de Historia Moderna*, 22 (2013): 129-166.

[286] Catalán, "El peso de la tradición", 51.

el producto de las tierras del iglesario (5%) y de los derechos de estola o pie de alta (5,5%), cerca de 900 reales anuales, que en el recuento de 1594 se habían elevado a un valor del diezmo de 1.185 reales y unos cien en concepto de primicia[287]. Sumando todo, los ingresos medios de los párrocos equivalían a los de un vecino y medio, es decir, al mantenimiento de unas seis personas, lo que demuestra lo que antes afirmábamos.

En la diócesis de Lugo recibían el 58,7% del diezmo, lo que beneficiaba a la inmensa mayoría de ellos. Es verdad que la nobleza titulada y la hidalguía se llevaban cerca de una quinta parte en un tercio de las feligresías, y monasterios y conventos algo más del diez por ciento, siendo muy pequeñas las participaciones del cabildo y el obispo, y de las órdenes militares. En Ourense los curas eran los perceptores mayoritarios, cobrando la totalidad del diezmo y solo en el 17% de las parroquias no lo percibían; en ciertos territorios tocaban a instituciones del clero regular. En Tui era casi el mismo panorama, dado que cerca de dos tercios del diezmo del clero secular era para los curas; el regular sólo se llevaba un 8,9% y el resto se repartía entre la nobleza y la hidalguía, las órdenes militares y un grupo heterogéneo en el que se contaba la Corona, e instituciones educativas y asistenciales[288].

En fin, en términos comparativos, el nivel general de los párrocos no justifica que se hable de pobreza o que se atribuyese a ese factor su ignorancia y la falta de ánimo de reforma. El obispo de Mondoñedo, don Juan del Yermo en 1575 reconocía que lo más grave era que los clérigos en la reserva no eran mejores que los ejercientes, aunque no había sido muy exigente en el control de la provisión de beneficios. Hizo más hincapié en la falta de sentido de la función clerical que se reflejaba en dos actividades lucrativas a las que el clero se dedicaba y que ese prelado condenó: la intervención especulativa en el arriendo de bueyes de labor a los campesinos, que "aunque tiene apariencia de

---

[287] Barreiro, "La diócesis de Santiago", 252.

[288] Ofelia Rey Castelao, "El reparto social del diezmo en Galicia", *Obradoiro de Historia Moderna* 1 (1992): 145-162.

piedad, no lo es, sino un modo breve de hacerse ricos con la sangre y sudor de los pobres" y en el comercio de vino, pan y textiles, adquiridos de los labradores en tiempos de cosecha, para venderlos en la temporada de precios altos en las ferias de los pueblos[289]. Insistía este prelado en el deber de la caridad, dado que los poseedores de bienes los había recibido en concepto de "préstamo" y debían compartirlos con los pobres. Era el componente usurario el que más lamentaba ese obispo, al igual que al arzobispo de Santiago don Francisco Blanco, cuyos escritos sobre el cura ideal excluían que fuesen "usureros", mercaderes y taberneros; traficar en ferias y mercados o aplicarse al arrendamiento de impuestos, cuando él mismo arrendaba los bienes de la mitra a terceros con un ánimo de lucro muy evidente. En las sinodales de Burgos de 1575 del arzobispo Pacheco da como algo que "acaece", que los clérigos tenían una serie de dedicaciones condenables, de modo que mandó que "no sean montaneros, ni mesegueros, ni viñadores, ni buhoneros, ni carniceros, ni taberneros públicos"[290].

Muchos otros emitieron idénticas condenas variando según las diócesis, pero en todo caso siempre en el mismo sentido. En fin, quizá era el clero mercenario el que más se significase en actividades poco adecuadas, habida cuenta de que, en la práctica, no se tenían a sí mismos por eclesiásticos. Por otra parte, cobrar los diezmos y los actos litúrgicos entraba en lo asumible y estaba protegido por el derecho canónico, pero la legitimación social se basaba en el valor moral y religioso de los servicios del cura y, más allá, no era aceptable cualquier otra dedicación.

Lo más sorprendente es que el discurso de los obispos sobre la dignificación de los ingresos del clero se contradijo con las cesiones, aprobadas por la corona, de diezmos y rentas de los beneficios a otros

---

[289] Segundo Pérez López. "Las visitas pastorales como fuente histórica. Aportación a su estudio en la Diócesis de Mondoñedo-Ferrol". *Estudios Mindonienses* 3 (1987): 133.

[290] Pacheco, *Constituciones sinodales...* , 234.

fines en la segunda mitad del siglo XVI[291]. El prioritario fue enriquecer las fábrica de las catedrales, por el impacto general que tenía una buena imagen del templo y de su ceremonial, de modo que se aplicaron antiguas normas sinodales que permitían a los obispos anexionarles las cuartas vacantes, beneficios sin cura y préstamos de la diócesis, lo que se inició en los años veinte del XVI y se aceleró después, a pesar de que implicaba mermas en los ingresos del clero rural, que, además, se hacían en favor del clero y de las instituciones urbanas.

Los obispos y los fundadores de conventos o colegios se sirvieron también de participaciones de diezmos para financiar sus iniciativas, lo que redundó en contra de muchos párrocos. Por ejemplo, cuando el conde de Monterrey fundó el colegio jesuítico de esa villa, uno de los frentes de oposición estuvo formado por los párrocos de los beneficios sometidos al colegio; en el convenio firmado en 1555 entre la casa condal y la Compañía, se previó una dotación basaba en rentas de un conjunto de beneficios cuyo derecho de patronato y presentación estaba en pleito con el obispo, renunciando ambos a los diezmos y rentas, pero solo quedó un tercio para el sustento de los párrocos. Lo mismo sucedió en 1593 cuando don Rodrigo de Castro, arzobispo de Sevilla, suscribió el acuerdo con la Compañía para el colegio de Monforte, cuya financiación en parte se hizo sobre beneficios eclesiásticos[292].

En la diócesis de Tui, el obispo don Juan de San Millán propició varias de esas detracciones. Los beneficios de Paredes, Nespereira y Tameiga fueron cedidos en 1549, 1550 y 1562 a mantener las cátedras de gramática y canto fundadas por su antecesor el obispo Avellaneda. En 1555 unió al convento de monjas de Redondela el beneficio de Estás a condición de que pagasen al párroco. En 1556 creó en el cabildo la lectoralía, dotándola con la mitad de las rentas de Vincios, además de dotar cuatro capellanías para la catedral y para sostener al cura. En 1562 unió el cuarto sincura de Negros a la fábrica para ayuda de la

---

[291] Fernández Terricabras, *Felipe II y el clero...*, 105.

[292] A. Cotarelo, *opus cit.*, p. 314 y ss. del vol. I.

Casa de Misericordia, etc. Varios prelados hicieron lo mismo para dotar las canonjías de oficio de las catedrales: por ejemplo, en Lugo en 1556 se destinó el beneficio de Rubián a financiar la magistralía. Y en la diócesis de Oviedo, el obispo don Diego de Aponte llegó a hacer una lista de 77 beneficios para dotar el seminario que proyectó en 1590[293]. Es decir, se comprometían recursos de un fondo para asignarlos a otro, como era habitual en procesos fundacionales en los que, en realidad, los fundadores no aportaban lo suyo sino lo que era de sus instituciones.

6.3. Las limitaciones reales de la reforma

6.3.1. Parroquias y poderes

Sin ánimo de exponer datos sistemáticos, no evitaremos las cifras para demostrar que la capacidad de los obispos para administrar y controlar a sus clérigos y feligreses estaba en gran medida limitado por el enorme número de sus parroquias y la presencia de otros poderes, el señorial en particular, contra los que poco podían hacer por cuanto ellos mismos ostentaban poderes temporales. Además, nos interesa hacer hincapié en que los habitantes de estos territorios tendían a confundir las diferentes jurisdicciones que les afectaban, si bien en muchas ocasiones revelan que sabían utilizar a su favor esa confusión.

En lo que se refiere a las parroquias de cada diócesis, el mapa era disparatado y no se corrigió. En primer lugar, en el tramo oriental de nuestro espacio, el obispado de Calahorra tenía una cuarta parte de su territorio en Álava, una quinta parte en Vizcaya y el 6% en Guipúzcoa, repartidos en feligresías de menos de diez kilómetros cuadrados[294]. En la actual diócesis de Cantabria en 1591 se contabilizaron 484 lugares y

---

[293] Rey Castelao, "La diócesis de Tuy", 571. Tuñón, "Reforma tridentina", 226.

[294] Santiago Ibáñez, "La diócesis de Calahorra", 135-183. Elena Catalán Martínez, "De curas, frailes y monjas: disciplina y regulación del comportamiento del clero en el obispado de Calahorra, 1500-1700", *Hispania Sacra*, extra I (2013): 229-253, doi: 10.3989/hs.2013.021.

24.073 vecinos con 694 clérigos seculares que correspondían a cuatro obispados: 540 parroquias a Burgos –la mayor parte de los arciprestazgos de Asturias de Santillana, Trasmiera, Campóo, Pas y el oriente regional–, 65 a León, 15 a Palencia y 4 a Oviedo; en la parte más oriental había villas importantes como Laredo y Castro–Urdiales y sus dependencias. En cuanto a la organización jurisdiccional, las entidades más representativas eran los dos corregimientos de realengo, Cuatro Villas de la Costa de la Mar y al sur Reinosa, y al realengo se incorporaron en 1571 y 1579 los Nueve valles de Asturias de Santillana; había además potentes señoríos bajo dominio de los Velasco y del duque del Infantado, y de importante monasterios y colegiatas[295].

Entre los datos que dio el obispo Diego de Aponte en su visita *ad limina* de 1594 consta que la diócesis de Oviedo sumaba 1.026 pilas, de las que 400 eran anejas de otras debido a su pobreza y poca población, pero nada se cambió. La diócesis tenía dos vicarías, Oviedo y San Millán –esta incluía villas como Valencia de don Juan y Benavente, muy distantes de la capital–, dualidad administrativa y territorial que fue una constante fuente de tensiones y conflictos por el ejercicio de la jurisdicción. El resto se distribuía en el deanato y los arcedianatos vinculados a las dignidades catedralicias, no menos conflictivos, y por debajo, 62 arciprestazgos[296].

La diócesis de León se componía del deanato, con las parroquias de la capital, y diez vicarías, el arciprestazgo de Sahagún, bajo jurisdicción del monasterio benedictino de ese nombre, y cinco arcedianatos, más el de Triacastela, situado en la provincia de Lugo: en total en 1587 tenía 842 lugares y 33.544 vecinos en 982 pilas. Astorga, situada en la provincia de León, se introducía en la Galicia oriental, pareciendo pequeña, esta diócesis tenía en ese año 40.622 vecinos divididos en 931 pilas. En ambas diócesis, el peso del señorío noble y la presencia de monasterios eran relevantes y afectaban a los derechos de presentación, como veremos. La compartimentación de León en varias diócesis llevaba a situaciones curiosas: la villa de Cacabelos pertenecía a

[295] Fonseca, *El clero en Cantabria…*, 39, 105.
[296] Tuñón, "Reforma tridentina", 221, 225, 228 y 229.

Santiago y Astorga, de modo que los vecinos podían pasar de una casa a otra para liberarse de ayunos y otros preceptos religiosos[297].

En Galicia disponemos de más datos, reveladores de la dificultad que entrañaba controlar a los fieles en un territorio que en 1591 se acercaba a los 700.000, y donde más del 95% de las parroquias eran rurales, pequeñas (unos ocho km²), organizadas en aldeas, verdadero núcleo rector de las relaciones humanas básicas. Es importante subrayar que las capitales de las cinco diócesis gallegas eran de señorío de los propios obispos o de estos y sus cabildos catedralicios, lo que constituía una fuente de problemas que distorsionaban el gobierno de las sedes y repercutían en el de las diócesis, en especial la de Santiago, cuyo arzobispo era el titular del mayor señorío de Galicia, con casi una quinta parte de los vecinos bajo su potestad[298]. La condición de señores y de obispos generaba una duplicidad conflictiva que se agravó debido a los cambios fiscales dictados por Felipe II que dieron a las ciudades el control sobre el nuevo sistema, toda vez que cinco capitales de las siete que tenían voz en las Juntas de Provincia –elevadas a Juntas del Reino un año después de la muerte del rey– eran de señorío episcopal.

La archidiócesis de Santiago tenía 1.060 parroquias en 8.549 km² –sin contar la vicaría de Alba y Aliste–, que incluían islas habitadas de complicado acceso. La capital era la mayor de las ciudades gallegas y en el territorio diocesano se situaban Pontevedra y A Coruña cuyo crecimiento obligó a los prelados a prestarles cada vez más atención, al igual que a las villas de la costa. El poder señorial, más de la mitad del espacio, pertenecía al propio arzobispo y algo más de una décima parte estaba bajo señorío eclesiástico, pero más de un tercio era de nobles e hidalgos, mientras la corona apenas tenía vasallos.

---

[297] García Tato, "La diócesis de Astorga", 133-356. Mª José Pérez Álvarez, "El clero parroquial de la diócesis de León en el siglo XVIII", *Cuadernos de Historia Moderna*, 46-2 (2021): 543-566

[298] Los datos de Galicia en Antonio Eiras Roel, "El señorío gallego en cifras. Nómina y ránking de los señores jurisdiccionales", *Cuadernos de Estudios Gallegos* 103 (1989): 113-135. Camilo Fernández Cortizo, "El señorío rural gallego en tiempos de Felipe II", en *El Reino de Galicia en la Monarquía...*, 345.

En el norte, rayana con las diócesis de Oviedo y León, Mondoñedo tenía 15.384 vecinos en 1587 distribuidos en 371 parroquias –un tercio eran anejas y sin párroco propio–, en cinco arcedianatos y los territorios del deanazgo, chantría y maestrescolía. Salvo Mondoñedo y Betanzos, que eran también capitales de provincia civil, no había núcleos urbanos vertebradores, y ambas sumaban un vecindario reducido –la sede apenas tenía un millar de vecinos–; en la fracturada costa se situaban las villas de Ribadeo y Viveiro, cuya actividad se veía mermada por la colmatación de sus puertos y que estaban poco conectadas con el interior. Los obispos acudían allí con cierta asiduidad para poner tierra por medio en los conflictos y tensiones con el cabildo catedralicio –en especial sobre el señorío de la capital– y con otras instituciones eclesiásticas. Los demás pueblos costeros hasta Ferrol eran muy pequeños, con apenas unas decenas de feligreses[299].

Situada en el suroeste, fronteriza con Portugal y con una amplia franja de costa, la diócesis de Tui solo tenía 1.700 Kilómetros cuadrados coincidentes con la provincia civil, y en 1587 se recontaron 13.834 vecinos en 242 parroquias y trece arciprestazgos. El poder señorial de la nobleza titulada –Sotomayor, Ribadavia, Gondomar, etc.– y de la hidalguía sumaban el 58,8% del territorio; la corona solo tenía el 6,1%; los monasterios el 8,7%; los concejos y los vecinos un 6% y el resto, de órdenes militares, como la encomienda de Beade, de la orden de San Juan, rebelde contra las visitas y a cuyas párrocos acudían los feligreses de otros para casarse sin apenas control. Así pues, el obispo y el cabildo de Tui solo tenían el 16,4%, que incluía la capital. En esa diócesis la red parroquial fue reajustada creando nuevas parroquias para atender a una población en aumento, a lo que no era ajena su condición fronteriza. En sentido contrario, el impacto de las hambres y de los contagios pestíferos del final del siglo XVI hizo que otras

---

[299] Baudilio Barreiro Mallón y Ofelia Rey Castelao, "La diócesis de Mondoñedo en la Edad Moderna", en *Lugo, Mondoñedo-Ferrol y Orense...*, 255-334.

desaparecieran[300]. Algunos cambios se hicieron con licencia del obispo, pero por iniciativa de terceros: por ejemplo, Carregal fue anexionada a Amorín en 1576 por las monjas del convento de Redondela por resigna del chantre Lope García Sarmiento, y Sta. Eulalia y Sto. Tomé de Mos se fundieron por interés de don Alonso de Quirós y Sotomayor, señor de Mos, quien construyó la iglesia parroquial en el centro de ambas, surgiendo así nueva entidad con 43 vecinos en 1587 que pronto adquirió título de villa[301].

Plenamente interior era la diócesis de Lugo cuyos 7.000 kilómetros no encajaban con la provincia civil salvo en la capital[302]. El número de sus parroquias era nada menos que 1.085, muy pequeñas[303]. Así pues, no es extraño que el 40,7% fuesen anejas de otras y que el reparto territorial del clero fuese muy desigual. La diócesis estaba dividida en cuarenta arciprestazgos que organizaban la comunicación sobre esa extremada pulverización, agravada por el poder señorial de la nobleza titulada –en especial la casa de Lemos– y la muy abundante hidalguía, cuyo dominio abarcaba dos tercios de las parroquias y del territorio; el 13,1% pertenecía a los monasterios, cuya influencia señorial era dispersa; al arzobispo de Santiago el 6,3% y el 6,4% a las órdenes militares. En ese panorama, con todo lo que significaba de

---

[300] Noveledo se dividió entre las vecinas; S.M. de Piñeiro fue incorporada a Sta. María de Cela -unidas sumaban treinta vecinos en apenas cinco kilómetros cuadrados; Cerdedelo en 1587 tenía sólo siete vecinos y fue unida a Torroso, al igual que San Juan y Santa María de Tomiño, Grixó con Alfán, etc.

[301] Ofelia Rey Castelao, "La diócesis de Tuy en la Época Moderna", en *Santiago de Compostela y Tuy-Vigo...*, 571-663.

[302] Ofelia Rey Castelao, "La diócesis de Lugo en la Época Moderna", en *Lugo, Mondoñedo-Ferrol y Orense...*, 95-166.

[303] El informe remitido a la corona en 1587 indica que "una pila con otra tendrá veinte feligreses. Estos viven apartados por los campos. Sólo Lugo y Monforte de Lemos terná cada pueblo hasta trescientos vecinos. Las villas de Sarria, Chantada, Puertomarín y Tracastela, ninguna de estas tendrá más de sesenta vecinos". Archivo General de Simancas, *Patronato Eclesiástico*, leg. 137.

control social y político, el obispo solo era señor sobre el 8,6% de las parroquias y el cabildo en el 1,2%.

La capital diocesana era en tiempos de Felipe II una ciudad pequeña –174 vecinos en 1542, y 429 en 1597–, dominados por un abundante clero. Obispo y cabildo compartían el señorío y una complicada convivencia. Una sentencia papal reconoció al prelado el poder de nombrar alcaldes sin que se resolviese la situación hasta una concordia de 1594, confirmada por el papa en 1600, por la que, a cambio de una renta anual en especie, el cabildo cedía al obispo la jurisdicción sobre la ciudad y su término y el derecho a poner alcaldes; poco duró el acuerdo, impugnado en 1601 por el cabildo. No era un problema menor, dado que el señorío de la ciudad implicaba todo el gobierno ordinario[304].

También era interior y muy rural la diócesis de Ourense, casi coincidente con la provincia, aunque en el lado oriental pertenecía a Astorga y a Valladolid, y en el occidental, a Tui y a Santiago; en sentido contrario, entraba "en Castilla", como dicen las fuentes, dado que le pertenecía un grupo de parroquias del arcedianato de Baronceli situadas en la actual Zamora. En total, en Galicia tenía unos 5.300 kilómetros cuadrados y 28.421 vecinos en 1587. La capital diocesana y provincial no pasaba de cuatrocientos, mientras las dos villas más importantes, Monterrey–Verín y Allariz, estaban lejos de esa cifra. El territorio se repartía en 651 parroquias, de las que una quinta parte eran anejas, aunque en la frontera con Castilla lo era la mitad dados su escueto vecindario y la falta de viabilidad económica, pero nada se hizo, como tampoco para equilibrar los diez arcedianatos, asignados a las dignidades de la catedral y uno al abad del monasterio de Celanova. Solo el 2,6% del territorio era de realengo. El poder señorial sobre el 57,1% del espacio era de la nobleza titulada –los Monterrey en especial– y de la hidalguía: se trataba de señoríos densos e importantes en los territorios más alejados de la sede episcopal. Un 3,9% era de

---

[304] María López Díaz, "El señorío temporal de los obispos de Lugo en la Edad Moderna: los conflictos e interferencias entre el poder señorial y las elites municipales", *Boletín do Museo Provincial de Lugo* (1993-94): 125.

órdenes militares de San Juan y de Santiago, 27 parroquias, verdaderas islas *nullius*. El clero secular –obispo y cabildo– controlaba el 11,3%.

La creación de la diócesis de Valladolid por parte de Felipe II solo complicó las cosas, pero no era el único interés de la monarquía en este territorio, constatable en la lucha por el poder sobre la capital diocesana. Los obispos se vieron en el dilema de defender los derechos señoriales de la mitra –sobre los cuales pivotaba en gran medida la aplicación de las reformas–, o doblegarse a las pretensiones de la corona de conducir a la ciudad hacia el realengo a través del corregidor. Dado que los ascensos dependían del rey y que era una diócesis de entrada, los obispos designados por Felipe II defendieron con ahínco desigual el señorío de la ciudad, que terminó con su recuperación parcial por los obispos en 1572[305].

Para la mayor parte del espacio que estudiamos, es importante subrayar la confusión que para los feligreses suponían los conflictos por los derechos jurisdiccionales como los sostenidos entre los obispos y los abades de los monasterios por el control y el derecho de visitar las iglesias dependientes de estos. En el caso de Ourense fueron especialmente intensos debido a la presencia de monasterios cistercienses y benedictinos muy potentes –Celanova, Oseira, Ribas de Sil, San Clodio, Montederramo, Xunqueira de Espadañedo–, con poder sobre una cuarta parte de la diócesis, lo que constituía una fuente constante de problemas para el gobierno episcopal, sin contar con la interferencia de grandes cenobios de otros obispados con fuertes intereses patrimoniales, señoriales y eclesiásticos.

6.3.2. Los derechos de presentación y de visita

Una de las principales limitaciones de los obispos, no solo los de las diócesis norteñas, estaba en los derechos de presentación de curatos, verdadero sistema de gestión privada del clero que Felipe II puso

---

[305] María López Díaz, "Del señorío al realengo. Ourense en los siglos XVI y XVII", *Cuadernos Feijonianos de Historia Moderna,* 1 (1999): 263.

un especial cuidado en no alterar, sobre todo tratándose de patronos civiles[306]. Lo peor de esos derechos es que generaban redes de clientelismo eclesiástico, de ahí la importancia de que se hubiera hecho una reforma sustancial en la adjudicación de beneficios y una redistribución de sus rentas, lo que ya habían intentado los Reyes Católicos. Lo cierto es que problemas y conflictos judiciales eran frecuentes, duros y largos, llegando incluso a Roma, períodos durante los cuales los beneficios podían estar vacantes por muchos años y eso, de nuevo, redundaba en absentismo.

El sacerdocio era así una especie de bien familiar transmisible – incluso entre la parentela bastarda, lo que era frecuente dado el nivel de concubinato clerical del Norte–, al margen, no ya de que sus ostentadores tuviesen vocación, sino de que contasen con una formación mínima. De modo que, teniendo los obispos el derecho de practicar visitas y en la realización de estas, el de dar órdenes y de proceder contra curas y patronos, la realidad es que unos y otros estaban al margen de su control porque los nombramientos no dependían de ellos[307]. Por otra parte, las visitas pastorales eran muy espaciadas y cuando eran practicadas por delegados de los obispos, se reducía su efectividad[308], de modo que solo podía esperarse a que una insistencia por goteo lograse que el clero fuese adecuando su conducta a lo que mandaba la Iglesia. En todo caso, en esas circunstancias, difícilmente podían aplicarse las reformas que afectaban a los clérigos como tales y al cumplimiento de su oficio.

Si los sínodos pre-tridentinos recordaban la obligación de someter a examen a quienes pretendiesen acceder por primera vez a un beneficio o cambiar a otro de rango superior, no se exigía prueba para seguir en el mismo o cambiar a otro similar, salvo si la licencia estaba suspendida. El Concilio ordenó que la colación de beneficios curados se hiciese siempre por concurso, previa publicación de edictos y no por

---

[306] Fernández Terricabras, *Felipe II y el clero…*, 99.

[307] Fonseca, *El clero en Cantabria…* 43.

[308] Catalán, "De curas, frailes y monjas", 229-253.

designación libre por parte del obispo[309], pero eso no se cumplía. La lucha por imponer un examen bajo control episcopal se dio en todas las diócesis, al menos sobre el papel, con resultados muy escasos, toda vez que su práctica escondía elementos resbaladizos como el enfrentamiento entre los obispos y los arcedianos y otras dignidades y abades por el intervencionismo episcopal en la jurisdicción eclesiástica diocesana y, no digamos, con patronos laicos. No obstante, el problema de la escasa calidad de los clérigos estaba menos en el déficit formativo que en su inserción en un sistema de relaciones de clientela cuya principal misión era la gestión del capital social y la defensa de los intereses económicos de sus patrocinadores[310]. Además, debemos preguntarnos si aseguraba algo que fuesen los obispos los que tuviesen el derecho de presentación.

La mayoría de las iglesias vizcaínas y guipuzcoanas pertenecían, por derecho de fundación o donación real, a patronos legos, y de estos dependía la elección de candidatos, en tanto que los templos y sus servidores eran propiedad del usufructuario. Lo patronos se opusieron con denuedo a que sus clérigos quedaran bajo jurisdicción episcopal y, por lo tanto, a pagar los tributos que le debían en reconocimiento de su potestad. Al menos, desde 1543 el obispo de Calahorra consiguió que se le permitiera entrar en el Señorío de Vizcaya, aunque solo para asuntos canónicos, sin poder sobre laicos que hubiesen cometido delitos eclesiásticos, y sin entrometerse en temas relacionados con el patronato, toda vez que su autoridad era ajena al sistema foral[311].

En Cantabria había conventos y monasterios con atribuciones espirituales y las tenían algunos monasterios situados fuera: por ejemplo, el de Oña nombraba los clérigos de 24 parroquias y 8 en Liébana,

---

[309] Fernández Terricabras, *Felipe II y el clero...*, 99.

[310] Fonseca, *El clero en Cantabria...*, 175-177.

[311] Elena Catalán Martínez, "El clero rural vasco durante la Edad Moderna", en *Entre el fervor...*, 17-56. Catalán, "De curas, frailes y Monjas", 24-26. Robert Muro Abad, "El clero diocesano vasco en los siglos XV y XVII: una imagen", en *Religiosidad y sociedad en el País Vasco (s. XIV-XVI)*, ed. de Ernesto García Fernández (Bilbao: UPV/EHU, 1994), 56.

además de su priorato, y el de Silos contaba con también con muchas feligresías. Unos y otros designaban a los curas y percibían diezmos. En otro sector tenían derechos jurisdiccionales varias colegiatas: la de Santillana nombraba curas en 41 lugares y a la de Aguilar de Campoo se le añadieron algunas todavía en 1541. Había además otros casos de titularidad privada dirigidos por un arcipreste como las de Laredo, Castro Urdiales y La Barquera, a los que pertenecían varios lugares, y había patronatos de laicos en otros espacios, si bien no eran tanto de la nobleza titulada como de una nobleza de menor nivel –condes de Lences y de Escalante, marqués de Aguilar, etc.– y muchos hidalgos que se aferraron a sus derechos y los defendieron, no en vano tenían valor económico y sobre todo de capacidad de designar curas a su conveniencia[312].

En tierras de León esos derechos de presentación se confundían con el poder de los concejos, pero también era grande el poder de los monasterios. En la diócesis de Astorga, de 599 curatos, 42% eran de presentación laica o eclesiástica, 56% de provisión libre y un 2% de patronato real; entre los presenteros estaba señores jurisdiccionales de la alta nobleza como los marqueses de Astorga y los condes de Miranda; en la zona del Bierzo lo eran los monasterios y en ese y otros espacios, las colegiatas, como la de Villafranca[313]. Y en Oviedo muchos derechos de presentación eran del obispo y del cabildo, pero también eran numerosos los de los monasterios. Los enfrentamientos con estos fueron constantes como, por ejemplo, con el de Celorio, amparado por el papa en sus pretensiones, de modo que no se llegó a una concordia con el obispo hasta 1609, acuerdo inútil, por cierto. Las parroquias de patronato laico eran importantes y significativas y uno de los frentes de actuación de los prelados, toda vez que los rectores veían detraer una parte de sus emolumentos por parte de los patronos. Los abades de la abadía de Arbás, en el puerto de Pajares, pretendían ejercer una jurisdicción *quasi* episcopal tanto en el territorio colegial como

---

[312] Fonseca, *El clero en Cantabria…*, 41.

[313] Rubio, "Párrocos, parroquias", 129. García Tato, "La diócesis de Astorga", 133.

en los curatos dependientes: afectados por un absentismo sistemático, los priores querían tener la cura sin licencia y los de las parroquias provistas por la abadía se resistían a las visitas del obispo[314].

En Galicia, la confusión se producía, más bien, entre el derecho de presentación y el poder señorial, o bien estaba unido a ciertas tierras, foros u otros derechos, por lo que aquel podía venderse, aforarse o administrarse mediante intermediarios, de tal manera que con frecuencia estaban muy fragmentados entre decenas de personas. En la mayor de las diócesis, Santiago, según la visita Jerónimo del Hoyo de 1607, el 32,4% de las parroquias eran de presentación de monasterios, si bien en 1547-48 lo eran casi el 40%; del cabildo catedralicio el 12,3% aunque había sido del 17,9% y los nobles titulados pasaron del 10% al 8,3%. Por el contrario, los laicos habían ganado poder, de modo que presentaban el 38,5% cuando antes tenían poco más de una cuarta parte, en tanto que el arzobispo y el ordinario crecieron solo del 3,1% al 7,3%. En algunos casos, los cambios de titularidad se debieron a la pérdida de derechos por incumplimiento grave de sus obligaciones por parte de los presenteros, por lo que se dieron a la comunidad parroquial o los retuvo el propio arzobispo[315].

En la diócesis de Tui, nobles e hidalgos presentaban el 36,3% de las parroquias; de la real y ordinaria era el 37,4%; el cabildo en algo más del diez por ciento y los monasterios el 5,6%. En 1596 se creó la Hermandad y Cofradía de los sacerdotes del arciprestazgo de Montes que era un modo de proteger sus derechos. En Ourense menudearon los problemas por la presentación en sí mismos y los derivados del absentismo de los titulares, los sustitutos descontrolados y las prolongadas interinidades, que tanto afectaban a la administración material y religiosa de las parroquias, pero el obispo solo presentaba el 7,3% de los curatos, y el clero secular, incluido el cabildo, el 21,5 %, así que tenían graves limitaciones. Los conflictos por el derecho de presentación se produjeron sobre todo con los monasterios, que controlaban el

---

[314] Tuñón, "Reforma tridentina", 223, 279, 328, 331.

[315] Barreiro, "La diócesis de Santiago", 187.

26,8%, y con la nobleza titulada (Monterrey, Lemos, Ribadavia, etc.) que lo hacía sobre un tercio de las feligresías, si bien estos dos sectores también litigaron entre ellos. Una de las situaciones más conflictivas derivaba de que el abad del monasterio de Celanova era titular de uno de los arcedianatos, en el que los obispos solo consiguieron el derecho de visita en una concordia de 1539 por la que, además de confirmarse la exención del monasterio, el abad, en cuanto arcediano, nombraría a un vicario cada dos años, sometido al obispo, y los derechos de visita se dividirían entre las iglesias regidas por monjes, visitadas por el abad, y las regidas por clérigos seculares, que lo serían por el obispo. No era el único monasterio conflictivo, ya que el de Ribas de Sil todavía en 1589 discutía el derecho de visita al obispo.

Para ver alguna de esas tensiones tomamos como ejemplo la diócesis de Lugo, donde el obispo solo presentaba el 13,9% de las parroquias, concentradas en torno a la capital, al igual que las del cabildo catedralicio. Así pues, el 60,5% pertenecían a nobles e hidalgos y un 22% a monasterios y a órdenes militares, distribución que se agravaba en áreas de la montaña occidental, donde tres cuartos de los curatos eran presentados por el sector noble. La situación peor estaba en los espacios *nullius*, lo fueran o no, dado que, a la falta de control sobre las designaciones, se unía la dificultad o la imposibilidad de que fuesen visitados por los obispos, lo que fue motivo de complejos procesos judiciales. Ese era el caso de los abades del monasterio de Samos, que tenían el privilegio de ser prelados *nullius* por el que estaban directamente sometidos a Roma y exentos de la jurisdicción episcopal. En su distrito, compuesto por 33 parroquias, el abad hacía las visitas anualmente y controlaba los libros parroquiales y desde su audiencia eclesiástica, ejercida por un monje que hacía de provisor y vicario, procedía a llevar a cabo el control; así pues, el abad resolvía los asuntos judiciales y jurisdiccionales civiles y criminales y además, presentaba, examinaba, hacía concursos y nombraba párrocos e incluso convocaba sínodos con el clero secular, de forma que al obispo solo le quedaban la confirmación y las sagradas órdenes. En 1542, el obispo Suárez Carvajal quiso hacer una visita por sí mismo, pero el abad ganó el pleito consiguiente y hubo que esperar a que finalizase Trento y se modificasen un tanto las normas para que los obispos lucenses intentaran de nuevo imponer su autoridad, y así lo hicieron don Fernando Delgado y don Fernando Vellosillo en 1564, 1569 y 1574. El resultado fue un ir y venir judicial que concluyó en una concordia firmada en 1623.

Otro monasterio importante, San Vicente do Pino de Monforte, tenía el derecho de presentación de diez parroquias y sus abades eran titulares del arcedianato de Monforte, formado por otras 28. Al igual que Samos, el abad reunía al clero cada año, a modo de sínodo y realizaba las visitas, además de tener la jurisdicción ordinaria con apelación al papa; alegando pobreza y mediante acción del nuncio, en 1553 el papa le permitió la anexión de doce feligresías con sus rentas. Así pues, las tensiones con los obispos eran constantes. En 1547, el obispo puso pleito y la jurisdicción del arcedianato se hizo acumulativa, alternándose en el ejercicio de la visita, pero en 1569 el abad impidió su acceso a la iglesia del cenobio y el conflicto llegó a Roma; tras un rosario de incidentes, en 1594 se firmó una concordia por la que el conocimiento de todas las causas pertenecía a ambos poderes, según al que llegara, sin apelación de uno a otro sino al metropolitano de Santiago. No terminó así el conflicto, que fue llevado a la Chancillería de Valladolid por el obispo Otaduy, pero, de nuevo a través del nuncio, el papa mandó en 1596 que se respetase la concordia, que llevaría a otro acuerdo por el que el obispo cedía al monasterio la jurisdicción sobre el arcedianato y se mantenía la duplicidad sobre la villa; las causas resueltas por el abad podrían apelarse al obispo y las parroquias anejas al cenobio se darían a clérigos seculares, examinados, aprobados y nombrados por el obispo. Los roces resurgieron al poco tiempo por desacuerdo de los prelados, que veían así cercenados unos derechos que Trento les reconocía[316].

Con respecto a los monasterios, un problema general para el noroeste fue el de los monjes que actuaban como párrocos en los lugares donde había prioratos. En el caso de los benedictinos, durante el

---

[316] Rey Castelao, "La diócesis de Lugo", 137.

generalato de fray Jorge Manrique, coincidente con el final del Concilio y las reformas de Felipe II, el capítulo general de Valladolid de 1562 decidió suprimir los prioratos de menos de doce monjes y así se recogió en las constituciones de 1563, cuya aplicación a los monasterios, al menos a los de Galicia, se encomendó a visitadores de la orden a los que se dotó de poderes del papa y del rey, pero esto no los libró de una reacción negativa y de la oposición a esa medida. Los defensores de que se mantuvieran argumentaban que los monjes eran buenos sacerdotes, cumplían sus obligaciones como tales, atendían a los pobres y colaboraban con los vecinos, hasta el punto de afirmar que "si los hidalgos les ocupan las tierras ahora qué será si se ausentan de ellos", argumento poco creíble ya que los prioratos eran ante todo los encargados de cobrar las rentas y de vigilar el patrimonio con mano firme. En todo caso, Felipe II parece haber transigido a la demanda de los monasterios y los prioratos se mantuvieron, aunque no siempre los monjes se ocupaban de la cura de almas, sino clérigos seculares designados por los cenobios[317].

Como dijimos, las órdenes militares tenían escasa presencia en las diócesis que nos ocupan, pero no podemos eludir el hecho de que tenían derechos similares a los del clero regular y que fueron problemáticos porque, en realidad, estaban bajo el control de casas señoriales y amparados por su condición *nullius*. Como en todas partes, era notoria la aversión de los obispos a que dentro de sus diócesis hubiera parroquias e iglesias de jurisdicción autónoma, pero el patronato eclesiástico les fue ratificado a las órdenes hispanas por el Concilio y aceptado por Felipe II, de forma que mantuvieron la jurisdicción privativa en todo pleito que opusiera sus iglesias a las autoridades eclesiásticas. Antes y después de Trento se comprueba que hubo visitas de los obispos. En la diócesis de Tui las hubo en 1541, 1560, 1563, 1577, 1588 y aún en 1605; excluidos después de ese derecho, los obispos utilizaron los mandatos sinodales para limitar las capacidades de las órdenes, sobre todo en lo que se refería a las licencias de matrimonio. En la diócesis de Mondoñedo, santuarios como Regua y Teixido fueron visitados por

---

[317] Fernández Cortizo, "Los monasterios cistercienses", 11.

el obispo hasta 1560 pero en 1571 se le impidió; prelados y visitadores de la orden alternaron las visitas en 1573 y 1591 pero ya no volvieron después. Claro está, en las parroquias de la orden de Santiago, el patronato real garantizaba a Felipe II el control religioso de las parroquias[318], de forma indirecta porque no se libraron de la interferencia de los poderosos locales.

En los territorios de la orden de San Juan o de Malta, desde mediados del siglo XVI las encomiendas eran gestionadas por apoderados y administradores o gobernadores que solían ser priores de la orden, a lo que se añadía la condición de vicarios generales. La orden, ajena a la monarquía, defendió con denuedo la jurisdicción eclesiástica frente a los obispos, así como sus derechos de presentación de curatos –75 dispersos por el territorio–, que incluían iglesias de peregrinación como San Andrés de Teixido, por cuanto a los ingresos económicos se añadían la influencia sobre el pueblo, además de que la mayoría de esos curatos servían para el cobro de rentas. Ahora bien, esta orden optó por cubrir sus parroquias mayoritariamente con gallegos[319].

Las encomiendas y los curatos unían el control eclesiástico con el temporal y el de los numerosos arrendatarios y subarrendatarios de tierras, rentas y diezmos, y tanto las redes creadas a partir de la presentación de los párrocos como la jurisdicción, eran de gran utilidad para las órdenes militares, aunque eso no les evitó una intensa conflictividad que fue a parar a los tribunales.

Para terminar, debemos incidir en que era el clero parroquial el realmente importante, por su capilaridad e influencia, pero, como hemos visto, los obispos tenían muy limitadas sus capacidades para designarlo y controlarlo. Ese clero era parte de un sector que creció mucho en la segunda mitad del XVI –lo hizo más en tiempos más tardíos— ya que el patronato sobre las parroquias no era suficiente para las

---

[318] Fernández Terricabras, *Felipe II y el clero...*, 178.
[319] Ofelia Rey Castelao, "Las Órdenes Militares en la Galicia moderna: la Orden de Malta", *Universitas. Homenaje a Antonio Eiras Roel* (Santiago de Compostela: Universidad, 2001), 193-212.

familias con cierto poder de modo que, por todas partes, dotaron patrimonios y capellanías directamente atribuidas a aquellos que no heredaban los vínculos: segundones, hijos bastardos o miembros de ramas laterales de la parentela o de clientelas accedieron a las órdenes sagradas sin vocación ni formación religiosa. En una misma feligresía convivían beneficios curados, beneficios simples, capellanes y ordenados de menores, lo que para los feligreses era confuso, ya que no era fácil distinguir su adscripción a los diversos escalones clericales, o les indiferente, ya que todos eran clérigos[320]. Ahí estaba el problema esencial de los obispos, dado que apenas podían hacer nada para controlar sus comportamientos y así siguió siendo mucho tiempo después.

6.4. El clero errante y forastero

En actas sinodales y visitas con cierta frecuencia se hallan referencias, casi siempre negativas, a los clérigos extranjeros y a los falsos clérigos. Sin pertenecer al mismo rango, planteaban los mismos problemas, o eso se deduce de los temores y prevenciones manifestados por los obispos, que incluían a los ya mencionados "obispos de gracia", nómadas clericales que iban por los pueblos para bendecir, confirmar o conferir la tonsura, a veces sin conocimiento de los ordinarios, lo que después de Trento se corrigió[321].

Sí se constatan sustituciones entre el bajo clero. En su sínodo de 1541, fray Antonio de Guevara, obispo de Mondoñedo, denunciaba una especie de invasión indeseada de forasteros que, además ignorarse cuáles eran sus títulos o sus aptitudes pastorales, detraían rentas al clero diocesano. Aseguraba el prelado que "muchos clérigos franceses y otros de otras partes y muchos frailes... andan diciendo misas y aun siendo rectores de muchas iglesias"; algunos "vienen apóstatas y sin licencia" y por su idioma diferente no se les entendía, mientras que "muchos clérigos naturales de la diócesis no tienen que comer por aver

---

[320] Catalán, "De curas, frailes y monjas", 229-253.

[321] Fernández Terricabras, *Felipe II y el clero...*, 236.

tantos extranjeros". También ordenó aplicarles un control estricto, de modo que ninguno podría tener en su iglesia como excusador o sustituto a un clérigo o un fraile foráneos, salvo que ya llevasen diez años residiendo en la diócesis[322].

En la visita de la archidiócesis de Santiago en 1546, el visitador constató la presencia de numerosos franceses como sustitutos de los titulares de las parroquias –al menos el 15%–, de los que no se sabía si estaban ordenados, ya que no constaban sus títulos, y se ignoraba todo sobre su formación o su moralidad. Esos clérigos se localizaron sobre todo en los puertos –Camariñas, Malpica, Laxe– pero los había en parroquias del interior, supliendo a rectores que vivían en Compostela. Lo más llamativo es que, además, muchos estaban ausentes y pasaban por las parroquias solo para oficiar la misa y pocas veces lo hacían más de una vez cada dos semanas. Había otros de procedencia extraña como Hungría, de los que se decía que habían llegado como peregrinos y que ocupaban algunos beneficios pequeños en el entorno de Santiago, algunos de cuyos titulares residían en Roma. Las razones reales de la presencia de unos y otros, que tuvo su mayor intensidad en 1530-1550, pueden estar relacionadas con el avance del protestantismo, pero eso no explica la aversión de los obispos, que chocó con el recurso judicial de los titulares[323].

El problema aparece mucho más tarde registrado en las disposiciones de Burgos de 1575 en las que don Francisco Pacheco dedicó un capítulo a esta cuestión porque "después de aver permitido a los clérigos extranjeros de estos reinos que anden vagando de obispado en obispado se han visto grandes inconvenientes y males; y no saber si sus títulos son aprobados", se ordenaba a los provisores que no les diesen licencia "para decir misa ni ejercer otros oficios divinos ni para estar de morada en este nuestro arzobispado", castigando a quien lo permitiera[324].

---

[322] *Synodicon Hispanum...*, 82.

[323] Barreiro, "La diócesis de Santiago", 185-186.

[324] Pacheco, *Constituciones synodales...*, 62-64.

No se trataba solo de extranjeros. En el mismo sínodo burgalés se dedica otro capítulo titulado "de clérigos peregrinos" a prever la acción de eclesiásticos de fuera, mandando que los que de otro obispado no se llamasen a los oficios divinos ni a celebrar, ni administrar sin licencia del ordinario, ya fueran frailes, monjes o clérigos seculares, si no aportaban letras testimoniales o comendaticias de sus prelados "porque estando excomulgados o suspensos, y no les admitir en sus obispados, se irían a celebrar a otro donde no son conocidos", lo que era preciso cortar. Pacheco era muy claro en que nadie los admitiera por tales y no pudieran administrar los sacramentos en parroquia alguna sin su licencia o de los provisores penalizando a los contraventores. Pero concedía excepciones selectivas, como los capellanes "de algún señor de título o persona muy conocida y principal o fue con persona constituida en dignidad que pase por este arzobispado y les quisiera decir misa o por su devoción", o a clérigos de obispados comarcanos conocidos o que "vinieran a bodas o honras o a otras cosas por si acompañaban algo superior secular o regular si se podía admitir"[325].

Eso nos lleva a la observación de la condición foránea de una parte muy importante del clero del Norte, un tema recurrente en las protestas del clero local en los siglos posteriores. Fue expresado de forma contundente por el benedictino fray Martín Sarmiento (*Elementos Etimológicos*, 1758-66), al denunciar que desde principios del siglo XVI "los no gallegos" habían llegado al reino de Galicia como "merinos, jueces, escribanos, curas de almas, etc.", puestos que eran provisiones "de castellanos" sin apenas dar empleo a los naturales, y lo habían hecho "no para cultivar sus tierras, sino para hacerse carne y sangre de las mejores, y para cargar con los más pingües empleos, así eclesiásticos como civiles", a lo que añadía su falta de comprensión del idioma, toda vez que los "hermanos, sobrinos, primos, parientes, paisanos y criados de los presenteros cargaban con todos los empleos…

---

[325] Pacheco, *Constituciones sinodales…*, 63.

hablaban ni entendían gallego y así se introdujo el abuso de escribir y actuar en castellano"[326].

Esas quejas tendría que haberlas aplicado Sarmiento a su propia orden ya que, como la cisterciense, seguía una política de extraterritorialidad calculada para evitar la conexión entre los religiosos y las familias poderosas locales y que estas pudieran beneficiarse de las rentas de los cenobios, como había sido hasta las reformas a las que ambas órdenes habían sido sometidas en la primera mitad del siglo XVI. En razón de esa práctica, entre 1555 y 1610, de 152 monjes que entraron en el monasterio compostelano de Pinario, solo 28 eran gallegos, el 18,4%, y de 110 novicios, aun desconociendo el origen del 13,6%, lo era solo el 22,7%, entre los que estaban todos los hermanos legos. Un 9% eran extranjeros –irlandeses e ingleses refugiados– y la mayoría era de Castilla y León (44,5%) y La Rioja (6,3%), y el resto eran vascos, extremeños, andaluces, manchegos, asturianos, etc. Ni uno de los abades de ese riquísimo cenobio fue de origen gallego en tiempos de Felipe II. En el cisterciense de Sobrado, entre 1583 y 1600 entraron cincuenta novicios, que en su mayoría procedía de Valladolid y su contorno y de Tierra de Campos (32,4%), una quinta parte de Castilla-La Mancha y un 17,6% de Galicia, además de haber una décima parte compuesta por irlandeses y portugueses[327].

En las casas de ambas órdenes situadas en las otras diócesis era así también porque el sistema de reclutamiento propiciaba la extraterritorialidad. Sarmiento aludía a una cuestión de fondo, la comunicación, pero lo hacía con referencia sobre todo a la comprensión de los no castellano-hablantes en los tribunales de justicia. Cistercienses y benedictinos tenían una actividad doctrinal o misional limitada por lo que la comunicación con el común tenía más bien un carácter económico

---

[326] Extractos obtenidos de José L. Pensado, "Lingua e identidade en Frei Martín Sarmiento", en *As linguas e as identidades: ensaios de etnografía e de interpretacion antropolóxica* (Santiago de Compostela: Universidad, 1997), 117.

[327] Ofelia Rey Castelao, "Cistercienses y benedictinos en la Galicia Moderna: evolución numérica y análisis social", en *Actas del Congreso Int. sobre S. Bernardo y el Císter en Galicia y Portugal* I, (Ourense: Oseira, 1992), 309-328.

y señorial –es decir, para el cobro de rentas– y por derivación, judicial. Muy diferente era la cada vez más numerosa e influyente presencia de los franciscanos, cuyo reclutamiento era casi solo regional: de los novicios que entraron en la orden en tiempos de Felipe II en Galicia eran gallegos el 85%, a lo que se unía que eran mayoritariamente rurales y tendrían facilidad idiomática, quizá no para predicar y atender los actos litúrgicos[328], sino para la interrelación.

En territorios con dos idiomas, tanto los predicadores franciscanos como los jesuitas pusieron interés en aprender vasco o bretón para emplearlos en la confesión, la predicación y las misiones[329]. En Galicia no hay evidencia alguna de eso, pero al menos los padres de la Compañía eran conscientes de los problemas generados por no ser gallegos, ya que en su mayoría eran castellanos. Por lo que afirmaban, la condición foránea les creaba problemas de adaptación y por eso muchos de los destinados a los colegios norteños se resistieron a ir: el provincial Pedro Villalba reconocía que "naturalmente hay poca inclinación de los objetos de ir para allá". Para salvar las reticencias, en 1588 se recomendaba a quienes habían estado en ellos que diesen una imagen positiva de Galicia en Castilla, y a quienes permanecían, que evitasen "plática de gallegos" para que los naturales no notasen sus faltas. Al tratar del colegio de Monforte, el jesuita Diego García hacía referencia a la inadaptación que sentían los jesuitas castellanos y el padre Gaspar Moro se refería al largo tiempo necesario para integrarse en una cultura distinta, de modo que hacía falta persona "que conozca y tenga experiencia de cómo se ha de tratar la gente de esta nación" y "es menester que en estos colegios de Galicia haya hombres que, castellanos de nación, tengan tal estima y aprecio de los gallegos que con su autoridad

---

[328] Ofelia Rey Castelao, "El clero regular mendicante en Galicia: evolución numérica, procedencia social y comportamientos de los franciscanos, ss. XVI al XIX", *Archivo Ibero-Americano* 195-196 (l989): 459-490.

[329] Fañch Roudaut, "L'audience de la prédication en langue bretonne à la fin de l'Ancien Régime", *Mémoires de la SHAB* LXVII (1990), 79-106.

y religión puedan informar y entablar a todos los que de nuevo vinieren"[330].

En el tribunal de la Inquisición de Logroño fueron frecuentes los inquisidores locales, porque se tuvo en cuenta el factor lingüístico de Vizcaya y Guipúzcoa, la mitad norte de Álava y el norte de Navarra, y por eso se nombró a vascos para los puestos, aunque en las visitas actuaban también intérpretes. Por la distancia se permitió que los inquisidores de distrito nombrasen cargos y comisionados para asuntos delicados, lo que hacían entre amistades y familiares, miembros de cabildos eclesiásticos o con influencia en la vida municipal, útiles para lidiar con las justicias ordinarias, a cambio de lo que les interesaba, que era la jurisdicción y la exención fiscal concedida en 1568, más quizá que la promoción social[331]. Así fue en el caso de Galicia, donde a los inquisidores se les dieron prerrogativas muy amplias, de modo que se nombró a gallegos, rompiendo la norma de nombrar a foráneos para evitar conexiones familiares y sociales; se buscaba también que conociesen la tierra y que consintiesen en ir, y por las resistencias de cabildos, regimientos municipales y audiencias pusieron a aceptar funcionarios externos. Quijano de Mercado, el primer inquisidor de Galicia, en 1574 decía "que esto en este reino se tomaba con mucha atención". Las protestas de la Real Audiencia y de los cabildos catedralicios llegaron a la corte, pero el fuero siempre protegió a los infractores y esto ayudó a consolidar de la autoridad inquisitorial frente a las otras instancias jurídicas[332].

Las acusaciones del padre Sarmiento apuntaban también al clero secular, en el que la realidad le daba la razón, dado que en los nombramientos de obispos por parte de Felipe II –ya con Carlos I–, recayeron en su inmensa mayoría en hombres nacidos en otras diócesis, lo que respondía a la lógica de evitar la generación de redes. Lo mismo se puede decir de los canónigos de los grandes cabildos y algunos de los

---

[330] Rivera, *Galicia y los jesuitas...*, 116,130, 310 y 311. Fernández Cortizo, "Les missions populaires", 315.

[331] Reguera, *La Inquisición española...*, 155.

[332] Contreras, *El Santo Oficio...*, 318.

cabildos pequeños, no en vano una parte entraba en ellos por haber llegado en el séquito familiar y social de los obispos o había accedido mediante concurso a las canonjías de oficio, las más abiertas al acceso de foráneos, en especial de quienes habían pasado por las universidades de Salamanca, Valladolid y Alcalá.

Con respecto al clero parroquial, Sarmiento aludía directamente a las designaciones hechas por los presenteros. No se puede certificar la invasión de foráneos, al menos Galicia. Sí conviene subrayar que una parte relevante era de origen urbano: los datos disponibles para la diócesis de Santiago desde que se conservan expedientes, 1630-60, revelan que el 34,7% de los ordenados eran naturales de villas y ciudades, una proporción muy elevada si se tiene en cuenta que estas apenas reunían al 5% de la población[333]. Que era bueno que fuesen naturales se traduce en las fundaciones de centros de formación para el bajo clero: por ejemplo, cuando en 1590 el obispo de Oviedo proyectó el seminario, los requisitos de entrada eran que los candidatos fuesen pobres y naturales de la diócesis[334].

En 1558 el jesuita Pablo Hernández decía respecto a Ourense que "los curas de las iglesias de esta tierra que son algunos castellanos" y daba a entender que el colegio de Monterrey obtenía ventajas del trato con los de procedencia castellana porque tenían más cultura y nivel espiritual. Esto parece confirmarlo uno aspectos de los convenios de 1574 y 1584 entre la casa condal de Monterrey y la Compañía, ya que uno de los objetivos de reforzar la enseñanza era llenar "la tierra de clérigos letrados y virtuosos y suficientes para que el Conde los provea en los beneficios de su patronazgo sin traerlos de Castilla" y que Galicia viniese "a ser gobernada por los naturales y no por los extranjeros"[335]. Es lo que reclamaría el clero hasta el siglo XVIII.

---

[333] Damián Porto Rico, *El clero de la diócesis de Santiago, siglos XVII a XX* (Santiago de Compostela: Universidad, 2022).

[334] Tuñón, "Reforma tridentina", 226.

[335] Rivera, *Galicia y los Jesuitas…*, 122.

6.5. Los defectos de la moral

Los amancebamientos de clérigos eran muy comunes en el norte en general y tanto las autoridades eclesiásticas como las justicias civiles encontraron grandes dificultades para remediarlos, desde el País Vasco a Galicia. Sobran noticias de una realidad que parecía inabordable. Por eso o por el bajo horizonte moral del pueblo, era el defecto menos grave porque se entendía como parte de la naturaleza humana y propia de hombres jóvenes y sin familia o, en el caso de los patrimonistas, porque siguieron entre los suyos sin cambiar su modo de vida. El mal ejemplo que transmitían era serio pero sobre todo lo eran las consecuencias: que los curas amancebados no corrigiesen a sus feligreses, que no denunciasen a los amancebados y sobre todo que, al tener hijos, se pervirtiesen otras costumbres, bautizándolos o casándolos ellos mismos o favoreciendo su entrada en el clero por la vía de la presentación, como se constata en la diócesis de Ourense donde en la primera mitad del siglo XVI hasta el treinta por ciento de los nuevos ordenados eran hijos de clérigos[336], y ya hemos mencionado el 47% de los hijos de canónigos compostelanos que hicieron carrera en el cabildo. Según lo que se lee en el sínodo de don Juan de San Clemente para aquella diócesis, en 1579 algunos clérigos recompensaban a sus compañeras dándoles una dote de matrimonio, casándolas ellos mismos y luego seguían con ellas, viviendo todos juntos, con sus hijos[337]. Algunos casos que hemos visto ya revelan que la condición de padres los llevó a beneficiar a sus hijas de forma que sin duda causó escándalo.

La medición de este fallo moral es imposible, pero es fácil constatar que estuvo enquistado a lo largo de todo el siglo XVI y después, por lo que no vamos a referirnos a todo lo que los obispos comentaron y ordenaron, solo dar pinceladas separadas en el tiempo para probar la falta de efectividad si no se aplicaban medidas de corrección. En todo caso, de poco valdrían por cuanto, los infractores podían acogerse al

---

[336] Fernández Cortizo, "Las Indias de estas partes", 83.

[337] Carnicero y González, "Los sínodos de don Juan de San Clemente", 160.

fuero eclesiástico: si se les mandaba dejar a sus compañeras, podían apelar a los tribunales metropolitanos como lo eran el de Oviedo, Santiago y Burgos y obtener amparo, lo que no deja de ser paradójico.

Por ejemplo, en la diócesis de Oviedo, hallamos los mismos argumentos desde las constituciones de mediados del XVI hasta principios del XVII y lo mismo en Ourense, donde pueden seguirse en las de 1544 en adelante; en esa diócesis, los jesuitas de Monterrey en 1556 informaban de que "las costumbres de los eclesiásticos y de los seglares están muy estragadas y más las de los eclesiásticos que antes eran y los que más con su vida escandalosa instaban a los seglares"[338]. En 1576, en respuesta a una carta de Felipe II sobre el problema de la cohabitación de clérigos con mujeres, el obispo Tricio de Arenzana reconoció "la más soltura y menos recato en cuestión comunes a clérigos y legos" y muchos "teniendo manceba en casa e hijos y nietos, dicen". En 1614 el obispo Sebastián de Bricianos afirmaba en su visita *ad limina,* que

> "la castidad en este Reyno y obispado en los eclesiásticos se guarda muy mal y, aunque se procura hacer el deber en su correccion y castigo, no somos poderosos para echarles los hijos de sus casas, aprovechandose de muchos medios que procuran de invenciones, estratagemas y pleitos. Y de tenerlos en sus casas resultan el escándalo y mal exemplo que dan a los seculares, y hacerse avarientos, cudiçiosos y tratantes para dejarlos ricos, y con este color no son nada limosneros"[339].

En las sinodales de Calahorra de 1553 se mandaba que "ningún hijo bastardo de clérigo ayude en público a missa, ni a los oficios divinos a su padre... lo qual se hace muchas vezes según somos informados". Extensísimos y prolijos son los mandatos de Pacheco de 1575 para la diócesis de Burgos, y en los de Pamplona de 1591 se lee "que no tengan mancebas, ni mujeres sospechosas en sus casas. Y si alguno

---

[338]Tuñón, "Reforma tridentina", 223. Fernández Cortizo, "Las Indias de estas partes", 55.

[339] Pazos, *El episcopado gallego…*, 2, 57.

tuviere mujer de servicio, que sea sin sospecha y mayor de cuarenta años o parienta suya dentro del tercer grado"[340]. En ese mismo año, el obispo de Mondoñedo, Caja de la Jara, en el informe a Roma anotó que había tomado idéntica medida, amenazando a los incumplidores con castigarlos como concubinarios públicos y pidiendo a Gregorio XIV que esa norma se impusiera de modo general. Sin embargo, la Cámara de Castilla suprimió esta súplica arguyendo que no había necesidad de pedir la opinión de Roma sobre lo que entraba en la potestad y derecho de los obispos en sus territorios[341]. En la diócesis de Santiago a principios del XVII una visita permitió constatar que el comportamiento de los párrocos era poco o nada adecuado en casi el 40% de los casos, entre los mercenarios la primera cifra era más baja, pero compartían la tipología: 43,6% por incontinencia; 16% por embriaguez, un 2% por juego, y el resto por negocios inapropiados (18,2%), exorcismos y otros problemas[342].

La Inquisición tampoco castigó con la contundencia esperable al clero diocesano, en gran medida por no haber más denuncias o que estas hubieran sido seguidas por una penalización y no fue así: en 1576, en el paradójico caso de Pedro López de la Ribera, un clérigo casado que se ordenó sacerdote sin anular el matrimonio y sin dejar de cohabitar con su mujer, la sentencia le fue disminuida a una multa en dinero por ser hombre de iglesia "honrado y virtuoso y por tener dinero"[343]. Es decir, se tuvo en consideración que era uno de su mismo sector social.

No obstante, insistimos en que es preciso ir a otros tribunales para hallar un sinfín de causas. Si el clérigo alegaba el fuero eclesiástico, su compañera sería castigada con arreglo a la ley y a decisión del juez superior, según las circunstancias, el nivel de escándalo y las costumbres. Pero si no lo hacía, el caso iba a la jurisdicción ordinaria y los dos

---

[340] Catalán, "De curas, frailes y monjas", 47.

[341] Fernández Terricabras, *Felipe II y el clero...*, 275.

[342] Barreiro, "La diócesis de Santiago", 251.

[343] Contreras, *El Santo Oficio...*, 628.

componentes de la pareja eran libres y no serían castigados como amancebados y la mujer no podría ser llamada manceba de clérigo[344]. Es en los tribunales civiles donde hallamos muchos y variados casos que afectan a todo el territorio: reteniendo solo algunos que fueron a parar a la Chancillería de Valladolid, en pueblos de León hallamos mujeres amancebadas con clérigos de la misma localidad y de la propia parroquia[345]; al igual que en Cantabria[346], o Asturias[347], o en el País Vasco[348], todos muy parecidos.

A veces una acción imprudente del clérigo acababa destapando su situación personal. Son casos en los que se intuye una venganza por parte de sus feligreses. En 1584, el rector de San Pedro de Caaveiro,

---

[344] Margarita Torremocha Hernández, "Manceba de clérigo en la Castilla Moderna. La ruptura del modelo de identidad femenina", en *Mujer e identidad en tierras hispanohablantes: historia y civilización*, coord. de Marie Élisa Franceschini-Toussaint, Sylvie N. Hanicot Bourdier y Margarita Torremocha Hernández, (Éditions Universitaires de Lorraine, 2023), 97-118.

[345] En 1561 el fiscal real con Isabel García, vecina de Bembibre, sobre amancebamiento con el clérigo Francisco González (ARCHV, *Ejecutorias*, caja 1010-19), en 1571 en las mismas circunstancias procesales, María Martínez, Villamor de Órbigo con Miguel de Cariñena, clérigo del mismo lugar (caja 1205-19); en 1582, se expidió una real provisión al alcalde mayor del adelantamiento de Lón, para que se cumpla auto a petición de Ángela de Mazuelos, de Casayo, contra el clérigo Bernardino Álvarez (caja 1465-81).

[346] En 1592 María Ruiz, hija de Juan Ruiz, vecina de Cacicedo, con Pedro Hernández, clérigo (ARCHV, *Ejecutorias*, caja 1730-18). En 1593 el fiscal del rey y Alonso Quer del Castillo, alguacil de Reinosa, con María Díez, vecina del Concejo de Valdearroyo, con Antonio Ramírez, clérigo del lugar, e incesto porque eran primos (caja 1735,15).

[347] De 20-8-1591 es una real provisión dirigida al escribano que llevaba el proceso contra Teresa Méndez, vecina del Concejo de Ibias, a petición de ella, para que le expida un traslado de la sentencia que la condenaba a un año de destierro, un marco de plata y pago de costas procesales por estar amancebada con Juan de Salas, cura de Cecos (ARCHV, *Ejecutorias*, caja 1700-37); en 1592, el fiscal con Juana González, de Sobrefoz, que lo estaba con Juan Alonso, cura presbítero, beneficiado de San Juan de Beleño (caja 1720-36), etc.

[348] Álvarez Urcelay, "Iglesia, moralidad", 99.

Bartolomé de Canicouva, denunció a Fernando Leitón, vecino de Soaserra, Ares Pérez, de Güimil y otros, por cuanto, hacía un par de semanas había ido a "su casa y beneficio" dejando "muchos muebles y bienes raíces y monedas de plata y ganado y allí a dos mozos criados suyos y los inculpados reventaron la casa de la que habían tenido cuenta y espía y el domingo de carnaval antruejo aprovecharon que los mozos habían salido a festejarlo". El cura alegaba que eran ladrones públicos y pedía su prisión. Un criado del clérigo, de 34 años, afirmó que Leitón, igual que su padre, robaba y que Fernando había sido condenado a galeras, además de haber tenido relación con una moza bajo amenazas; otro testigo de parecida edad e igual de analfabeto, corroboró la historia y añadió que Fernando "es el tirador de caminos robador de mujeres y fornicador", y un tercer testigo lo confirmó. Quienes testificaron del lado de Fernando aseguraron que este había sido alguacil durante años, con vara de justicia, mientras que el párroco vivía públicamente con Catalina Gómez desde hacía cuatro o cinco años y "es su barragana y la tiene en su casa y la lleva con él al anejo", y que para encubrir este delito había denunciado el robo, de cuya descripción deducimos que, en realidad, era un embargo de bienes; otro testigo, de cuarenta años y también analfabeto, destapó que el clérigo tenía un hijo y los otros siete, de los que solo uno supo firmar, añadieron que el cura había estado amancebado con otra mujer antes de Catalina, teniendo un hijo de ella, además de andar metido en pleitos. Leitón exigió a la Audiencia que la pareja concubinaria fuese llevada a prisión, lo que seguramente no se produjo[349].

No podemos seguir sin subrayar que muchos casos se resolvían en el foro privado, mediando una recompensa económica. Por ejemplo, es sospechosa la confesión hecha por María Fernández, vecina de San Martín de Salcedo en 5 de noviembre de 1579, desmintiendo las acusaciones vertidas contra ella por Antonio de Santiago, párroco de la compostelana feligresía de Solovio, de haber tenido acceso carnal con él[350]. Más grave fue el asunto resuelto en otra escritura notarial de 20

[349] ARG, *Real Audiencia*, 3225-33.
[350] ACS, *Protocolos*, 075, fs. 170-171.

de enero de 1584 entre Tristán Saco, vecino de Vermun (Lugo), actuando por su hija López, y el bachiller Alonso Vázquez Díaz, rector de esa feligresía: el padre pretendía llevarlo ante el tribunal de la Inquisición o ante cualquier otra justicia, o a la decisión de jueces árbitros, por haber estuprado y desflorado a Isabel "siendo ella doncella recogida y de buena fama"; Tristán exigía que la dotase "conforme a su calidad por ser hidalga y de buenas partes", mientras que el acusado lo negaba, pero "por otras dichas causas y respetos que entre ambas partes movieron de conformidad entre ambos dos y por evitar pleitos se concuerdan en que se apartan de dichos pleitos que pretendían seguir y se revocan los poderes que habían dado para ello"[351].

Ante un notario de Ourense en 1591, un racionero de la catedral que había denunciado por vía criminal a Juan Clemente, alguacil mayor de esa ciudad, y a Antonio de Coba por el rapto de su hija María, sacándola de la casa del regidor Pedro Pardo, se plegó a declarar que no eran culpables, aunque se obligaron por escritura a pagar las costas, unos veinte ducados[352]. Y en octubre de 1603, también ante notario, se firmó un compromiso entre el bachiller Pedro Vaamonde, rector de Dormeá y Os Ánxeles, cerca de Santiago, y Bastián López de Ribadiso y Alonso Gondín, vecinos de esa última parroquia, para terminar un pleito por la denuncia contra el clérigo por su amancebamiento con Inés Gómez y otras cosas, designando jueces árbitros para que viesen el asunto y lo sentenciaran[353]. Son el extremo visible de un problema de mucho mayor profundidad y extensión.

Otra cosa es la solicitación, un delito que se disputaron obispos e inquisidores. Los sínodos repetían que los curas no debían confesar a nadie en sus casas o en situaciones privadas, pero los visitadores no actuaron con rigor, por lo que no pudieron afrontar la presión de la Inquisición para quedarse con esta competencia. En 1561 esta se hizo con su control gracias a don Fernando de Valdés, y en 1570 se reforzaron las acciones de persecución, pero con éxito limitado porque, para

---

[351] ACS, *Protocolos,* 091, fs. 68-69.

[352] Gallego, *Historia das mulleres...*, 83.

[353] ACS, *Protocolos*, 121/1, fs. 194-195.

evitar el escándalo entre los fieles, era preciso mantener la discreción y, además, había que respetar los derechos de los confesores, lo que limitaba las denuncias. Para hacerlo se consideró que era suficiente con un solo testigo en los casos de solicitación y no los dos como era preceptivo, y las sentencias serían semipúblicas, ante los otros confesores.

Los casos atendidos por los tribunales inquisitoriales de nuestro territorio se refieren tanto a clérigos seculares como regulares. En el de Logroño, que entre 1571 y 1610 atendió 2.515 procesos, con máximo en 1586-1590, solo 35 de los 480 referidos a moral sexual eran casos de solicitación y en Galicia, de 1.049 personas procesadas en idéntico período, 187 eran clérigos, mayoritariamente seculares –87% eran párrocos, 4,3% canónigos y 8,6% eran ordenados de menores–, pero solo un 4,1% fueron casos de solicitación[354].

El mal comportamiento del clero incluía otros aspectos inapropiados, en especial la embriaguez, a veces unida al juego y ambos a las faltas de moral sexual. No era punible pero sí criticable. En las visitas a la diócesis de Santiago se contabilizó a un 18% de clérigos con esos fallos. Era un problema transversal en el que la historiografía francesa ha hecho especial hincapié por su persistencia cuando ya estaban otros en vías de resolución[355]. Quizá no fuese un hábito muy dañino de la imagen de los clérigos, dado que se atribuía al resto de la sociedad: en 1590 el obispo de Ourense en respuesta a una carta de Felipe II, escribía de sus fieles que era "gente amiga de holgar, criada desde la cuna con vino puro que es yesca de desconciertos de la carne y hasta la muerte no lo dejan ni hombres ni mujeres", y que estas "beben tanto como los hombres y sin agua"[356].

Lo que preocupaba más era que los clérigos bebiesen en público, como así sucedía porque la bebida era parte de la sociabilidad que rodeaba a las fiestas y actos de iglesia, funerales incluidos, en lo que no

---

[354] Contreras, *El Santo Oficio*…, 534, 583, 586. Bombín, *La inquisición en el País Vasco*…, 88-90, 172, 176.

[355] Brumont, "Le clergé diocésain", 231.

[356] Fernández Cortizo, "Los monasterios cistercienses", 11.

nos detendremos. Baste recordar las insistentes condenas por parte de los obispos de un extremo al otro del territorio, desde la exhaustividad de los capítulos de don Francisco Pacheco para Burgos a la prolijidad de los sínodos de don Juan de San Clemente para Ourense de 1579 en adelante, donde se previeron todos los supuestos, seguramente basándose en su conocimiento del territorio, si bien es verdad que este caso se correspondía con una de las zonas vitícolas más importantes del noroeste peninsular.

Fuese esa la causa o no, la bebida y la comida no faltaban en las costumbres de los clérigos, cuya vestimenta nunca se adecuaba a lo mandado por la Iglesia, siempre que iban a fiestas, procesiones y entierros, de modo que al llegar a su destino bebían y comían a vista de mucha gente, a veces dentro de los templos. Las ocasiones incluían ferias y asiduas visitas a las tabernas. El hábito de beber alarmaba más a los obispos en lo que tenía de degradación pública, al dar oportunidad a la burla popular. El obispo San Clemente en su sínodo de 1583 decía que con frecuencia los clérigos eran incitados malévolamente por seglares que pretendían destemplarlos, de ahí su insistencia en que en fiestas y reuniones comiesen en espacios o en mesas apartadas, sin acompañarse de seglares[357].

Un caso llegado a la Audiencia de Galicia ilustra bien los efectos de la pérdida de la dignidad clerical por embriaguez. En 6 de diciembre de 1605 Alonso de Armesto, clérigo el beneficio de Santiago de Adai y su anejo, en la diócesis de Lugo, puso una querella contra Jerónimo Gutiérrez y los hermanos Andrés y Juan López Pallín, del coto de Soutomerille, y otros de parroquias de los alrededores a quienes acusó de que "siendo presbítero de misa cura rector de los dichos beneficios y persona muy honrada y honesto y recogido de buenos ejemplos doctrina y por tal ha habido he tenido comúnmente", aquellos, en especial los hermanos Pallín

"sus enemigos capitales por odio y enemistad que le han tomado y con el tienen por hacerle daño a fin y efecto de infamar es usurpar su

---

[357] Carnicero y González, "Los sínodos de don Juan de San Clemente", 48-49.

honra y fama como hace ocho o nueve meses poco más o menos le han puesto ciertos capítulos ante el provisor de la diócesis entre los cuales lean calumniado que el día de Buen Jesús del año pasado de 1602 mi parte se había hallado de noche en el dicho coto en casa de Pedro de Lamela tabernero vecino del coto y allí se había embriagado y tomado el vino de tal manera que se había postrado en el suelo y le habían pringado su ropa y manteo con una vela de sebo y echándole una albarda de una bestia a cuestas, siendo todo ello falso, lo cual fue y es libelo famoso e infamatorio cuánto ha dicho mi parte y por tal se debe tener y juzgar".

Añadía que "en los capítulos se han ofrecido y entrado por testigos y se han jurado lo contrario de la verdad" de modo que "han infamado grave y atrozmente a mi parte y por ello han caído e incurrido en grandes y graves penas" previstas en las leyes del reino, por lo que pedían que se actuase contra sus bienes y personas "para que sea castigo ejemplo de otros". Dado que eran de diferentes jurisdicciones y, aunque la causa pendía ante el provisor diocesano, el clérigo tuvo que acudir a la Audiencia, donde se le dio provisión para abrir una averiguación. El 21 de aquel mes se requirió al bachiller Pedro Moreira, alcalde en Souto de Torres (jurisdicción de Pobra de Adai), para que procediese a la toma de declaraciones ante un escribano real de Lugo.

Los testigos del cura confirmaron su buena y pía fama y que el día de autos dijo misa con devoción en el lugar donde vivían los hermanos Pallín; Juan le dio de comer junto con otros invitados y ese día el cura y un testigo fueron a casa de Pedro Lamela, que también hacía fiesta, y allí estaban varias personas "honradas y de buena fama y reputación y entre todos se holgaron, jugando y en buena conversación y cenaron de conformidad", salvo el cura, que no quiso. Por ser de noche "muy oscura se quedaron a dormir todos en casa de Lamela sin que hubiese ningún alboroto ni mucho menos si hiciese burla ni desprecio de ninguna persona", sino que todos actuaron de forma sosegada, especialmente el clérigo. El testigo, de 42 años, no sabía por qué hubo denuncia ante el fiscal de la audiencia episcopal de Lugo, salvo que el cura había sido sometido a humillaciones.

Pedro Castelo, testigo presentado por el párroco, oyó que Jerónimo Gutiérrez y Bartolomé López habían puesto ciertos capítulos ante el provisor porque aquel día "habían tomado vino de tal manera y suerte que se había postrado en el suelo de la dicha casa y le habían pringado su ropa y manteo con una vela de sebo y puesto una albarda de un rocín a cuestas"; él mismo había visto al cura en casa de Lamela, hablando con él y con varios clérigos y otras personas honradas que celebraban la fiesta del coto, recogidamente, negando que al cura "sin haber tomado vino ni se le hubiese echado albarda de bestia a cuestas ni pringado de sebo su ropa"; tenía 48 años y no supo firmar su declaración. Tampoco supo hacerlo Francisco Pérez, de 26 años, quien declaró ante el escribano que los demandados "tienen odio y enemistad al cura" y no se trataban con él y que el haberlo emborrachado y tratado de aquel modo "todo fue un desprecio del oficio de sacerdote". Los testigos de esta parte no desmintieron lo que había sucedido, sino que lo llevaron a una interpretación favorable al sacerdote, si bien es cierto que no eran sus feligreses. Muy hábilmente, los acusados negaron la competencia de la Audiencia por lo que el caso volvió al provisor[358].

6.6. Un clero no respetado

Hay cierta propensión a ver al clero parroquial como un mediador natural en las comunidades rurales[359], lo que en buena medida es una imagen generada por sectores del propio clero, como, por ejemplo, los jesuitas. Por otro lado, esa tendencia asume la ignorancia del pueblo y ve a los feligreses como incapaces percibir lo que estaba mal y de responder si lo que estaba mal los perjudicaba. Y eso está lejos de la realidad, como demostró una bibliografía igual de antigua –desde los años setenta del siglo XX– dedicada a las economías del clero y a las

---

[358] ARG, *Real Audiencia*, 3340-48.

[359] Yves-Marie Durand, "Le curé médiateur social aux XVIIe et XVIIIe siècles", en *Pouvoirs, contestations et comportements dans l'Europe moderne*, ed. por Bernard Barbiche y otros (Paris: P.U.Paris-Sorbonne, 2005), 715-730.

múltiples resistencias y conflictos entre el campesinado y las comunidades rurales y los monasterios, cabildos, obispos, etc., en los que afloraron opiniones críticas con respecto a la riqueza de estos e incluso a sus modos de vida particulares. En los miles de procesos judiciales en los que se vieron envueltos los rurales sobran expresiones de ese tipo, seguramente con ayuda de los procuradores que los asesoraron[360], pero que permiten intuir una especie de anticlericalismo popular.

Después de exponer todos los problemas que afectaban a los comportamientos de los curas, la pregunta es si estaban en condiciones de ser mediadores. El Concilio no trató este tema, pero sí indicó que debían conocer a sus fieles y, como reflejo, en algunos sínodos y en manuales para sacerdotes como el de Francisco Blanco, se les recordaba esa obligación; incluso en algunas visitas se preguntaba si los vecinos vivían en amistad y si había paz. Ahora bien, había quienes consideraban que los curas debían guardar distancia con respecto a sus feligreses –sobre todo en actos festivos–, algo que iba implícito en la condición foránea de muchos de los párrocos e incluso en el origen urbano en gran medida y de sectores más acomodados que el común. En Bretaña los curas no ejercían ninguna jurisdicción temporal en sus parroquias, ni podían intervenir en la toma de cuentas o en registros de deliberación sin consentimiento de la asamblea parroquial y tenían prohibido asistir a la confección de listas de impuestos, aunque a veces mediaron al final de alguna revuelta popular, mediando ante los señores y las autoridades[361].

En nuestro caso, conviene subrayar que el rural tenía sus propios medios de hacer justicia, con jueces que eran igual de rurales y de analfabetos. La venganza se mezclaba todavía con la justicia y muchos arreglos entre personas –ante notarios o vecinos– se escapaban a la institución judicial y eran una forma de regulación y de apaciguamiento

---

[360] Ofelia Rey Castelao, *El Voto de Santiago. Claves de un conflicto* (Santiago de Compostela: Compostellanum, 1993).

[361] Brumont, "Le clergé diocésain", 231.

social que iba del individuo a la colectividad[362]. Las justicias rurales presentaban muchos problemas, como su incompetencia judicial, que incluían también el abuso de su situación de poder porque las aldeas eran muy pequeñas y todos se conocían y se relacionaban, para bien y para mal. Pero en general, parece que estaban más bien al servicio de los justiciables y eran gratuitos, de modo que resultaban útiles sobre todo para cuestiones familiares, en las crisis tras la muerte de alguien, los niños abandonados, las mujeres, los huérfanos y los patrimonios vulnerables.

Desde luego, podemos dudar del grado de confianza en quienes cobraban los diezmos, año a año y cayera lo que cayera, y cada acto litúrgico, incluso el entierro de un niño; que hacían pagar los vestidos litúrgicos y los libros de la iglesia a los feligreses; que redactaban las listas de pagadores de rentas como el impopular Voto de Santiago en Galicia y León; que eran portavoces de otras cargas y de las levas, etc., cuando no eran prestamistas, quizá la tara más deleznable, ya que si algo no toleraban las comunidades era al cura usurero. O simplemente, estaban ausentes muchas veces y cuando estaban presentes, su comportamiento no era el adecuado a su condición. Si, además, se pleiteaba con el cura por el diezmo, por un comunal o por cualquier cosa de la comunidad o aquel se prevalía de su condición denunciando a sus feligreses o valiéndose del secreto de confesión, o si tenían barraganas o abusaban de mujeres o eran evidentes sus alianzas con los poderosos locales, sus casos de simonía e incluso sus falsos testimonios. ¿De verdad eran figuras respetables?

Al haberse centrado la investigación en los tribunales eclesiásticos se ha perdido de vista que la mayor parte de los síntomas de insumisión o de rechazo frente al clero diocesano iba a la justicia civil y a los tribunales del rey, en los que se buscaba la imposición de la ley por parte jueces nombrados por la monarquía. En sentido contrario, también el clero se sirvió de esos tribunales, especialmente en territorios con audiencia propia, como Galicia, porque le garantizaba algo

---

[362] Como en Francia : Frédéric Chabaud y otros, *Justice et sociétés rurales du XVIe siècle à nos jours* (Rennes: Presses Universitaires, 2011), 10.

importante, la supra-territorialidad. Además de procesos judiciales, hay que ir los protocolos de los notarios, dado que muchos conflictos no pasaron de un poder notarial otorgado para iniciarlo o se detuvieron en cualquier fase procesal y no llegaron sentenciarse.

El clero tenía en su mano algunos resortes defensivos que podían derivar en abusos. El primero era la excomunión. Así, por ejemplo, en el sínodo de Ourense de 1583 el obispo San Clemente denunció que "algunos curas excomulgaban a sus feligreses o les mandaban, en virtud de santa obediencia y bajo pena de pecado mortal, que hicieran esta o aquella cosa, no siendo de derecho" por lo que en 1586 les prohibió hacerlo sin autorización por escrito del obispo o de un juez delegado[363]. El segundo era la confusión entre la jurisdicción señorial y la obediencia religiosa, de la que tenemos un testimonio en 1571 cuando el canónigo compostelano Juan Patiño, tenenciero de la tenencia de Portomarín (Lugo), dio un poder al juez de ese territorio para que fuese a prender y castigar a todos quienes vivieran amancebados o "que viven alejados de la santa fe católica"; dicho de otro modo, cedía a un tercero la capacidad de emplear la jurisdicción civil, que no en la eclesiástica, para perseguir y actuar en algo que competía solo al propio canónigo[364].

Desde luego, la fibra más sensible era la económica. A la Inquisición llegaron casos de forma indirecta, por expresiones al respecto del pago de cargas de tipo eclesiástico. Jaime Contreras puso de relieve las reacciones contra la adquisición de la bula de Cruzada. Hacia 1570 se detectan en el tribunal de Santiago proposiciones que negaban la validez de la bula y contenían comentarios sobre la rapacidad de clérigos que la predicaban en cuaresma y de los recaudadores[365].

Más abundantes eran los referidos al diezmo y otras rentas eclesiásticas, como las primicias: no se cuestionaba su legitimidad, sino que las negativas a pagarlas se dirigían contra los abusos de los

---

[363] Carnicero y González, "Los sínodos de don Juan de San Clemente", 160-211.

[364] ACS, *Protocolos*, 052, fs. 158-159.

[365] Contreras, *El Santo Oficio…*, 673.

clérigos. Como hemos dicho, eran la fuente principal de ingresos del clero parroquial, lo que lo convertía en el perceptor más fácil de atacar por parte de los contribuyentes, sobre todo si había intermediarios en las operaciones de recaudación. Precisamente por su dependencia respecto a ese ingreso, la actuación de los párrocos no excluía acciones de fuerza a través de sus allegados, familiares o miembros el campesinado que estuvieron de su parte. Las sustituciones en los beneficios, tan habituales, tenían el peligro añadido de que ponían la atención religiosa en manos de quienes estaban en las parroquias sin más interés que cobrar las rentas y los ingresos de estola.

Así pues, no es extraño que hubiera manifestaciones en contra de esas detracciones, que acabó conociendo la Inquisición. Sucedió, por ejemplo, en una visita a tierras de Ourense, cuando María Fernández mujer de un labrador –vecinos de Caldelas–, fue denunciada por un clérigo: este aseguró que había ido con un notario a su iglesia para recoger las primicias y María se enfrentó a él diciendo "no creo en Dios que estos clérigos son ladrones"; reprendida por un vecino, la mujer añadió "mal halla de frailes y clérigos que todos se vayan al infierno porque toman más del diezmo de nuestro trigo. Ninguno se puede salvar". La acusación fue ratificada ante el inquisidor, quien la reprendió y le impuso una multa de diez ducados[366]. Más allá de las proposiciones, la oposición a pagar los diezmos podía adoptar formas peligrosas para los clérigos: por ejemplo, en la diócesis de Astorga, donde hubo varias denuncias por delitos de solicitación, solo uno de los acusados fue castigado, Bernardino de Albares, de Villanueva de Valdueza, contra quien declararon siete testigos; pero en realidad, el supuesto solicitador aparecía también en la ejecutoria de un pleito entre los curas de dos parroquias por los diezmos de Camporredondo en el que los vecinos se negaban a pagarlos al primero yendo el segundo a un pleito que duró entre 1560 y 1585 y que terminó con la condena de Albares[367].

La mayoría de los pleitos diezmales contra el clero parroquial fueron a parar, no obstante, a los tribunales civiles, de lo que hemos

---

[366] Contreras, *El Santo Oficio…*, 500.
[367] García Tato, "La diócesis de Astorga", 366.

hallado muestras que revelan otras causas de fondo como, por ejemplo, el absentismo de párrocos que, sin cumplir sus funciones, no dejaban de cobrar los diezmos a través de terceras personas. Por ejemplo, en 1563, Alonso Pereiro, "clérigo titulado por el beneficio curado de Mos y su anejo" (diócesis de Tui) mediante Alonso de Castro, vecino de Mos, se querelló ante la Audiencia de Galicia –no acudió al tribunal eclesiástico– contra Sebastián Datin y "todas las personas que intentan metérsele en los dichos beneficios, frutos, y réditos de los mismos", sabiendo que él, como rector, era su poseedor, exigiendo que no se le hiciera fuerza alguna. El demandante falleció, pero la querella criminal siguió contra Datin, Sebastián Blanco, Juan del Pazo y otros, porque además de lo denunciado habían "inducido a los feligreses de ellos a no dar a mi parte los frutos que deben y así tienen alterado todas las feligresías lo que han hecho y hacen por fuerza sin causa alguna más de despojar a mi persona"; testificaron tres hombres que no supieron firmar y dos clérigos que sí lo hicieron. Por una carta aneja sabemos que los demandados supieron de la muerte del clérigo y por lo tanto entendían que los beneficios estaban proveídos en ellos "y se jactan y hablan de ello y que han de llevar y coger los frutos", añadiendo que Sebastián se hacía denominar abad. Un testigo de este último fue Alonso Blanco, mercader, de 58 años y que firmó, quien aseguró que el rector se había ido a vivir "fuera de esta tierra en el obispado de Astorga y que durante años venían sus mensajeros diciendo que iba a morir", lo que no había sucedido, incumpliendo durante todo ese tiempo sus obligaciones religiosas[368]. Es decir, en todo ese tiempo no había pisado la feligresía.

En otro caso, sucedido en 1573, Juan de Ambroa, vecino de Sofán, preso en la cárcel de Bergantiños (A Coruña), denunció que el juez real Gregorio Tamayo, a petición de Fernando Alonso, rector de su parroquia, lo había condenado a entregarle "cierto diezmo y que lo había agraviado mucho". Juan apoderó a su hermano Pedro y a procuradores de causas de la Real Audiencia y de la audiencia arzobispal de Santiago, para ir a pleito, lo que la primera admitió a trámite. Alonso

---

[368] ARG, *Real Audiencia*, 917-59.

alegaba que sus antecesores, hacía más de veinte años, estaban en posesión de llevar un prado sin dividir y en 1571 esa parcela había dado "trigo muy bueno y lo llevó el demandado prometiendo pagarle el diezmo que sería media carga y ahora se niega" y que la parcela debería de estar abierta[369]. En otro caso, en 1586 don García Manríquez, comendador de Pazos de Arenteiro, pleiteó con Marco de Saavedra y otros muchos vecinos de Dadín ante el merino y juez de la propia encomienda, "facción de don García", en el que les habían exigido los diezmos "del pan y el trigo sembrados en montes y heredades que eran concejiles" y el pago de un tercio de la alcabala, poniéndolos presos a todos por negarse a hacerlo. Los feligreses apelaron a la Audiencia alegando que eran bienes comunes y que el comendador no podía exigirles una de cada diez unidades cosechadas, contra lo que el administrador de la encomienda aseguraba que estaban obligados a pagar el montazgo y el diezmo de pan y trigo de los montes que sembraban[370]; no hay sentencia de esta causa, que pudo terminar en acuerdo.

La explotación de bienes del común, conllevara o no problemas por los diezmos, también fue objeto de conflictos entre clérigos y feligreses. Como ejemplo traemos un proceso que llegó a la Audiencia de Galicia en 1568 y que tiene matices de gran interés que revelan faltas de respeto hacia los curas. En abril de ese año, el clérigo Rodrigo Vázquez presentó una querella ante la "magnífica señora" abadesa de Santa Clara de Alariz, convento titular del señorío, y su escribano, contra los vecinos del coto de Nocedo da Pena y Gregorio Fernández, vicario o mayordomo de ese lugar, por cuanto el día 21, "armados de diversas armas dándose favor los unos a los otros por fuerza y contra mi voluntad", entraron en una "leira de madera" en un monte. El demandante decía "ser suya propia la heredad por foro cogiendo en ella los tojos, cosa que los vecinos en contra de su voluntad también hacían", además de haber él plantado trescientos árboles. Lo amenazaron, arrancaron el cierre y los árboles y, requeridos por el clérigo, "perseverando en su delito y mal propósito arremetieron a mi parte de matar

---

[369] ARG, *Real Audiencia*, 1147- 70.

[370] ARG, *Real Audiencia*, 17164-14.

deshonrando de sus palabras siendo yo presbítero de misa y prendieron a Esteve mi criado no siendo jueces y me tomaron por forzarme un machado", incurriendo en graves penas; además "le bebieron más de diez ducados en vino".

Desde el País Vasco a Galicia, los vecinos consideraban que el clérigo se había apropiado del tojal y que el monte era concejil y debía de estar abierto para el pasto de los ganados y que, si decía tener título "para tener la leira", las personas que se lo habían dado carecían de derecho para ello. A estas alturas Juan Carneiro, representante de los vecinos, estaba preso. Los testigos del clérigo y del pueblo, 17, respondían a un perfil muy similar, todos labradores salvo algún artesano, y ninguno supo firmar. El corregidor señorial de la villa falló en 27 de abril que el clérigo había probado la acusación y los títulos sobre la heredad, ordenando que no se le perturbase, y los condenó a costas, a que el concejo dejase libre al clérigo la parcela y que se le devolviesen "ciertas prendas que habían tomado" así como una indemnización de mil maravedíes. Lejos de aceptar el fallo, esos campesinos analfabetos en 8 de mayo apelaron a la Audiencia contra el clérigo, denunciando la injusticia del fallo del juez[371].

Los vecinos se consideraban también propietarios de las iglesias y libres de acceder a esos recintos. Esto llevaba a situaciones de tensión con los párrocos, incluso en circunstancias extremas que recomendaban cerrarlos. Un pleito de 1599 publicado por Pegerto Saavedra, protagonizado por los vecinos de San Esteban de Valdeorras, permite ver la violencia a la que podía llegarse. Sucedió que, ante el rumor de que una aldea próxima estaba afectada por la peste, se habían puesto guardas para que nadie se acercase a la parroquial, pero el 18 de abril, juntos y confederados se presentaron "armados con armas, lanzas y espadas, llevando las mujeres con piedras..." y así pasaron "con gran asonada al dicho lugar de San Estevo... y fueron a la iglesia y rompieron las puertas de ella y entraron dentro... diciendo habían de estar allí y mezclarse con los demás rompiendo las puertas con machadas y las hicieron

[371] ARG, *Real Audiencia*, 22798-54.

pedazos"[372]. En otros lugares de Galicia hemos localizado casos de rompimiento de puertas de iglesias y actos violentos en su interior con ocasión de suicidios o de supuestos contagios que también fueron a parar a la Real Audiencia, sin que intervinieran la Inquisición o las autoridades eclesiásticas[373].

Los problemas relacionados con la honra y la fama del clero serían interminables y revelan faltas de respeto que apuntan a comportamientos meramente humanos. En su mayoría se tradujeron en injurias verbales, una conflictividad soterrada en la que personas del común se manifestaban contra miembros del clero sin ninguna consideración hacia la tonsura. Constituyen un síntoma muy significativo, pero hay que buscarlo sobre todo en los protocolos notariales, dada la frecuencia con la que se resolvieron mediante acuerdos privados, evitando el pleito. Por ejemplo, en 8 de enero de 1569 así sucedió entre Macías López, carpintero, criado de Sebastián López, carpintero también, vecino de Santiago, que se apartaron de la querella por injutias interpuesta contra Pedro Fernández, rector de la capilla compostelana de San Juan, y su madre. En 13 de marzo de 1572 Lorenzo Martínez, estudiante, sobrino del párroco de San Breixo de Ferreiros, se apartó de otra querella contra los hermanos Sebastián y Pedro García, sus convecinos, por idéntico motivo y en 1 de julio de 1597, Alonso Cordero, vecino de Santiago, por sí y como marido de Aldara Vázquez, se apartaron de dos querellas que habían interpuesto contra el clérigo Pedro de Leiva y su ama por injurias verbales[374].

No nos resistimos a mencionar aquí otra dimensión de la insumisión popular: la blasfemia. A pesar de que hacia 1560 las penas en su contra se hicieron más severas, incluyendo las galeras, formaban parte de una especie de cultura popular. Se trataba de respuestas

---

[372] Saavedra, *La vida cotidiana...*, 304.

[373] Ofelia Rey Castelao, "Superstición y profanación de sepulturas en la Galicia de la Edad Moderna", en *Conflictos y resistencias en la Edad Moderna: De los hechos a las palabras*, ed. de Ofelia Rey Castelao y otros, (Santiago de Compostela: Albarellos, 2023), 401-445.

[374] ACS, *Protocolos*, 046 /1, f. 780; 057, f. 650; 119 /1 f. 167.

circunstanciales que, más allá del componente religioso, remitían al rechazo de la autoridad y, en lo que nos atañe, a la del clero. A los jesuitas y obispos les escandalizaba que las mujeres fuesen igual de blasfemas, pero cuando fueron procesadas por la Inquisición se constata que eran arrebatos contra algo concreto que hacía comprensible su delito, como, por ejemplo, haber sido maltratadas. En conjunto, en Galicia, las blasfemias por las que los inquisidores actuaron contra 276 reos, se dirigían contra Dios (54,3%), Jesucristo, la Virgen y los santos, cada uno en torno al diez por ciento y, lo que nos interesa más, contra la eucaristía el 5,5% y contra el bautismo, la confirmación y los demás sacramentos un 12,3%[375].

Cuando observamos algún caso de cerca, aparecen matices que apuntan a motivaciones que minimizan el lado doctrinal y agudizan otros. Así sucede en el de Antonio de Parga y Novoa, señor del coto de Poeto en Ourense, quien blasfemaba con frecuencia y se burlaba de las imágenes en público y en medio de romerías, afirmando que eran solo pedazos de palo a los que no había que adorar. Antonio vivía amancebado y decía que el trato carnal con mozas solteras no era pecado; cinco testigos corroboraron sus manifestaciones, pero él alegó su condición de hidalgo y se le sentenció a oir una misa en la sala de la audiencia inquisitorial y a pagar quince mil maravedíes. La misma táctica legal empleó otro hidalgo, Pero Díaz Pillado, quien hablaba mal de clérigos y frailes y, como el anterior, vivía deshonestamente; fue castigado a una misa y a pagar seis mil maravedíes. Peor suerte corrió en 1590 Pedro Sobrino, vecino de Edreira, denunciado porque un día, el tañer las campanas a misa, un vecino lo animó a ir, contestando él que "aquello no es Dios"; conminado por otro vecino a retractarse, dijo que Dios estaba en el cielo y no en una figura, por lo que fue llevado a las cárceles secretas, tuvo que vestirse de penitente y acabó pagando diez mil maravedíes[376].

Después de ver todo esto, la pregunta que surge de modo natural es quién tendría confianza suficiente con el cura para ir a confesarse

---

[375] Contreras, *El Santo Oficio…*, 660.
[376] García Tato, "La diócesis de Astorga", 133-356.

con él. Pero ese es el mandamiento más difícil de seguir en la documentación. En los sínodos abundan las prevenciones contra posibles casos de solicitación, sobre la falta de cumplimiento del secreto e incluso de los intentos de cobrar a los fieles por atenderlos. En todo caso, es muy probable que no se compartieran valores con un clero que les imponía aquello que no cumplía[377].

---

[377] Stuart B. Schwartz, "*Cada uno en su ley". Salvación y tolerancia en el Atlántico Ibérico*, (Madrid: Akal, 2010), 49-56.

La falta de efectividad de la normativa eclesiástica y de la monarquía en lo referente a la dimensión privada de la sociedad rural es constatable en territorios periféricos y alejados de los centros de poder como era todo el norte peninsular. Sin duda, en sus diócesis se dieron avances hacia los objetivos impuestos por Roma y por Felipe II: los obispos elegidos por este cumplían en general con el espíritu tridentino y tenían interés en implantarlo ya que de ello dependía su promoción. Ahora bien, los éxitos –menos de los que suele decirse– se centraron en las ciudades y en las facetas institucionales, y fueron ensalzados por los propios obispos y por sus allegados. Pero cuando atendemos a la población mayoritaria del rural, hallamos un campesinado sin formación letrada y aferrado a hábitos y prácticas que no solo valoraba porque eran suyos, sino porque se adaptaban a sus conveniencias en la gestión de sus familias y en las relaciones con la comunidad.

Las claves para entender las resistencias están en la falta de núcleos urbanos que sirvieran de referencia cercana y como emisores de hábitos y prácticas culturales y religiosos y en una enorme e intricada red parroquial que se hacía más complicada por las características naturales del norte y del noroeste peninsulares. No hay duda de que los obispos tenían dificultades objetivas para gobernar ese espacio, que se tradujeron en las obstáculos para imponer sus sínodos y sus mandatos; pero también servían para justificar la deficiencia de la presencia real de ellos en sus diócesis, haciendo pocas visitas por sí mismos –recurrían a delegados–, de modo que conocían lo que pasaba a través de terceras personas y lo que es más importante, no cumplían con su obligación de impartir el sacramento de la confirmación, al que Felipe II le dio una especial importancia como forma de inculcar un sentido militante de la religión. Habría que añadir las limitaciones a la acción de la

Inquisición por parte de los propios obispos y de los desconfiados y prevenidos habitantes del rural.

Para obtener logros efectivos, hubiera sido preciso que los cabildos catedralicios y de colegiatas se hubieran sometido a los mandatos de Trento y que hubieran sido colaboradores de sus prelados. Lejos de serlo, se convirtieron en un elemento discordante e insumiso. Más abajo en la amplia base de la pirámide, el clero parroquial, medió un problema irresoluble: el espacio septentrional estaba en gran medida bajo el sistema de patronato de las parroquias que impedía una mejora formativa de los párrocos, plegados a quienes los designaban, y que anulaba la capacidad para estos supervisar a la comunidad e imponer las normas de los obispos. La base de la pirámide estaba compartida por los innumerables patrimonistas y capellanes, sin función alguna y cuyo desajustado modo de vida –muy similar al de los curas– era un mal ejemplo permanente y sin corrección sustancial en el período postridentino. No está de más que añadamos el pertinaz mal ejemplo de los sectores nobiliarios e hidalgos, en especial los residentes en el rural, de cuyas familias salían los miembros del clero o controlaban el patronato.

La resistencia más correosa era la que se ocultaba dentro de las casas y que era consentida en las comunidades, no queriendo verla o ignorándola porque todo el mundo hacía lo mismo, lo que otorgaba una alta dosis de impunidad. Eso no se contradice con que muchos casos acabasen en los juzgados, pero era así cuando se cruzaban intereses o límites, y alguien denunciaba una transgresión.

La más sensible estaba en lo relativo a la moral sexual, toda vez que el común, que aceptaba la autoridad religiosa en otros aspectos, no lo hacía en este al haber una especie de consenso popular sobre lo que era correcto e incorrecto, además de dudarse de que el clero estuviese mejor informado a este respecto. El desenfoque al valorar el impacto de las normas de Trento y de la monarquía de Felipe II está en que se ha dado excesiva importancia a los delitos o pecados más graves, cuando en la realidad se les buscó alternativa: así sucedió con la bigamia, cuyos riesgos penales y familiares llevaron a la cohabitación sin matrimonio; es decir, el problema subsistió e incluso empeoró porque los cónyuges legítimos quedaban desprotegidos frente a una relación "sin papeles".

Más importante todavía es que la acción de los obispos se centró en el cumplimiento de los sacramentos –es decir, lo litúrgico– y menos en vigilar la castidad antes del matrimonio y la fidelidad, quizá porque de antemano sabían que chocaban con la permisividad general y con la falta de comprensión por parte de los fieles, documentada en las relaciones prenupciales, la aceptación de las uniones de hecho y la ilegitimidad, entre otras prácticas. Los tribunales inquisitoriales fueron insistentes, pero no tenían medios y no pudieron ir más allá; desde 1600 recibieron órdenes de atender a otros temas más acuciantes para la monarquía como la persecución de conversos. Así pues, no se redujeron los delitos sobre moral y práctica sexual, sino que se amortiguó su persecución.

El clero tenía que dar ejemplo y no era así, ni parece que esto mejorase después de Trento. Sínodos y visitas pastorales dejan abundantes datos de que el concubinato estaba extendido entre el clero parroquial –mucho más en el campo– y muchos tenían hijos a la vista de la comunidad, a los que en muchos casos trataban de privilegiar. Las leyes preveían su castigo, pero no eran raros entre los llevados a los tribunales. Difícilmente podía calar un mensaje de regularización de las relaciones por la vía del matrimonio si lo incumplían los mensajeros.

Para detectar todo lo que quedaba fuera del discurso, como hemos visto, hay que indagar en los comportamientos vitales de las personas y de las familias a través de documentación que ofrece una visión diferente. Cuando ya entrado el siglo XVII empiezan a proliferar los registros parroquiales de bautismos y matrimonios, la demografía histórica ha puesto a la luz las elevadas tasas de ilegitimidad y de consanguinidad, que necesariamente venían de atrás, y los movimientos migratorios, síntoma no solo de la búsqueda de recursos sino de la libertad individual. En las escrituras notariales aparecen convenios y acuerdos en los que la moral tenía un precio o se sacrificaba por temor a quienes tenían el poder en las comunidades.

Y sobre todo, es en los tribunales de justicia civiles –lo hemos visto a través de la Real Audiencia de Galicia–, más que en los eclesiásticos y en los inquisitoriales, donde se pueden detectar las quiebras intrafamiliares en los cientos de pleitos derivados de desacuerdos de hijos e hijas con bodas impuestas por sus padres sin respetar su consentimiento, y sobre todo, un gran número de procesos penales que iluminan comportamientos transgresores de las normas morales de la Iglesia y la complicidad colectiva que los rodeaba, más allá de la apariencia de aceptación que pueden dar las fuentes dimanadas del poder.

La muerte de Felipe II coincide en todo el Norte peninsular con una de las peores crisis sufridas durante la Edad Moderna. Los contagios sucesivos desde los años ochenta asustaban fácilmente a todo el espectro social. No vamos a entrar en valorar el papel del clero de los territorios de los que nos ocupamos, sino solo a señalar que antes de los años fatídicos de 1598 y 1599, la famosa "peste atlántica", implicaron la paralización de las visitas y de otras actuaciones del clero. Las pérdidas demográficas fueron enormes, de hasta una quinta parte de la población en algunas zonas cantábricas y, ante eso, la vida tal como era hasta entonces, entró en suspensión para las personas y las comunidades norteñas.

Bibliografía

Alfani, Guido. *Fathers and Godfathers. Spiritual kinship in Early Modern Italy*. Burlington: Routledge, 2009.

Álvarez Urcelay, Milagros. *Transgresiones a la moral sexual y su castigo en Gipuzkoa durante los siglos XVI, XVII y XVII* (UPV, 2010), https://www.educacion.gob.es/teseo/imprimirFicheroTesis.do?idFichero=Utwwuo8NfVU%3D.

Astoul, Guy. *Les chemins du savoir en Quercy et Rourge à l'Époque Moderne*. Toulouse: Presses Universitaires du Midi, 1999.

Barreiro Mallón, Baudilio. "Alfabetización y lectura en Asturias durante la Edad Moderna". *Espacio, Tiempo y Forma, Historia Moderna* 4 (1989): 115-134.

Barreiro Mallón, Baudilio. *Las Ciudades y villas costeras del norte de Galicia en el contexto internacional del siglo XVI*. A Coruña: Universidad, 1999.

Barreiro Mallón, Baudilio. "La diócesis de Ourense en la Edad Moderna". En *Lugo, Mondoñedo-Ferrol y Orense. Historia de las diócesis españolas,* coord. de José García Oro, 488-515. Madrid: BAC, 2003.

Barreiro Mallón, Baudilio. "La diócesis de Santiago en la época moderna". En *Santiago de Compostela y Tuy-Vigo. Historia de las Diócesis Españolas*, coord. de José García Oro, 177-315. Madrid: BAC, 2002.

Barreiro Mallón, Baudilio. "Los problemas de transmisión cultural en las comunidades bilingües a partir del Concilio de Trento". En *Tradición versus innovación en la España Moderna*, ed. de Juan J. Bravo y Siro Villas, 21-62. Málaga: Universidad, 2009.

Barreiro Mallón, Baudilio y Rey Castelao, Ofelia. "La diócesis de Mondoñedo en la Edad Moderna". En *Lugo, Mondoñedo-Ferrol y Orense. Historia de las diócesis españolas,* coord. de José García Oro, 255-334. Madrid: BAC, 2002.

Barrio Gozalo, Maximiliano. *El clero en la España Moderna.* Madrid: CSIC, 2010.

Bazán Díaz, Iñaki. *Delincuencia y criminalidad en el País Vasco en la transición de la Edad Media a la Moderna.* Vitoria-Gasteiz: Departamento de Interior, 1995.

Béthencourt, Francisco. *La Inquisición en la Época Moderna.* Madrid: Akal, 1997.

Bombín Pérez, Antonio. *La Inquisición en el País Vasco: el Tribunal de Logroño.* Bilbao: UPV,1997.

Brumont, Francis. "Le clergé diocésain dans la France moderne". *Obradoiro de Historia Moderna* 22 (2013): 231-248.

Burke, Peter. *Cultura popular en la Edad Moderna.* Madrid: Alianza, 2010.

Cabeza Rodríguez, Antonio. *La vida de una catedral del Antiguo Régimen.* Junta de Castilla y León,1997.

Cámara Muñoz, Alicia. *Grandeza de poder y saber: Felipe segundo y sus ingenieros.* Valladolid: Universidad de Valladolid, 2023.

Campo Guinea, María del Juncal. "El matrimonio clandestino: procesos ante el Tribunal eclesiástico en el Archivo Diocesano de Pamplona (siglos XVI-XVII)". *Príncipe de Viana* 231 (2004): 205-222.

Campo Guinea, María del Juncal. "Evolución del matrimonio en Navarra en los siglos XVI y XVII: el matrimonio clandestino". En *El matrimonio en Europa y el mundo hispánico (siglos XVI y XVII),* ed. de Jesús Mª Usunáriz e Ignacio Arellano, 197-210. Pamplona: Visor, 2005.

Carnicero, Jaime Justo y González, Miguel Ángel. "Los sínodos de don Juan de San Clemente, obispo de Ourense (1578-1587). Estudio y edición". *Intus-Legere Historia* 16-2 (2021): 160-211.

Casado Soto, José Luis. *Cantabria vista por los viajeros de los siglos XVI y XVII.* Santander: Diputación, 1980.

Casado Soto, José Luis. *La provincia de Cantabria. Notas sobre su construcción.* Santander, Centro de Estudios Montañeses, 1979.

Catalán Martínez, Elena. "El clero rural vasco durante la Edad Moderna". En *Entre el fervor y la violencia. Estudios sobre los vascos y la Iglesia (siglos XVI-XVIII)*, coord. de Rosario Porres, 17-56. UPV, 2005.

Catalán Martínez, Elena. "De curas, frailes y monjas: disciplina y regulación del comportamiento del clero en el obispado de Calahorra, 1500-1700". *Hispania Sacra*, extra I (2013): 229-253, doi: 10.3989/hs.2013.021.

Catalán Martínez, Elena. "El diezmo como base del sistema beneficial". En *El delme com a font per a la història rural*, ed. por Elena Catalán, Gabriel J. Avellá y Enrique Llopis. 2020. 49DOI: https://doi.org/10.33115/b/9788499845401.

Catalán Martínez, Elena. "El peso de la tradición. Nacimientos y bautismos en el mundo rural vasco (1690-1899)". *Revista de Demografía Histórica* XL-II (2022): 35-61.

Chabaud, Frédéric y otros. *Justice et sociétés rurales du XVIe siècle à nos jours.* Rennes: Presses Universitaires, 2011.

Contreras Contreras, Jaime. *El Santo Oficio de la Inquisición de Galicia.* Madrid: Akal, 1982.

Croix, Alain. *La Bretagne aux XVIe et XVIIe siècles. La vie, la mort, la foi.* Paris: Maloine, 1981.

Dedieu, Jean-Pierre. "El modelo sexual: la defensa del matrimonio cristiano". En *Inquisición española: poder político y control social*, ed. de Bartolomé Bennassar, 270-283. Barcelona: Crítica, 1984.

Dedieu, Jean-Pierre. *L'administration de la foi. L'Inquisition de Tolède XVIe-XVIIIe siècles.* Madrid: Casa de Velázquez, 1992.

Devailly, Guy (ed.). *Histoire religieuse de la Bretagne.* Chambray: C.L.D., 1980.

Dubert, Isidro. "Estudio histórico del parentesco a través de las dispensas de matrimonio y de los archivos parroquiales en la Galicia del Antiguo Régimen: primera aproximación". En *Parentesco, familia y matrimonio en la historia de Galicia,* ed. de José C. Bermejo, 176-191. Santiago de Compostela: Tórculo, 1988.

Dubert, Isidro. "Los comportamientos sexuales premaritales en la sociedad gallega del Antiguo Régimen". *Studia Histórica. Historia moderna* 9 (1991): 117-142.

Dubert, Isidro. *Historia de la familia en Galicia durante la Época moderna: 1550-1830.* Sada: O Castro, 1992.

Durand, Yves-Marie. "Le curé médiateur social aux XVIIe et XVIIIe siècles". En *Pouvoirs, contestations et comportements dans l'Europe moderne*, ed. Bernard Barbiche y otros, 715-730. Paris: P.U. Paris-Sorbonne, 2005.

Eiras Roel, Antonio. "El señorío gallego en cifras. Nómina y ránking de los señores jurisdiccionales", *Cuadernos de Estudios Gallegos* 103 (1989): 113-135.

Faya Díaz, Ángeles. *La venta de jurisdicciones eclesiásticas en la Asturias del siglo XVI.* Oviedo: Universidad, 1991.

Fernández Cortizo, Camilo. "El señorío rural gallego en tiempos de Felipe II". En *El Reino de Galicia en la monarquía de Felipe II,* ed. de Antonio Eiras, 345-378. Santiago de Compostela, Xunta, 1998.

Fernández Cortizo, Camilo. "Los monasterios cistercienses gallegos en tiempos de Felipe II", *Monasticum* (1999): 11-43.

Fernández Cortizo, Camilo "Las Indias de estas partes: la reforma del clero y del pueblo en el obispado de Orense 1500 1650". En *XII Jornadas de Historia de Galicia,* ed. de Jesús de Juana y Xavier Castro, 63-86. Ourense: Diputación, 2003.

Fernández Cortizo, Camilo. "Les missions populaires dans le Royaume de Galice (1550-1700)", en *Missions religeuses modernes. "Notre lieu est le monde"*, ed. Jean-Pierre Fabre y Bernard Vincent, 315-339. Roma: École Française, 2007.

Fernández de Pinedo, Emiliano. "Los movimientos emigratorios medium-distance vasco-navarros, 1500-1900". En *Migraciones internas y medium-distance en la Península Ibérica, 1500-1900*, ed. de Antonio Eiras Roel y Ofelia Rey Castelao, 183-208. Santiago de Compostela: Universidad, 1984.

Fernández González, Frutos. *O padrón de San Clodio de 1580. Estudio histórico e onomástico*. Santiago de Compostela: Instituto Lingua Galega, 2008.

Fernández Terricabras, Ignasi. "Éxitos y fracasos de la Reforma católica. Francia y España (siglos XVI-XVII)". *Manuscrits* 25 (2007): 129-156.

Fernández Terricabras, Ignasi. *Felipe II y el clero secular: la aplicación del concilio de Trento*. Madrid, SECCC, 2000.

Fonseca Montes, Josué. *El clero en Cantabria en la edad moderna: un estudio sobre la implantación de la contrarreforma en el norte de España*. Santander: Universidad de Cantabria, 1996.

Fonseca Montes, Josué. *Religión, muerte y sexualidad en los siglos XVI-XVIII*. Santander: Universidad de Cantabria, 2014.

Gallego Domínguez, Olga. *Historia da muller: mulleres ourensáns dos séculos XIV-XVIII*. Santiago de Compostela: Xunta, 2008.

García Fernández, Ernesto. *Religiosidad y sociedad en el País Vasco (s. XIV-XVI)*. UPV: 1994.

García Fernández, Máximo. "El territorio diocesano y la estructura parroquial". En *Historia de la diócesis de Valladolid*, José Delicado (ed.). Valladolid: Diputación, 1996, 151-190.

García Fernández, Máximo. "El recurso al Santoral en Castilla, del Barroco a la Ilustración, 1650-1834". *Hispania Sacra* 101 (1998): 133-173.

García Fernández, Máximo. *Los caminos de la juventud en la Castilla moderna*. Madrid: Sílex, 2019.

García Hourcade, José Jesús y Irigoyen, Antonio, "Las visitas pastorales, una fuente fundamental para la historia de la Iglesia en la

Edad Moderna". *Anuario de Historia de la Iglesia* 15 (2006): 293-301.

García Tato, Isidro "La diócesis de Astorga en la Edad Moderna". *Iglesias de Zamora y Astorga. Historia de las Diócesis Españolas* coord. por José Sánchez Herrero, 133-356. Madrid: BAC, 2018.

Gasperoni, Michaël y Gourdon, Vincent (eds.). *Le sacrement oublié : histoire de la confirmation XVIe-XXe siécle.* París : *Presses Universitaires François Rabelais*, 2022.

Gelabert, Juan Eloy. "Niveaux d'alphabétisation en Galice (1635-1900)". En *De l'alphabétisation aux circuits du livre en Espagne, XVIe.-XIXe. Siècles*, 45-71. Paris: CNRS, 1987.

González López, Tamara. "El Concilio de Trento y los cambios en el sacramento bautismal de la teoría a la práctica". En *El siglo de la Inmaculada*, coords. María Martínez Alcalde y otros, 447-462. Murcia: Universidad, 2018.

González López, Tamara. "Patrimonio inmaterial, comunidade e familia na antroponimia da Galicia interior (ss. XVII-XIX) *Madrygal* 22 (2019): 193-208.

González López, Tamara. *El padrinazgo bautismal en la diócesis de Lugo, ss. XVI-XIX.* Santiago de Compostela: Andavira, 2019.

González López, Tamara. "Actores y roles en el bautismo de socorro (Lugo, s. XVI-XIX)". *Revista de Historia Moderna* 37 (2019): 126-156. doi:10.14198/RHM2019.37.05

González López, Tamara. "Eclesiásticos sirviendo de padrinos: el papel del clero en el padrinazgo en la diócesis de Lugo (siglos XVI-XIX)". *Tiempos modernos* 38 (2019): 224-241. http://www.tiemposmodernos.org/tm3/index.php/tm/article/view/4651/834.

González López, Tamara. "Creencias, asistencia y nacimiento. Dar a luz en el interior de Galicia (ss. XVII-XIX)". *Investigaciones Históricas. Épocas Moderna y Contemporánea* 40 (2020): 295-314.

González López, Tamara. "Entre el rito y la fiesta: la ceremonia bautismal en los siglos XVI-XIX". *Hispania Sacra* 148 (2021): 445-455.

González Lopo, Domingo L. "El alto clero gallego en tiempos de Felipe II". En *El Reino de Galicia en la monarquía de Felipe II*, ed. de Antonio Eiras, 313-343. Santiago de Compostela, Xunta, 1998.

Gorrotxategi Nieto, Mikel. "Evolución del nombre de pila en el País Vasco peninsular". *Fontes linguae vasconum: Studia et documenta* 83 (2000): 151-168.

Graff, Harvey J. *Storia dell'alphabetizacione occidentale, II, L'Etá Moderna*. Bolonia, 1987.

Guillorel, Éva. "Du bon usage des langues dans la Bretagne d'Ancien Régime". En *Les formes de l'échange. Communiquer, diffuser, informer, de l'Antiquité au XVIIIᵉ siècle*, dir. de François Brizay, 55-68. Rennes: Presses Universitaire, 2019.

Ibáñez Rodríguez, Santiago. "La diócesis de Calahorra a mediados del siglo XVI según el libro de visita del licenciado Martín Gil". *Brocar* 21 (1997): 148-149.

Iglesias Ortega, Arturo. "La perpetuación de la sangre: la descendencia ilegítima del alto clero compostelano en el siglo XVI". *Manuscrits* 29 (2011): 137-156.

Iglesias Ortega, Arturo. *La Catedral de Santiago de Compostela y sus capitulares: funcionamiento y sociología de un cabildo en el siglo XVI*. A Coruña: Diputación, 2012.

Irigoyen López, Antonio. "Estado, Iglesia y familia. La complejidad de los cambios legislativos y socioculturales". En *Familias. Historia de la sociedad*, ed. de Francisco Chacón y Joan Bestard, 515-604. Madrid: Cátedra, 2011.

Lagrée, Michael Michel. *Religion et cultures en Bretagne*. Paris: Fayard, 1992.

Lagrée, Michel (ed.). *Les parlers de la foi. Religion et langues regionales*. Rennes: Presses Universitaires, 1995.

Lanza García, Ramón. *La población y el crecimiento económico de Cantabria en el Antiguo Régimen.* Madrid: Universidades Autónoma y Cantabria, 1991.

Lanza García, Ramón. *Miseria, cambio y progreso en el Antiguo Régimen.* Santander: Universidad de Cantabria, 2010.

Leflem, Jean-Paul. "Instruction, lecture et écriture en Vieille Castille et Extremadure aux XVIe-XVIIe siècle". En *De l'alphabétisation aux circuits du livre en Espagne, XVIe.-XIXe. Siècles,* 29-37. Paris: CNRS, 1987.

Livres et culture du clergé à l'Époque Moderne, monográfico de *Revue d'histoire de l'Église de France* 210 (1997).

López Díaz, María. "Del señorío al realengo. Ourense en los siglos XVI y XVII". *Cuadernos Feijonianos de Historia Moderna,* 1 (1999): 231.

López Díaz, María. "El señorío temporal de los obispos de Lugo en la Edad Moderna: los conflictos e interferencias entre el poder señorial y las elites municipales". *Boletín do Museo Provincial de Lugo* (1993-94): 125.

López López, Roberto J. "Asturias y la Inquisición: Algunas notas". *Studium Ovetense* 19 (1991): 145-164.

Lorenzo Pinar, Francisco J. *"El Tribunal diocesano y los matrimonios "de presente" y clandestinos en Zamora durante el siglo XVI".* *Studia Zamorensia* 2 (1995): 49-61.

Lorenzo Pinar, Francisco J. *Amores inciertos, amores frustrados. Conflictividad y transgresiones matrimoniales en Zamora en el siglo XVII.* Zamora: Semuret, 1999.

Loupès, Philippe. *Chapitres et chanoines de Guyenne aux XVIIe et XVIIIe siècles.* París: EHESS, 1985.

Mantecón Movellán, Tomás. *Contrarreforma y religiosidad popular en Cantabria.* Santander: Universidad de Cantabria,1990.

Mantecón Movellán. Tomás. "Acciones comunitarias y cultura plebeya en la España rural del Antiguo Régimen". *Millars* 51-2 (2021): 47-80.

Marcos Martín, Alberto. *Auge y declive de un núcleo mercantil y financiero de Castilla la Vieja: evolución demográfica de Medina del Campo durante los siglos XVI-XVII.* Valladolid: Universidad, 1978.

Mikelarena, Fernando y Valverde, Lola. "Ilegitimidad y exposición en Navarra siglos XVI-XX". En *Espostos e ilegitimos na realidade ibérica do século XVI ao presente,* ed. de Vicente Pérez Moreda, 271-283. Porto: Afrontamento, 1996.

Minois, Georges. *Histoire religieuse de la Bretagne.* Quintin: Gisserot, 1991.

Molinié-Bertrand, Annie. *Censo de Castilla de 1591: estudio analítico.* Madrid: INE, 1986.

Moll, Jaime. "Valoración de la industria editorial española del siglo XVI". En *Livres et lectures en Espagne et en France,* 79-91. Madrid: Casa de Velázquez, 1981.

Muchembled, Robert. *Insoumises: Une autre histoire des Françaises, XVIe-XXIe siècle.* París: Autrement, 2022.

Muro Abad, Robert. "El clero diocesano vasco en los siglos XV y XVII: una imagen". En *Religiosidad y sociedad en el País Vasco (s. XIV-XVI),* ed. de Ernesto García Fernández, 56. Bilbao: UPV/EHU, 1994.

Ortego Gil, Pedro. "Condenas a mujeres en la Edad Moderna: aspectos jurídicos básicos para su comprensión", *Historia et Ius* 9 (2016) https://www.historiaetius.eu/uploads/5/9/4/8/5948821/ortego_gil_9.pdf.

Pazos, Manuel R. *El episcopado gallego a la luz de documentos romanos.* Madrid: CSIC, 1946.

Pacho Polvorinos, Alberto. "Geografía diocesana de Burgos". En *Iglesias de Burgos, Osma-Soria y Santander. Historia de las diócesis españolas,* coord. Bernabé Bartolomé, 125. Madrid: BAC, 2002.

Paiva, José Pedro. "O Estado na Igreja e a Igreja no Estado. Contaminações, dependências e dissidência entre o Estado e a Igreja em

Portugal (1495-1640)". *Revista Portuguesa de História*, 40 (2008-2009): 383-397.

Paiva, José Pedro. "La reforma católica en Portugal en el periodo de la integración del reino en la Monarquía Hispánica (1580-1640)". *Tiempos modernos* 20 (2010). http://www.tiemposmodernos.org/tm3/index.php/tm/article/view/220.

Pérez Álvarez, Mª José. "El clero parroquial de la diócesis de León en el siglo XVIII", *Cuadernos de Historia Moderna*, 46-2 (2021): 543-566.

Pérez Álvarez, Mª José. *El Cabildo Catedralicio de la ciudad de León (1650–1800): sociología capitular y asistencia institucional.* León: Universidad, 2021.

Pérez García, José Manuel. *Un modelo de sociedad rural en la Galicia costera.* Santiago de Compostela: Universidad, 1979.

Pérez García, Rafael. "Visita pastoral y confirmación en la archidiócesis de Sevilla, 1600-1650". *Historia Instituciones Documentos* 27 (2000): 205-233.

Pérez López, Segundo. "Las visitas pastorales como fuente histórica. Aportación a su estudio en la Diócesis de Mondoñedo-Ferrol". *Estudios Mindonienses* 3 (1987): 133.

Pérez Prendes, José M. "El tribunal eclesiástico (sobre el aforamiento y la estructura de la curia diocesana de justicia". En *Las Jurisdicciones*, coord. de Enrique Martínez Ruiz y Magdalena P. Pi, 143-170. Madrid: Actas, 1996.

Piquero Zarauz, Santiago. "El siglo XVI, época dorada de los movimientos migratorios guipuzcoanos de media y larga distancia durante la Edad Moderna". En *Migraciones internas y medium-distance en la Península Ibérica, 1500-1900*, ed. de Antonio Eiras Roel y Ofelia Rey Castelao, 649-677. Santiago de Compostela: Universidad, 1984.

Piquero Zarauz, Santiago. *Demografía guipuzcoana en el Antiguo Régimen.* Bilbao: UPV, 1991.

Portela Pazos, Salustiano. *Decanologio de la S.A.M. Iglesia Catedral de Santiago de Compostela*. Santiago de Compostela: Seminario, 1944.

Porto Rico, Damián. *El clero de la diócesis de Santiago, siglos XVII a XX*. Santiago de Compostela: Universidad, 2022.

Poska, Allyson B. "When bigamy is the charge. Gallegan women and the Holy Office". En *Women in the Inquisition: Spain and the New World*, ed. por Mari E. Giles, 189. Johns Hopkins U. Press, 1999.

Quémener, Pierre-Yves. "Parrainage et nomination en Bretagne aux XVe et XVIe siècles". *Annales de Démographie Historique* 1 (2017): 145-179.

Redondo, Agustin (dir.). *La formation de l'enfant en Espagne aux XVIe et XVIIe siècle*. París: Sorbonne, 1996.

Reguera, Iñaki. *La Inquisición española en el País Vasco: El tribunal de Calahorra, 1513-1570*. San Sebastián: Txertoa, 1984.

Reguera, Iñaki. "Violencia y clero en la sociedad vasca de la Edad Moderna". En *Entre el fervor y la violencia. Estudios sobre los vascos y la Iglesia (siglos XVI-XVIII)*, coord. de Rosario Porres, 131-186. UPV, 2005.

Restif, Bruno. *La révolution des paroisses. Culture paroissiale et Réforme catholique en Haute-Bretagne aux XVIe et XVIIe siècles*. Rennes : Presses Universitaires, 2006.

Rey Castelao, Ofelia. "La renta del Voto de Santiago y las instituciones jacobeas". *Compostellanum* XXX- 3-4 (l985): 323-345.

Rey Castelao, Ofelia. "El clero regular mendicante en Galicia: evolución numérica, procedencia social y comportamientos de los franciscanos, ss. XVI al XIX". *Archivo Ibero-Americano* 195-196 (1989): 459-490.

Rey Castelao, Ofelia. "El reparto social del diezmo en Galicia". *Obradoiro de Historia Moderna* 1 (1992): 145-162. https://doi.org/10.15304/ohm.1.595.

Rey Castelao, Ofelia. "Mecanismos reguladores de la nupcialidad en la Galicia atlántica. El matrimonio a trueque". En *Obradoiro de Historia Moderna*, ed. de Baudilio Barreiro y otros, 247-268. Santiago de Compostela: Universidad, 1990.

Rey Castelao, Ofelia. "Cistercienses y benedictinos en la Galicia Moderna: evolución numérica y análisis social". En *Actas del Congreso Int. sobre S. Bernardo y el Císter en Galicia y Portugal* I, 309-328. Ourense: Oseira, 1992.

Rey Castelao, Ofelia. *El Voto de Santiago. Claves de un conflicto.* Santiago de Compostela: Compostellanum, 1993.

Rey Castelao, Ofelia. "Niveles de alfabetización en la Galicia de fines del Antiguo Régimen". *Bulletin Hispanique* 100 (1998): 271-311.

Rey Castelao, Ofelia y Barreiro Mallón, Baudilio. *Pobres, enfermos y peregrinos. La red asistencial gallega en el Antiguo Régimen.* Vigo: Nigratrea, 1998.

Rey Castelao, Ofelia. "La Iglesia en Galicia en tiempos de Felipe II: la aplicación del Concilio de Trento". En *Felipe II (1527-1598), III,* dir. de José Martínez Millán, 341-364. Madrid: Parteluz, 1998.

Rey Castelao, Ofelia. "Las Órdenes Militares en la Galicia moderna: la Orden de Malta", *Universitas. Homenaje a Antonio Eiras Roel,* 193-212. Santiago de Compostela: Universidad, 2001.

Rey Castelao, Ofelia. *Libros y lectura en Galicia, siglos XVI-XIX.* Santiago de Compostela: Xunta, 2003.

Rey Castelao, Ofelia "La diócesis de Tuy en la Época Moderna". En *Santiago de Compostela y Tuy-Vigo. Historia de las Diócesis Españolas*, coord. de José García Oro, 571-663. Madrid: BAC, 2002.

Rey Castelao, Ofelia "La diócesis de Lugo en la Época Moderna". En *Lugo, Mondoñedo-Ferrol y Orense. Historia de las diócesis españolas,* coord. de José García Oro, 95-166. Madrid: BAC, 2003.

Rey Castelao, Ofelia. "Biografía o hagiografía? Memorias breves del arzobispo Don Francisco Blanco de Salcedo". En *Cuatro Textos.*

Cuatro Contextos ed. de Ofelia Rey Castelao, 13-102. Santiago: Universidad, 2004.

Rey Castealo, Ofelia. "Catedrales de segundo orden: las colegiatas de Galicia en la Edad Moderna". *Sémata. Ciencias Sociales e Humanidades* 15 (2004): 281-316.

Rey Castelao, Ofelia. "Literatura y tratadistas de la familia en la Europa de la Edad Moderna". En *Familia y organización social en Europa y América, siglos XV-XX*, ed. de Francisco Chacón y otros, 211-231. Murcia: Universidad, 2009.

Rey Castelao, Ofelia. "Femmes et héritage en Espagne au XVIIe siècle: stabilité légale et changements réels". *Dix-septième siècle* 3 (2009): 244-265.

Rey Castelao, Ofelia. "Las Universidades en el Renacimiento: orígenes y tipología". En *El Estudio General de Palencia. Historia de ocho siglos de la Universidad Española*, ed. de Margarita Torremocha, 91-112. Valladolid, Universidad, 2012.

Rey Castelao, Ofelia. "La actividad del Juez Metropolitano de Salamanca, siglos XVI-XVIII". En *Construyendo Historia*, ed. de Julián Lozano y otros, 655-666. Granada: Universidad, 2013.

Rey Castelao, Ofelia y Barreiro Mallón, Baudilio. "Apadrinar a un pobre en la diócesis de Santiago de Compostela, siglos XVII-XIX". En *La respuesta social a la pobreza en la Península Ibérica durante la Edad Moderna*, ed. de Mª José Pérez Álvarez y Mª Marta Lobo de Araújo 21-45. León: Universidad, 2014.

Rey Castelao, Ofelia. "De la casa a la pila: hábitos y costumbres de bautismo y padrinazgo en Santiago de Compostela, siglos XVII y XVIII". En *Vida cotidiana en la Monarquía hispánica. Tiempos y espacios,* ed. de Inmaculada Arias de Saavedra y Miguel L. López-Guadalupe, 195-214. Granada: Universidad, 2015.

Rey Castelao, Ofelia. "Entre la caridad y la conveniencia: clero y educación en espacios rurales franceses". *Tiempos Modernos* 36 (2018). http://www.tiemposmodernos.org/tm3/index.php/tm/article/view/4203

Rey Castelao, Ofelia y Castro, Rubén. "El sacramento olvidado: la confirmación en la archidiócesis de Santiago, fines del XVI a 1833". *Studia Historica. Historia Moderna* 41-2 (2019): 35-69 https://doi.org/10.14201/shhmo20194123569.

Rey Castelao, Ofelia. "Normes et pratiques de la cérémonie du mariage dans le Nord de l'Espagne avant le Concile de Trente". *Bulletin de correspondance hellénique moderne et contemporain* 1, (2019), 1., s.p. https://journals.openedition.org/bchmc/

Rey Castelao, Ofelia. "Patronos e identidades en la Monarquía Hispánica en el período de la disputa del patronato de Santiago (1618-1630)". *Hispania* 266 (2020) https://doi.org/10.3989/hispania.2020.021.

Rey Castelao, Ofelia. "Las catedrales como escenarios de poder". En *Piedra a piedra: la construcción de la Historia moderna a la sombra de las catedrales*, ed. de Cristina Borreguero Beltrán y otros, 317-347. Burgos: Universidad, 2022.

Rey Castelao, Ofelia. *El Vuelo corto. Mujeres y migraciones en la Edad Moderna.* Santiago de Compostela: Universidad, 2022.

Rey Castelao, Ofelia. "Superstición y profanación de sepulturas en la Galicia de la Edad Moderna". En *Conflictos y resistencias en la Edad Moderna: De los hechos a las palabras*, ed. de Ofelia Rey Castelao, 401-445. Santiago de Compostela: Albarellos, 2023.

Rey Castelao, Ofelia. "Palabras de mujeres: testimonios judiciales en Galicia a fines de la Edad Moderna". En *Guardianas del tiempo: Mujeres, Historia, Testimonio (ss.XVI-XX)*, ed. de Manuela Á. García Garrido, Ofelia Rey Castelao y Sylvie Hanicot-Bourdier, en prensa. Gijón: Nigratrea, 2025.

Rivera Vázquez, Evaristo. *La Compañía de Jesús en Galicia, en la edad moderna: su historia, sus colegios.* Santiago de Compostela: CSIC, 1989.

Roudaut, Fañch. "La littérature religieuse en breton". En *Histoire littéraire et culturelle de la Bretagne*, 1, ed. de Jean Balcou e Yves Le Gallo, 231-244. Paris-Genève: Champion-Slatkine, 1987.

Roudaut, Fañch. "L'audience de la prédication en langue bretonne à la fin de l'Ancien Régime", *Mémoires de la SHAB* LXVII (1990): 79-106.

Rubio Pérez, Laureano. "Párrocos, parroquias y concejo: el modelo parroquial leonés de las comunidades rurales concejiles durante la Edad Moderna". *Obradoiro de Historia Moderna*, 22 (2013): 129-165. https://doi.org/10.15304/ohm.22.1011

Saavedra, Pegerto. *La vida cotidiana en la Galicia del Antiguo Régimen*. Barcelona: Crítica, 1994.

Saavedra, Pegerto. "Entre la teología y la labranza: el clero rural galiciano en los siglos XVI-XIX". *Cuadernos de Historia Moderna*, 46, 2 (2021): 441-486. DOI: https://doi.org/10.5209/chmo.78378.

Sánchez Diego, Héctor F. "Bautismo y padrinazgo en las sinodales castellanas antes y después de Trento: norma vs. Realidad". En *La vida inquieta: conflictos sociales en la Edad Moderna*, eds. Ofelia Rey Castelao y otros, 337-354. Santiago de Compostela: Universidad, 2018.

Sánchez Herrero, José. "La actividad educadora directa e institucional". En *Historia de la acción educadora de la Iglesia en España. Edades Antigua, Media y Moderna*, coord. Bartolomé Martínez. Bernabé, 614. Madrid: BAC, 1995.

Sandoval Verea, Francisco y Fernández González, Frutos. "Juntos en una casa debajo del poderío paternal": la familia en la jurisdicción de San Clodio do Ribeiro de Avia a finales del siglo XVI". *Cuadernos de Estudios Gallegos* 124 (2011): 197-233.

Sarmiento Pérez, Marcos. "El intérprete en la confesión sacramental en la Iglesia católica, con especial atención a la España de los siglos XVI y XVII". *Culture & History Digital Journal* 7-1 (2018), https://doi.org/10.3989/chdj.2018.012.

Schwartz, Stuart B. *"Cada uno en su ley". Salvación y tolerancia en el Atlántico Ibérico*. Madrid: Akal, 2010.

Schwartz, Stuart B. "Pecar en colonias: mentalidades populares, Inquisición y actitudes hacia la fornicación simple en España, Portugal y las colonias americanas". *Cuadernos de Historia Moderna* 18 (1997): 51-67.

Scott, James C. *Los dominados y el arte de la resistencia.* Txalaparta: Era, 2003.

Solórzano Telechea, Jesús Á. *Santander en la Edad Media: patrimonio, parentesco y poder.* Santander: Universidad de Cantabria, 2002.

Suárez Golán, Fernando. *¿Príncipes o pastores? La imagen de los arzobispos de Santiago entre la realidad y su espejo.* Santiago de Compostela: Universidad, 2021.

Tanco Martínez, Beatriz. "La bigamia en el Tribunal Inquisitorial de Logroño: siglos XVI y XVII". En *Grupos sociales en la historia de Navarra, relaciones y derechos,* ed. de Carmen Erro e Íñigo Mugueta, 1, 333. Pamplona: Eunate, 2002.

Testón Núñez, Isabel y Hernández Bermejo, Mª Ángeles. "La sexualidad prohibida y el tribunal de la Inquisición de Llerena". *Revista de Estudios Extremeños* (1988): 623-660.

Torremocha Hernández, Margarita. "Manceba de clérigo en la Castilla Moderna. La ruptura del modelo de identidad femenina". En *Mujer e identidad en tierras hispanohablantes: historia y civilización,* coord. de Marie Élisa Franceschini-Toussaint, Sylvie N. Hanicot Bourdier y Margarita Torremocha Hernández, 97-118. Éditions Universitaires de Lorraine, 2023.

Torremocha Hernández, Margarita, coord. *Matrimonio, estrategia y conflicto*: (ss. XVI-XIX). Salamanca: Ediciones de la Universidad, 2020.

Tuñón, Juan José. "Reforma tridentina en la diócesis de Oviedo". En *Iglesias de Oviedo y León. Historia de las Diócesis Españolas,* coord. Por Javier Fernández Conde, 221-323. Madrid: BAC, 2016.

Urquizu Sarasúa, Patricio y otros. *Historia de la literatura vasca.* Madrid: UNED, 2000.

Usunáriz Garayoa, Jesús María. "El matrimonio como ejercicio de la libertad en la España del Siglo de Oro". En *El matrimonio en Europa y el mundo hispánico (siglos XVI y XVII)*, ed. de Jesús Mª Usunáriz e Ignacio Arellano, 172. Pamplona: Visor, 2005.

Viejo, Xulio. "El asturiano en el tránsito de la Edad Media a la Edad Moderna (siglos XIV-XVII). Entre el retroceso y la toma de conciencia lingüística". En *A lingua galega no solpor*, ed. Ramón Mariño y Francisco X. Varela, 69-94. Santiago de Compostela: Consello da Cultura, 2016.

Viñao Frago, Antonio. "Alfabetización y primeras letras (ss. XVI-XVII)". En *Escribir y leer en el siglo de Cervantes*, ed. de Antonio Castillo, 39. Barcelona: Gedisa, 1999.

Williams, Stephen. *The means of naming. A social and cultural History of personal naming in Western Europe.* Londres: Routlegde, 1998.

Otros títulos de la Colección "Síntesis"

13. BENNASSAR, Bartolomé.- «**Confesionalización» de la monarquía e inquisición en la época de Felipe II.** 44 págs. (Ref. 9372) (ISBN 978-84-8448-514-8)   9,20 €

MARCOS MARTÍN, Alberto y BELLOSO MARTÍN, Carlos (Coord.).- **Felipe II y la Monarquía de España.** Estudios de la Cátedra "Felipe II". Recopilatorio de los volúmenes I a XII en CD-ROM. (Ref. 9377) (ISBN 978-84-8448-533-9)   13,45 €

14. BOUZA, Fernando.- **Felipe II y el Portugal Dos Povos. Imágenes de esperanza y revuelta.** Prólogo de Nuno Gonçalo Monteiro. 102 págs. (ISBN 978-84-8448-597-1)   9,52 €

15. RUIZ IBÁÑEZ, José Javier.- **Laberintos de hegemonía. La presencia militar de la Monarquía Hispánica en Francia a finales del siglo XVI.** Prólogo de Carlos Belloso Martín. 128 págs. (ISBN 978-84-8448-721-0)   9,62 €

16. CARDIM, Pedro.- **Portugal unido y separado. Felipe II, la unión de territorios y el debate sobre la condición política del Reino de Portugal.** Prólogo de Jean-Frédéric Schaub. 290 págs. (ISBN 978-84-8448773-9)   12,02 €

17. SORIA MESA, Enrique.- **La realidad tras el espejo. Ascenso social y limpieza de sangre en la España de Felipe II.** Prólogo de Teófanes Egido. 138 págs. (ISBN 978-84-8448-868-2   11,54 €

18. CHECA CREMADES, Fernando.- **Renacimiento Habsbúrgico. Felipe II y las imágenes artísticas.** Prólogo de Miguel Ángel Zalama. 204 págs. (ISBN: 978-84-8448-950-4)   14,42 €

19. RODRÍGUEZ DE DIEGO, José Luis.- **Memoria escrita de la monarquía Hispánica. Felipe II y Simancas.** Prólogo de Diego Navarro Bonilla. 236 págs. (ISBN 978-84-8448-963-4)   14,42 €

MARCOS MARTÍN, Alberto y BELLOSO MARTÍN, Carlos (Eds.).- **Estudios de la Cátedra "Felipe II" en su 50 aniversario.** 596 págs. (ISBN 978-84-1320-075-0)
                                                                    40,00 €

20. SANZ AYÁN, Carmen.- **Éxitos y fracasos de una nobleza efímera: Nicolao Grimaldo, el gran banquero de Felipe II.** Prólogo de Isabella Iannuzzi. 174 págs. (ISBN 978-84-1320-220-4)   15,39 €

21. CÁMARA MUÑOZ, Alicia.- **Grandeza de poder y saber. Felipe II y sus ingenieros.** Prólogo de Carlos Belloso Martín. 200 págs. (ISBN: 978-84-1320-227-3)   11,54 €

22.- RIVERO RODRÍGUEZ, Manuel.- **Felipe II, la Tercera vía y la monarquía universal**. Prólogo de M. J. Rodríguez-Salgado. 135 págs. (ISBN 978-84-1320-278-5)　　　　　　　　　　　　　　　　　　12,50 €

23.- MAZÍN, Óscar.- **Monarquía Reconducida. Modulaciones del dominio real en el ámbito eclesiástico, Perú y Nueva España (siglo XVI al XVII).** Prólogo de José Javier Ruiz Ibáñez. 379 págs. (ISBN 978-84-1320-353-9)